Wolfgang Wittwer/Steffen Kirchhof (Hrsg.)

Informelles Lernen und Weiterbildung

Neue Wege zur Kompetenzentwicklung

Luchterhand

Bibliografische Information Der Deutschen Bibliothek

Die Deutsche Bibliothek verzeichnet diese Publikation in der Deutschen Nationalbibliografie; detaillierte bibliografische Daten sind im Internet über http://dnb.ddb.de abrufbar.

ISBN: 3-472-05257-0

Das Projekt wird gefördert aus Mitteln des Bundesministeriums für Bildung und Forschung und Mitteln des Europäischen Sozialfonds.

Alle Rechte vorbehalten.
© 2003 Wolters Kluwer Deutschland GmbH, München/Unterschleißheim.
Luchterhand – eine Marke von Wolters Kluwer Deutschland
Das Werk einschließlich aller seiner Teile ist urheberrechtlich geschützt. Jede Verwertung außerhalb der engen Grenzen des Urheberrechtsgesetzes ist ohne Zustimmung des Verlags unzulässig und strafbar. Dies gilt insbesondere für Vervielfältigungen, Übersetzungen, Mikroverfilmungen und die Einspeicherung und Verarbeitung in elektronischen Systemen.
Umschlaggestaltung: arttec grafik Simon & Wagner, St. Goar
Satz: TGK Wienpahl, Köln
Druck: Wilhelm & Adam, Heusenstamm
Printed in Germany, September 2003
Sie finden uns im Internet unter: www.luchterhand.de
Gedruckt auf säurefreiem, alterungsbeständigem und chlorfreiem Papier.

Vorwort

> *Bildung ist etwas,*
> *was nicht ohne Ausbildung zu erlangen ist.*
> *Bildung ist etwas,*
> *was in keinem Fall mit Ausbildung*
> *verwechselt werden darf.*
>
> (Schleiermacher)

Das informelle Lernen ist in den letzten Jahren zu einer wichtigen Entdeckung in der Weiterbildung geworden. Dahinter steht die Erwartung, dass in dieser Lernform ein hohes Potenzial zur Entdeckung und Entwicklung von Kompetenzen liegt. Dennoch ist informelles Lernen, sowohl vom Begriff her als auch in seiner bildungspolitischen Programmatik, ein vielschichtiges, widersprüchliches und nicht zuletzt heikles Thema geblieben. Wie vielschichtig, widersprüchlich und heikel, das wurde in der diesem Band zugrunde liegenden Ringvorlesung und der von ihr ausgehenden Diskussion mit Studierenden, Lehrenden und einer breiten Öffentlichkeit deutlich. So weist bereits das für die Veranstaltung gewählte Rahmenthema **„Das Leben als Lehrmeister – informelles Lernen und individuelle Kompetenzentwicklung"** auf eine der Thematik innewohnende Provokation hin, impliziert es doch, dass es weniger die „Schule", sondern mehr das Leben selbst ist, was Kompetenzen hervorbringt und eigentlich bildet.

Das ist vom Grundsatz her keine neue Erkenntnis, nur war ein solches Lernverständnis bislang, zumindest in der deutschen Lernkultur, wenig anerkannt. Jetzt tritt das lernende Subjekt mit seinen ganz persönlichen sozialen, familiären Lebensvollzügen und Arbeitszusammenhängen in den Mittelpunkt des Interesses und droht von einem allumfassenden Lernverständnis vereinnahmt zu werden. Mit der Konsequenz, dass man immer und überall lernen muss.

Andererseits ist die Bedeutung der Alltags- und Lebenserfahrung für die Kompetenzentwicklung evident und realisiert mit Blick auf dahinter liegende Prozesse selbst organisierter Handlungsfähigkeit scheinbar ebenso natürlich ein Humboldtsches Bildungsideal, wie es gleichermaßen an konstruktivistische und reformpädagogische Grundannahmen anknüpft. Sind institutionalisierte Bildungsmaßnahmen nun weniger relevant? Diese dichotomische Zuspitzung in der Diskussion um die Bedeutung des informellen Lernens ergibt sich nicht zwingend aus dem Sachverhalt selbst. Sie ist vielmehr interessengeleitet.

Der wissenschaftliche Diskurs sowie die Alltagsdiskussion haben dieses Spannungsfeld bisher kaum thematisiert. Ihr Interesse liegt nach wie vor auf der Nutzbarmachung des Potenzials informellen Lernens für berufliches Arbeitshandeln. Gefragt wird, wie die informell erworbenen Kompetenzen erkannt, zertifiziert und für den individuellen Arbeitsprozess gezielt genutzt werden können. Weitgehend ausgeblendet bleiben Fragen wie:

- ▶ Inwieweit ist ein Lerntransfer aus bzw. in jeden Lebensbereich überhaupt möglich?
- ▶ Welche Reflexionstätigkeit setzt dieser Prozess voraus?
- ▶ Gibt es Grenzen für diesen Expansionsprozess und wo liegen diese gegebenenfalls?
- ▶ Wie nachhaltig ist informelles Lernen?
- ▶ Wie kann sich der Bedeutungszuwachs von informellem Lernen auf das institutionalisierte Lernen auswirken?
- ▶ Wie kann informelles Lernen in institutionalisierte Lernformen integriert werden?

Schließlich:

- ▶ Ergibt sich aus dem Bedeutungszuwachs des informellen Lernens so etwas wie ein Zwang zum Lernen?
- ▶ Was bedeutet es u.a. für Individuum und Gesellschaft, wenn immer und überall gelernt werden muss – zugespitzt, wenn die Lebenswelt durch Lernen kolonialisiert wird?
- ▶ Wofür werden Individuen befähigt, wozu werden sie vereinnahmt?

Zur Klärung dieser Problemfelder haben sich neun Autorinnen und Autoren aus verschiedenen Perspektiven und bei unterschiedlichen Gewichtungen mit den komplexen und facettenreichen Fragen informellen Lernens beschäftigt. Herausgekommen ist eine Problembetrachtung, die versucht, den Gehalt informellen Lernens differenziert auszuleuchten, um damit sowohl aus einer erziehungswissenschaftlichen wie bildungspraktischen Perspektive zu einem kritisch-reflexiven Umgang mit dieser Lernform anzuregen.

Vorwort

In diesem Sinne wünschen wir allen Leserinnen und Lesern dieses Buches, dass sich die Idee der Ringvorlesung überträgt und die Diskussion um informelles Lernen neue Impulse erhält.

Herzlichen Dank sagen wir an dieser Stelle allen Autorinnen und Autoren für die zügige Bereitstellung ihrer Beiträge und ebenso unseren studentischen Hilfskräften Charlotte Heidsiek und Petra Rose für ihre effektive Unterstützung in der Organisation der Veranstaltung und Vorbereitung dieser Dokumentation. Nicht zuletzt sei der Arbeitsgemeinschaft Betriebliche Weiterbildungsforschung Berlin e.V. (ABWF) ganz besonders für die finanzielle Förderung der Ringvorlesung gedankt.

Bielefeld, im Sommer 2003
Wolfgang Wittwer, Steffen Kirchhof

Inhalt

Subjekt und Lebenswelt

Wolfgang Wittwer
„Lern für die Zeit, werd tüchtig fürs Haus. Gewappnet ins Leben trittst du hinaus" – Förderung der Nachhaltigkeit informellen Lernens durch individuelle Kompetenzentwicklung 13

Bernd Overwien
Das lernende Subjekt als Ausgangspunkt – Befreiungspädagogik und informelles Lernen 43

Lernformen und -orte

Dieter Brinkmann
Der Freizeitpark als Lebenswelt – informelles Lernen als Erlebnis 73

Pädagogische Weiten

Rolf Arnold und Henning Pätzold
Lernen ohne Lehren 107

Karl-Heinz Geißler
Alle lernen alles – die Kolonisierung der Lebenswelt durchs Lernen 127

Empirische Befunde

Christiane Schiersmann und Hans Christoph Strauß
Informelles Lernen – der Königsweg zum lebenslangen Lernen? 145

Irmgard Frank
Erfassung und Anerkennung informell erworbener Kompetenzen – Entwicklung und Perspektiven in Deutschland und in ausgewählten europäischen Ländern 168

Paradoxien

Steffen Kirchhof und Julia Kreimeyer
Informelles Lernen im sozialen Umfeld – Lernende im Spannungsfeld zwischen individueller Kompetenzentwicklung und gesellschaftlicher Vereinnahmung 213

Angaben zu den Autorinnen und Autoren 241

Stichwortverzeichnis 243

Subjekt und Lebenswelt

„Lern für die Zeit, werd tüchtig fürs Haus. Gewappnet ins Leben trittst du hinaus" – Förderung der Nachhaltigkeit informellen Lernens durch individuelle Kompetenzentwicklung

von Wolfgang Wittwer

Die Bedeutung des informellen Lernens wird zurzeit sehr stark betont, man kann auch sagen, überbetont. Die Gründe hierfür sind in gleicher Weise vielschichtig wie vielfältig. Sie reichen von der Verlagerung der staatlichen bzw. betrieblichen Weiterbildungskosten auf die Individuen bis hin zur Stärkung der Rolle des Individuums bei der Entwicklung seines Kompetenzprofils. Trotz aller Leistungsfähigkeit des informellen Lernens darf diese Lernform nicht gegen das formelle Lernen ausgespielt werden, da für die Individuen beide Lernformen wichtig sind und diese sich zudem wechselseitig bedingen.

1 **Formelles und informelles Lernen – zwei Seiten einer Medaille** 14
   1.1 Gelernt wird formell und informell 14
   1.2 Unterschiedliche Formen informellen Lernens 14
   1.3 Der Bedeutungsgehalt informellen Lernens 17
   1.4 Orientierung durch informelles Lernen 23

2 **Anbindung informeller Lernprozesse an die individuelle Kompetenzentwicklung** 24
   2.1 Individuelle Kompetenz als Navigator in Veränderungsprozessen 24
   2.2 Kompetenz neu definiert 25

3 **Nachhaltigkeit informeller Lernprozesse** 30
   3.1 Nachhaltigkeit in der beruflichen Weiterbildung 30
   3.2 Beispiele zur Nachhaltigkeit informeller Lernprozesse 31

4 **Individuelle Kompetenzentdeckung und -entwicklung in Erfahrungsräumen** 34

5 **Lernen als permanente Selbstvergewisserung** 37

Literatur 38

1 Formelles und informelles Lernen – zwei Seiten einer Medaille

1.1 Gelernt wird formell und informell

So manche Generationen von Schülerinnen und Schülern sind unter dem Spruch „Lern für die Zeit, werd tüchtig fürs Haus. Gewappnet ins Leben trittst du hinaus" von der Schule ins Leben entlassen worden. Der Spruch macht Mut. Suggeriert er doch, die Schule wüsste, was das Leben braucht. Doch wem macht er eigentlich mehr Mut, den Schülern oder der Schule? Der Verdacht ist nicht ganz unbegründet, dass es hier eigentlich um die Institution Schule und um deren Anerkennung als Bildungseinrichtung geht. Ein Beleg für diese Vermutung ist der Umkehrschluss, der aus dem Zitat des römischen Philosophen Seneca gezogen worden ist, und der über ebenfalls vielen Schultüren zu lesen war – und zum Teil heute noch zu lesen ist: „Nicht für die Schule, sondern für das Leben lernen wir." Seneca hat jedoch genau das Gegenteil gesagt: „Nicht für das Leben, sondern für die Schule lernen wir!" Manche curricularen Vorgaben und manche didaktischen Settings bestätigen noch heute diese Aussage.

Die Frage ist: Kann eine Bildungseinrichtung allein die Menschen für das Leben wappnen? Und welches Leben ist damit gemeint, ein Leben nach gesellschaftlich vorgegebenen Lebenslaufmustern oder ein Leben nach einem selbst entworfenen Lebenskonzept? Die Antwort kann nur lauten: Es sollte ein Leben nach eigenen Entwürfen sein.

Fragt man jemanden danach, wo er für das Leben gelernt habe: in der Schule, in der Kirche, bei der Bundeswehr – sie wird ja von manchen immer noch als „Schule der Nation" bezeichnet –, im Elternhaus, in der Gruppe der Gleichaltrigen, im Betrieb, dann wird er zumindest antworten: in der Schule allein nicht.

Wir lernen also nicht nur in offiziell anerkannten Bildungsinstitutionen und formalisierten Bildungsgängen, sondern auch außerhalb dieser Einrichtungen. Oder anders formuliert, wir lernen formell und informell.

1.2 Unterschiedliche Formen informellen Lernens

Die beiden Begriffe „formell" und „informell" sind uns sehr geläufig. Sie treten in der Regel immer in Kombination auf, z.B. formeller/informeller Führer, formelle/informelle Informationskanäle.

Förderung informellen Lernens durch individuelle Kompetenzentwicklung

In den letzten Jahren hat der Begriff des „informellen" Lernens Karriere gemacht. Neben einer breiten Diskussion in den einschlägigen Fachzeitschriften gibt es seit gut einem Jahrzehnt auch eine intensive Forschung zum informellen Lernen. Initiator und Träger dieser Forschung ist vor allem die „Arbeitsgemeinschaft Berufliche Weiterbildungsforschung" in Berlin. Allerdings haben diese Arbeiten noch nicht zu einer Begriffsklärung geführt. Der Begriff informelles Lernen wird weiterhin sehr unterschiedlich verwendet. Im Folgenden soll daher kurz erläutert werden, von welchem Begriffsverständnis hier ausgegangen wird.

Formelles Lernen oder formalisiertes Lernen meint zielgerichtetes und geplantes Lernen, das in anerkannten Bildungseinrichtungen stattfindet.[1] Über diese Definition herrscht im Grundsatz Konsens. Formelles bzw. formalisiertes Lernen[2] erfolgt generell angebotsorientiert unter zwei abgrenzbaren institutionellen Rahmenbedingungen: in anerkannten Institutionen des Bildungssystems und auf dem freien Bildungsmarkt unter Berücksichtigung trägerspezifischer Standards (vgl. *Laur-Ernst* 2000, S. 114 f.; vgl. hierzu auch *Dohmen* 1996, S. 29 f.).

Anders verhält es sich dagegen mit dem Begriff **informelles Lernen**. Hier gibt es unterschiedliche Bedeutungsfacetten, die auf einem Kontinuum liegen, das durch die Pole „unbewusstes" Lernen und „intentional" bzw. „bewusstes" Lernen begrenzt werden (vgl. *Laur-Ernst* 2000, S. 115).

Beim **unbewussten Lernen**[3] wird den Individuen, wenn überhaupt, erst mit zeitlicher Verzögerung bewusst (vgl. *Laur-Ernst* 2000, S. 115), dass sie etwas gelernt haben. Lernanlass und Lernverlauf bleiben weitgehend im Dunklen. Es handelt sich hierbei um einen unreflektierten Lernprozess. Dem „Lernenden" geht es in dieser Situation wie der Frau, die bei einer empirischen Erhebung danach gefragt wurde, was sie am Arbeitsplatz gelernt habe. Ihre Antwort war: „Was ich bislang nicht wusste, ist, dass ich im letzten Jahr ganz schön viel dazu gelernt haben muss. Ich komme mit meinem PC inzwischen ganz gut zurecht, irgendwie muss ich mir das angeeignet haben" (zitiert in *Straka* 2001). Ein „Aha-Erlebnis" führt zu der Erkenntnis, dass man etwas gelernt hat. *Reischmann* (1995, S. 203)

---

1 Gebräuchlich ist auch der Begriff „institutionalisierte" oder „organisierte Bildung". Vgl. *Straka* 2000, S. 23.

2 In der Literatur werden beide Bezeichnungen verwendet.

3 Weitere Bezeichnungen für diese Lernform sind: beiläufiges, implizites, inzidentelles, indirektes Lernen, Imitationslernen, Erfahrungslernen.

spricht in diesem Zusammenhang von Lernen „en passent" und meint damit ein „Lernen im Vorübergehen", das nicht intendiert ist. Diesen Lernprozess kann man nicht bewusst machen. „Man kann aber bewusst machen, dass hier eine mächtige Ressource liegt (...)"(ebd. S. 204).

Informelles Lernen kann allerdings auch ein **bewusstes und intentionales Lernen** sein, das außerhalb institutionalisierter Bildungseinrichtungen bzw. -maßnahmen erfolgt. Es kann im Rahmen des Arbeitsprozesses wie auch im außerberuflichen Umfeld des Lernenden stattfinden. Letztere Lernform wird auch als „Lernen im sozialen Umfeld" bezeichnet.

Wie im Arbeitsprozess informell – in diesem Fall bewusst – gelernt werden kann, verdeutlicht die folgende Aussage eines Dachdeckergesellen. Er hatte sich mit einem neuen Arbeitsverfahren zum Abdichten von Flachdächern auf der Baustelle vertraut gemacht. „Ich hatte das (Folienschweißen mit Temperatur und Druck) noch gar nicht gemacht. Auch nicht angeguckt. (...) Habe das ausprobiert mit dem Föhnautomaten, die Temperatur eingestellt, geguckt, ob das zu heiß oder zu kalt war (...); die Naht durch Anheben mit dem Fingernagel oder einem spitzen Gegenstand überprüft. (...) Hab' immer wieder nachgecheckt, hochgezogen und gesehen. Als alles zusammen war, war es zusammen. (...) Ich wusste ja, wie das aussehen sollte" (zitiert nach *Straka* 2001, S. 225).

Einige Autoren verwenden den Begriff informelles Lernen sehr eingeschränkt, indem sie darunter nur das intentionale Lernen verstehen. Die Begründung hierfür ist nicht immer nachvollziehbar. Auch Kirchhöfer grenzt das unbewusste Lernen – er spricht hier von beiläufigem Lernen – bewusst gegen das informelle Lernen im Sinne von intentionalem Lernen ab. „Das Individuum (wird) sich beim informellen Lernen seiner Lernsituation bewusst, es organisiert sein Lernen, steuert es und reflektiert darüber" (*Kirchhöfer* 2001, S. 112). Charakteristikum dieser Lernform ist für ihn das reflektierte, organisierte Lernen und er betont in Abgrenzung zum formellen Lernen den problemgebundenen, nicht curricularen und selbst gesteuerten Charakter des Begriffs (vgl. *Kirchhöfer* 2001, S. 113). Warum er sich bei seiner Ausführung nur auf diesen Bedeutungsgehalt beschränkt, wird nicht begründet. Offener als Kirchhöfer formuliert Dohmen sein Verständnis von informellem Lernen. „Unter informellem Lernen wird ein Lernen verstanden, das nicht in planmäßig geregelten, aus anderen Lebenstätigkeiten herausgelösten besonderen Bildungsveranstaltungen, sondern ungeregelt im Lebenszusammenhang stattfindet" (*Dohmen* 1996, S. 29).

Die vorliegende Arbeit geht von einem weiten Verständnis von informellem Lernen aus, das das gesamte Spektrum der Bedeutungsgehalte des Kontinuums umfasst. Es schließt damit das unbewusste wie das bewusste Lernen außerhalb und innerhalb institutionalisierter Bildungsgänge ein. Allerdings wird immer kenntlich gemacht, auf welche Lernform sich im Moment die aktuelle Aussage bezieht. Gerade der erste Bedeutungsaspekt spielt sowohl in der (berufs)schulischen Ausbildung als auch in der Weiterbildung eine wichtige Rolle – Stichwort „heimlicher Lehrplan", „Lernen im Prozess der Arbeit" oder „arbeitsintegriertes Lernen".[4] Beim unbewussten Lernen kann allerdings erst dann von Lernen gesprochen werden, wenn retrospektiv eine Reflektion des Lernprozesses erfolgt ist, die das Lernergebnis transparent, d.h. in seinem Prozessverlauf erkennbar und damit transferierbar macht.

1.3 Der Bedeutungsgehalt informellen Lernens

Informelles Lernen ist, wie wir am Beispiel des Dachdeckers gesehen haben, eng verknüpft mit selbst organisiertem bzw. selbst gesteuertem Lernen. Das heißt, die Impulse bzw. Motivation für diesen Lernprozess kommen von dem Lernenden selbst bzw. aus der (beruflichen) Lebensweltsituation. Er ist zudem wesentlich für das Lernziel, die Lernorganisation und vor allem für die Realisierung des Lernziels verantwortlich (vgl. *Wittwer* 2000). Informelles Lernen ist also weitgehend selbst organisiertes Lernen und stellt damit hohe Anforderungen an die Lernenden.

Man kann sich nun fragen: Brauchen wir überhaupt institutionalisierte Bildungseinrichtungen? Ist nicht das Leben ein viel besserer Lehrmeister? Damit ist die Frage nach dem Verhältnis von formellem und informellem Lernen gestellt.

Die Bedeutung, die heute dem informellen Lernen beigemessen wird, ist in der hohen Leistungsfähigkeit begründet, die diesem Lernprozess zugeschrieben wird. So stellt der UNESCO-Bericht über „Ziele und Zukunft unserer Erziehungsprogramme" fest: „Diese informellen, nicht institutionalisierten Formen des Lernens und der Lehrzeit herrschen in weiten Teilen der Welt bis heute und sind dort immer noch die einzige Art der Erziehung für Millionen von Menschen" (*Faure et al.* 1973, S. 53). Auch im „Memorandum über lebenslanges Lernen" der Europäischen Kommission

---

4 Dem informellen bzw. funktionalen Lernen und der funktionalen Erziehung werden in der betrieblichen Bildung seit jeher große Bedeutung beigemessen. Vgl. *Abraham* 1957.

wird das informelle Lernen als die älteste Form des Lernens bezeichnet, die immer noch die Hauptstütze des Lernens im frühesten Kindesalter ist (vgl. *Bundesministerium für Bildung, Wissenschaft und Kultur* 2001, S. 10). Informelles Lernen war und ist auch heute noch ein wichtiger Vorläufer bzw. Anlass für formelles Lernen. Die Zigarrenarbeiter in Bünde beispielsweise hatten zu Beginn des 19. Jahrhunderts „einen Kollegen zum ‚Vorleser' gewählt, der ihnen während der Arbeit etwas vorgelesen hat und für den sie mitgearbeitet haben" (*Siebert* 1988, S. 147 f.). Viele Arbeiterbildungsvereine entstanden in dieser Zeit auf Initiative von Meistern und Gesellen, die gemeinsam über die politische Situation diskutieren oder sich über ihre beruflichen Erfahrungen austauschen wollten (ebd., S. 148).

In der beruflich-betrieblichen Bildungsarbeit wurde nicht zuletzt aufgrund ihrer historischen Entwicklung dem informellen Lernen schon immer eine große Bedeutung beigemessen. Die gezielten Aus- und Weiterbildungsmaßnahmen, so die einhellige Meinung des betrieblichen Bildungspersonals, stellen nur den kleineren Teil der Bildungsarbeit dar. Der weitaus größere Teil der Lernprozesse vollzieht sich beim täglichen Tun am Arbeitsplatz. Diese erfolgen ungeplant und ohne pädagogische Absicht, z.B. durch die technische und soziale Gestaltung des Arbeitsprozesses, den Führungsstil der Vorgesetzten, die Umgangsformen im Betrieb oder durch die Aneignung von Erfahrung bzw. Routine. „Die organisierte Weiterbildung deckt nur einen winzigen Teil dessen ab, was man im Betrieb lernen kann; sie ist sozusagen das Tüpfelchen auf dem i" (*Dunkel* 1976, S. 10).

Dem Menschen widerfährt damit zwangsläufig eine pädagogische Formung, „die zwar von niemandem geplant und gelenkt wird, trotzdem jedoch sehr wirkungsvoll ist", so *Karl Abraham* in seinem Buch „Der Betrieb als Erziehungsfaktor" (*Abraham* 1957, S. 173).

Dieser Wirkung war man sich zum Teil jedoch durchaus bewusst. Der Titel eines Lehrgangs in Metall verarbeitenden Berufen brachte das zum Ausdruck. Er hieß: „Metall erzieht." Auch den Auszubildenden wird heute durchaus bewusst, dass sie so manches informell lernen (sog. heimlicher Lehrplan). Die Bildgeschichte in Abbildung 1 – sie stammt von Auszubildenden – illustriert sehr gut diese Wahrnehmung.

Seit einiger Zeit wird in den Betrieben allerdings auch erkannt, dass die nicht geplanten, informellen Lernprozesse bisweilen den Erfolg der formellen Lernprozesse konterkarieren können. Man versucht daher jetzt die informellen Lernprozesse und deren Einflussfaktoren zu erfassen und sie zum Gegenstand formeller Lernprozesse zu machen. So wird in der Aus-

Förderung informellen Lernens durch individuelle Kompetenzentwicklung

Abb. 1: Cartoon PESAG (Quelle: *PESAG Aktiengesellschaft* 1995, S. 8)

bildung beispielsweise untersucht, welche Belastungen sich zu Beginn der Ausbildung aus dem Verhalten der Ausbilder sowie aus der inhaltlichen und zeitlichen Organisation des Ausbildungsprozesses für die Jugendlichen ergeben können und wie diese Gegebenheiten so gestaltet werden können, dass sie den Ausbildungsprozess fördern und nicht behindern (vgl. zusammenfassend *Wittwer* 1992, 2003). In der betrieblichen Weiterbildung gewinnen Maßnahmen an Bedeutung, in denen fachliche und soziale Probleme von Gruppen oder Teams analysiert und bearbeitet werden (z.B. Teamentwicklungsprozesse).

Heute wird die Leistungsfähigkeit des informellen Lernens vor allem unter quantitativen Gesichtspunkten gesehen. Nach Untersuchungen sind von dem, was wir gelernt haben, ca. 70 bis 80 bzw. 70 bis 90 Prozent informell erworben (vgl. u.a. *Erpenbeck/Heyse* 1999, S. 22; *Staudt/Kley* 2001, S. 8) Verwiesen wird dabei in der Regel auf kanadische Studien (*Tough* 1979; *Livingstone* 1998). Diese Zahlen werden zum Anlass genommen, vom Mythos der institutionalisierten Weiterbildung zu sprechen (vgl. *Staudt/Kriegesmann* 1999). Sieht man einmal davon ab, dass es diesen Mythos in der Form nicht gegeben hat[5], so sind diese Zahlen auch differenziert zu sehen. Zum einen sind sie vor dem Hintergrund der Verfasstheit des jewei-

---

5   Siehe die obige Einschätzung des betrieblichen Bildungspersonals.

ligen nationalen (Berufs-)Bildungssystems zu interpretieren. In Ländern beispielsweise, die keine duale Ausbildung kennen, spielt informelles Lernen eine andere Rolle als in der Bundesrepublik. Zum anderen, wie neuere Untersuchungen in der Bundesrepublik belegen, nimmt, vereinfacht gesagt, die Bedeutung des informellen Lernens mit steigender Qualifikation der Erwerbstätigen (vgl. den Beitrag von Christiane Schiersmann in diesem Band) bzw. bei guten Zugangsmöglichkeiten zur formalisierten betrieblichen Weiterbildung ab.

Nach der BIBB/IAB-Befragung (1998/99) führen zwar „die relativ meisten Erwerbstätigen ihre Handlungskompetenz auf eine Kombination von Erstausbildung (Lehre, Berufsfachschule, Hochschule, Universität) und arbeitsbezogenem Erfahrungswissen (zurück), das wiederum im Laufe der beruflichen Tätigkeit erworben wird" (*Ulrich* 2000, S. 28). Diese Einschätzung fällt jedoch anders aus, wenn man diejenigen Erwerbstätigen gesondert betrachtet, die in den letzten Jahren an beruflicher Weiterbildung teilgenommen haben. Unter diesen 13,8 Millionen Personen mit Weiterbildungserfahrung aus den vorausgegangenen fünf Jahren finden sich „33 Prozent, die Fortbildung oder Umschulung als wichtigste oder zweitwichtigste Quelle ihrer für die Arbeit erworbenen Kenntnisse nennen" (ebd., S. 29).[6]

Bei der Betonung – ich möchte sagen: Überbetonung – der Bedeutung informellen Lernens stellen sich zudem einige Fragen, z.B.:

▶ Welches Wissen, welche Fähigkeiten und Fertigkeiten erwerben wir beim informellen Lernen?

▶ Handelt es sich dabei um ein ganz anderes Wissen, als wir in formalisierten Aus- und Weiterbildungsgängen erwerben? Oder anders gefragt, kann man sich informell oder formell jeweils nur ganz bestimmtes Wissen aneignen?

▶ Und wie weiß man überhaupt, dass die Menschen zu so einem hohen Prozentsatz informell gelernt haben, wenn es u.a. zum Charakter informellen Lernens gehört, dass man nicht weiß, was man weiß?

Eine Antwort auf diese Fragen steht noch aus.

---

6 In der neuesten Veröffentlichung der Expertenkommission „Finanzierung Lebenslangen Lernens" wird darauf hingewiesen, dass sich „das vielfach postulierte hohe Gewicht informeller Lernformen empirisch nicht direkt bestätigen lässt" aufgrund der schwierigen statistischen Erfassbarkeit dieser Qualifizierungsformen (*Bellmann* 2003, S. 86).

Förderung informellen Lernens durch individuelle Kompetenzentwicklung

Die Gründe für die Hinwendung zum informellen Lernen sind sehr unterschiedlich, wie *Ute Laur-Ernst* bemerkt. „Sie reichen von der Absicht, die betrieblichen und staatlichen Weiterbildungskosten auf den Einzelnen zu verlagern über die Überwindung der strukturbedingten Lücke zwischen Qualifikationsbedarf der Wirtschaft und (dem) Qualifikationsangebot des Bildungssystems bis hin zum Zurückdrängen formalisierter (staatlich regulierter) Weiterbildungsgänge zugunsten des freien Bildungsmarktes oder zu einer Stärkung der Rolle des Individuums bei der Gestaltung seines Kompetenzprofils" (*Laur-Ernst* 2000, S. 113). Nicht zuletzt geht es hier auch darum, die Berufskarriere von der Bindung an formal erworbene und zertifizierte Bildungsabschlüsse zu entkoppeln.

Trotz aller interessengeleiteten Plädoyers für die Bedeutung von informellem Lernen sowie der bildungspraktischen Auswirkungen sollten wir nicht den Fehler begehen, informelles Lernen gegen formelles Lernen auszuspielen. Und erst recht nicht informelles Lernen als „Kampfbegriff" gegen institutionalisiertes Lernen zu verstehen. Ein sparsamer Finanzpolitiker könnte sonst auf die Idee kommen und sagen: „Wenn wir zu 80 Prozent informell lernen, warum sollen wir dann noch mehr Schulen bauen oder in die Weiterbildung der Erwachsenen investieren. Dieses bisschen ‚Mehr' an Wissen, das dadurch erreicht wird, amortisiert sich nicht."

Aber das ist nicht der eigentliche Grund, der gegen ein Ausspielen des informellen gegen das formelle Lernen spricht. Dieses gegenseitige Aufrechnen der Leistungen ist nicht sehr produktiv, da beide Lernformen keine Alternativen darstellen. Sie sind vielmehr komplementär zu sehen. Jede von ihnen ist auf ihre Art leistungsfähig. Daher sind beide Lernprozesse wichtig: formelles und informelles Lernen.

Unsere Alltags- und Berufswelt ist heute einerseits so komplex und verwissenschaftlicht und die Arbeitsprozesse sind zum Teil so abstrakt, dass wir nicht alle Erkenntnisse aus uns selbst oder aus der Situation heraus entdecken oder über das vorhandene Alltagswissen gewinnen können. Für ein Verständnis von Welt sowie für bewusstes Handeln in dieser Welt benötigen wir theoretisches, systematisiertes, reflexives Wissen (vgl. *Siebert* 1988, S. 150 f.) – und zwar jeder von uns. Dieses Wissen für alle kann nicht auf informellem Weg erworben werden. Es muss systematisch sowie kompetent vermittelt werden, und zwar in Bildungseinrichtungen, die **allen Menschen** offen stehen. Es muss so etwas wie einen Kanon an Grundwissen geben. Bereits *Jan Amos Comenius* hat auf die Bedeutung des formellen Lernens als Grundlage menschlichen Handelns hingewiesen. Er sagte: „Man muss dahin kommen, dass in den Schulen allen alles gelehrt wird. Das ist jedoch nicht so zu verstehen", fuhr er erläuternd fort, „dass wir von allen die Kenntnisse aller Wissenschaften und Künste (und gar eine genaue und tiefe Kenntnis) verlangten. Das ist weder an sich nützlich noch bei der Kürze unseres Lebens irgendjemandem überhaupt möglich (…) Aber über Grundlagen, Ursachen und Zwecke der wichtigsten Tatsachen und Ereignisse müssen alle belehrt werden, die nicht nur als Zuschauer, sondern auch als künftig Handelnde in die Welt eintreten" (zitiert nach *Gruber* 2001, S. 165).

Andererseits veraltet heute unser Wissen immer schneller. Ursache dafür sind die permanenten und alle Lebensbereiche tangierenden gesellschaftlichen Entwicklungs- und Veränderungsprozesse. Wir müssen heute weiterlernen, dazu lernen, umlernen, neu lernen. Das geht nicht nur im Rahmen institutionalisierter Bildungsgänge. Wir sind in diesem Zusammenhang auch auf kurzfristige, problemorientierte und selbst organisierte Lernprozesse, also auf informelles Lernen, angewiesen.

Die Entwicklungsprozesse verlaufen zudem zieloffen. Das heißt, im besten Fall ist künftig noch die Ausgangslage, die Ist-Situation bekannt, jedoch nicht mehr die Zielsituation. Die berufliche Entwicklung erfolgt daher heute unter den Bedingungen einer zieloffenen Transformation, verstanden als offener Übergang von einer im weitesten Sinne als defizitär erlebten Situation (z.B. mangelnde Qualifikation, fehlende Arbeitsmöglichkeiten) hin zu einer Situation, von der man nicht weiß, wie tragfähig sie sein wird, d.h. welche neuen Situationsanforderungen sie begründen wird (vgl. *Schäffter* 1998, S. 25).

Vor diesem Hintergrund übernimmt das informelle Lernen eine wichtige Funktion, indem es die Ergebnisse formellen Lernens aufnimmt, diese aktualisiert, vertieft, ergänzt und sich mit diesen aus der Perspektive der Praxis auseinander setzt oder ganz neue und andere Lernmöglichkeiten bzw. Lernwege eröffnet, die wiederum Anlass für formelles Lernen sein können. Formelles und informelles Lernen greifen ineinander und bedingen sich wechselseitig. Die immer wieder zitierte überragende Bedeutung informellen Lernens ist darauf zurückzuführen, so unsere These, dass informelles Lernen im formellen Lernen seinen Ausgangs- und Zielpunkt hat. Ein Beleg hierfür ist das wachsende Bemühen, informell erworbenes Wissen zu dokumentieren bzw. zu zertifizieren und damit vergleichbar mit formell erworbenem Wissen zu machen.

1.4 Orientierung durch informelles Lernen

Dieses Ineinandergreifen von formellem und informellem Lernen und die gemeinsame Leistung beider Lernformen zeigt sich sehr anschaulich in der Berufsbiografie von Constance W.

> Constance W. wollte nach dem Abitur unbedingt Kunst studieren, wurde jedoch an der Akademie abgelehnt. „Gerade ich, die immer wusste, was sie wollte, stand nun ganz am Anfang. Da musste ich tief in mich gehen und überlegen, was ich mit meinem Leben beginnen will."
>
> Sie genoss zunächst, gar nichts zu tun. Sie jobbte, machte ein Praktikum. Diese Phase dauerte etwa zweieinhalb Jahre. Dann hatte sie selbst das Gefühl, eine Perspektive haben zu müssen. Sie machte auf Vorschlag ihrer Mutter ein Praktikum in einer Schreinerei. Das Praktikum gefiel ihr so gut, dass sie sich entschloss, eine Ausbildung zu machen. „Schreiner ist an sich nicht mein Traumberuf. Das ebnet mir nur den weiteren Lebensweg." (...) „Ich musste schon immer irgendwas mit den Händen machen. Wenn wir ein neues Fahrrad bekommen haben in einem großen Pappkarton, hat mich der Karton am meisten interessiert. Aus dem habe ich etwas gebastelt" (*Göricke* 2001, S. V2/1).

Die Berufswahlentscheidung sowie der Berufsweg von Constance W. sind beeinflusst worden durch informelle Lernprozesse bzw. -ergebnisse. Sie hat sich in diesen Lernprozessen bei verschiedenen Situationen erleben können, sie hat Motivation für bestimmte Tätigkeiten entwickelt und dabei ihre „handwerklichen Fähigkeiten", d.h. ihre ganz persönlichen Stärken – oder besser gesagt – ihre Kompetenzen entdeckt. Diese bereits in früher Kindheit im privaten Bereich erlebte Kompetenz hat ihr nun beim Einstieg in das Berufsleben geholfen. Dabei spielt der gewählte Ausbildungsberuf einer Schreinerin für sie eine nachgeordnete Rolle. Dieser stellt praktisch nur den beruflich-fachlichen Rahmen dar, innerhalb dessen sie ihre individuelle Kompetenz „handwerkliche Fähigkeit" anwenden kann. Sie hat diesen Beruf eher zufällig gewählt. Für sie ist die Funktion der Schreinerinnenausbildung klar: Sie ermöglicht ihr die nächsten Schritte auf dem Lebensweg. Die weitere berufliche Entwicklung bleibt dagegen noch offen.

Eine wesentliche Stärke des informellen Lernens liegt, wie das Beispiel zeigt, in den Orientierungsmöglichkeiten dieser Lernform. Sie bietet dem Individuum die Chance, sich in unterschiedlichen Arbeits- bzw. Lebenssituationen zu erfahren und sich auszuprobieren. Dadurch ist es ihm möglich, seine Stärken zu entdecken und diese beispielsweise für die berufliche Entwicklung gezielt zu nutzen.

Informelles Lernen kommt damit der neuen Ausrichtung der institutionalisierten Bildungsarbeit entgegen. Die Vermittlung von fachsystematischem Wissen und Können muss ergänzt werden um die Entdeckung und Weiterentwicklung der individuellen Kompetenzen. Nur dann ist das Individuum gewappnet für das Leben!

Die Begründung für diese neue Ausrichtung der Bildungsarbeit ergibt sich allgemein aus einem Bild vom Menschen, das diesen als aktiv eigenverantwortlich handelndes Wesen begreift, insbesondere jedoch aufgrund der aktuellen gesellschaftlichen Entwicklungs- und Veränderungsprozesse.

2 Anbindung informeller Lernprozesse an die individuelle Kompetenzentwicklung

2.1 Individuelle Kompetenz als Navigator in Veränderungsprozessen

Wir haben es heute, darauf wurde bereits oben hingewiesen, mit tief greifenden gesellschaftlichen Veränderungsprozessen zu tun, die die Arbeits- und Berufswelt radikal verändern. Sie betreffen:

▶ die Ausübung einer Berufstätigkeit auf Zeit
▶ den Wechsel von Arbeitsplatz, Betrieb, Beruf
▶ die Veränderung der Arbeitsinhalte
▶ die lebensbegleitende Weiterbildung
▶ den Verlust an (beruflicher) Orientierung
▶ das Treffen von eigenverantwortlichen Berufsentscheidungen unter Unsicherheit

Für die Erwerbs- und Berufsbiografien der Menschen hat diese neue Situation weit reichende Konsequenzen. So kann u.a. nicht mehr von einer Kontinuität der Berufstätigkeit ausgegangen werden. Das Normalarbeitsverhältnis, d.h. die unbefristete Voll-Erwerbsarbeit im erlernten Beruf, wird zur Ausnahme. Die Erwerbsbiografie wird künftig ein „Flickenteppich" aus Phasen der Aus- und Weiterbildung, Erwerbstätigkeit, Unterbeschäftigung, Eigenarbeit, Umschulung, neuerliche Erwerbstätigkeit, Arbeitslosigkeit etc. sein.

Förderung informellen Lernens durch individuelle Kompetenzentwicklung

Vor dem Hintergrund der hier kurz skizzierten Entwicklung erhält die Bildungsarbeit im Allgemeinen und die **berufliche Bildung** im Besonderen eine neue, **zusätzliche Aufgabe.** Sie kann nicht mehr nur fachsystematisches Wissen und berufsbezogene Fachqualifikationen vermitteln, diese veralten heute immer schneller, sie muss vielmehr auch die Jugendlichen wie die Erwachsenen auf die neuen Erwerbs- und Berufsbiografien vorbereiten und die Entwicklung von Fähigkeiten unterstützen, die trotz aller Wechsel und Veränderungen Kontinuität herstellen können. Diese Funktion, so die These, kann die individuelle Kompetenz übernehmen (vgl. *Wittwer* 2001).

Die individuelle Kompetenz hat auch für die Unternehmen eine wichtige Funktion. Denn nach eigenem Bekunden unterscheiden sich Unternehmen heute immer weniger in ihren Produkten, sondern in ihren MitarbeiterInnen, d.h. in deren Besonderheiten und Stärken, also in den individuellen Kompetenzen.

Damit tritt in der beruflichen Bildung ein wichtiger Perspektivenwechsel ein: weg von der Defizit- und hin zur **Stärkenanalyse.** Die Kompetenzen der Individuen werden nun leitend für deren berufliche Entwicklung und Beschäftigungsfähigkeit.

2.2 Kompetenz neu definiert

Dem hier verwendeten Kompetenzbegriff liegt ein Verständnis zugrunde, das sich abhebt von den meisten Definitionen, die in der Fachliteratur zurzeit zu finden sind.[7] Der Begriff soll daher im Folgenden kurz erläutert werden.

Der Kompetenzbegriff geht auf *Chomsky* (1970) und – in kritischer Auseinandersetzung mit diesem Ansatz – auf *Habermas* (1971) zurück. *Chomsky* spricht von „linguistischer Kompetenz" und meint damit die Kenntnis des Sprechers bzw. Hörers von seiner Sprache. Den Gebrauch der Sprache in der konkreten Situation bezeichnet er in Abgrenzung zur Beherrschung sprachgenerativer Regeln als Performanz (vgl. *Chomsky* 1970, S. 13 ff.). *Habermas* kritisiert an dieser Unterscheidung von Sprachkompetenz und Sprachperformanz, dass diese Differenzierung nicht den Umstand berücksichtigt, „dass die allgemeinen Strukturen möglicher Rede-

---

[7] Die Definitionen von Kompetenz variieren zum einen je nach Wissenschaftsdisziplin (vgl. *Becker/Rother* 1998), zum anderen innerhalb der Pädagogik. Zum Verständnis von Kompetenz vgl. in zusammenfassender Weise *Arnold* 1997, *Arnold/Schüßler* 2001.

situationen selber noch durch sprachliche Akte hervorgebracht werden" (*Habermas* 1971, S. 101). Er erweitert daher die „linguistische Kompetenz" um die Fähigkeit des Sprechers, die allgemeinen Strukturen potenzieller empirischer Redesituationen zu beeinflussen und hervorzubringen und spricht von kommunikativer Kompetenz (ebd.). Dieses Verständnis von Kompetenz wird hier weiterentwickelt, indem jetzt unter Kompetenz die individuellen Stärken bzw. Besonderheiten eines Subjekts verstanden werden – also das, worin sich die Subjekte voneinander unterscheiden. Zudem wird die Trennung von Kompetenz und Performanz aufgehoben. Letztere ist integraler Bestandteil der Kompetenz in dem Sinn, dass es zur Anwendung der individuellen Kompetenzen einer Veränderungskompetenz bedarf, die zugleich auch die Anwendungsmöglichkeiten schafft. Kompetenz ist damit ein subjektbezogenes, in wechselnden Situationen aktivierbares Handlungssystem und erhält ihre Bestimmung aufgrund ihrer individuell-subjektiven Dimension. Damit unterscheidet sie sich in einem wesentlichen Punkt von den Schlüsselqualifikationen, die gesellschaftlich definiert und somit vom Subjekt unabhängig formuliert sind.

Kompetenzen werden von zwei Seiten her bestimmt: von der **Situation** (Anforderungsseite) und der **Person** (persönliche Ressourcen). Es lassen sich somit in analytischer Differenzierung zwei Dimensionen unterscheiden: Kern- und Veränderungskompetenz. Von der Entwicklung beider Kompetenzen hängt in Zukunft die Beschäftigungsfähigkeit eines Individuums ab.

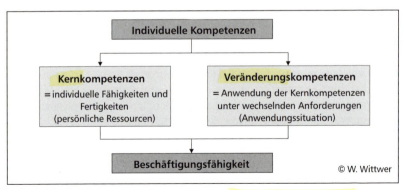

Abb. 2: Schaubild „Individuelle Kompetenzen – Beschäftigungsfähigkeit"

Mit **Kernkompetenzen** werden die persönlichen Ressourcen eines Individuums bezeichnet. Darunter sind Fähigkeiten und Fertigkeiten zu verstehen, die von einem Individuum im besonderen Maße beherrscht und in unverwechselbarer Weise angewendet werden. Die Kernkompetenzen haben für berufliche Bildung und Arbeit drei wichtige Funktionen:

1) Sie geben **Orientierung**: Das Wissen um die eigene Stärke und deren Erleben in unterschiedlichen (Berufs-/)Lebenssituationen wird zum Motor der beruflichen Entwicklung.

2) Sie stellen **Kontinuität** her: Die Kernkompetenzen behält das Individuum, unabhängig davon, welche Berufstätigkeit es ausübt und wo es arbeitet.

3) Sie **begründen Fachqualifikationen**: Eine Kernkompetenz kann nie „nur so" angewendet werden, sondern immer in einem bestimmten fachlichen Kontext. Zu ihrer Anwendung sind daher zugleich auch Fachqualifikationen erforderlich.

Die Anwendung von Kernkompetenzen, insbesondere in ihrer qualifikatorischen Ausprägung, unterliegt jedoch ganz bestimmten situativen Anforderungen. Kernkompetenzen – auch in Kombination mit einer bestimmten Fachqualifikation – allein reichen daher für die Ausübung von Berufstätigkeiten nicht aus. Sie müssen vielmehr ergänzt werden durch **Veränderungskompetenz**. Damit ist die Bereitschaft und Fähigkeit gemeint, auf die unterschiedlichen und wechselnden qualifikatorischen Anforderungen eingehen und diese im Hinblick auf die eigene Berufsbiografie verarbeiten und damit sich beruflich weiterentwickeln zu können.

Die individuelle berufliche Entwicklung erfolgt auch hier unter den aktuellen gesellschaftlichen Bedingungen – insbesondere denen des Arbeitsmarktes, allerdings nicht im Sinne einer (hilflosen) Anpassung. Der einzelne Erwerbsfähige verhält sich vielmehr wie ein Segler, der, um sein Ziel zu erreichen, mal mit und mal gegen den Wind segelt. Bei dieser „Fahrt" benötigt er Unterstützung. Kompetenzentwicklung spricht zwar die Bereitschaft und Fähigkeit des Individuums zur Selbststeuerung an, jedoch nicht als alleinige Bringschuld, sondern im Sinne der „Mitsteuerung".

Das hier entwickelte Verständnis von Kompetenz unterscheidet sich durch seinen Fokus „individuelle Stärke" von anderen Kompetenzverständnissen. Bezugspunkt des vorliegenden Ansatzes ist das Subjekt mit seinen Besonderheiten bzw. Stärken, die zunächst losgelöst von einem bestimmten Arbeitskontext zu sehen sind. Diese sollen individuell weiterentwickelt werden. Dagegen stellt beispielsweise bei *Erpenbeck/Heyse* die Handlungsfähigkeit im Beruf, d.h. die Orientierung an der Arbeitspraxis, den Bezugspunkt dar. „Die integrative Vermittlung bzw. Aneignung von Kompetenzen im arbeitsaufgabenorientierten Lernen (wird) zum zentralen Gegenstand der Weiterbildung (*Bullinger/Gidion* 1994, S. 15). ‚Das Erreichen von Handlungsfähigkeit im Beruf erfordert das Herausbilden von Sachkompetenz, Sozialkompetenz und humaner Selbstkompetenz' (*Dehnbostel, Hecker u.a.* 1992, S. 12, S. 20). Das ist es, was hier, abkürzend, als **Kompetenzentwicklung** bezeichnet wird" (*Erpenbeck/Heyse* 1997, S. 52; Hervorhebung im Original).

Die Nähe zum Schlüsselqualifikationsansatz ist von der Begrifflichkeit her nicht zu übersehen. Die verwendeten Begriffe sind fast identisch. Das „Neue" an dem Ansatz von *Erpenbeck/Heyse* ist die Betonung der personalen Ausgestaltung der einzelnen Kompetenzen. Diese Annäherung an den Schlüsselqualifikations- bzw. Qualifikationsbegriff ist noch stärker ausgeprägt bei *Berthel* (1997, S. 228) sowie bei *Becker/Rother* (1998, S. 10 ff.). Für diese ist Kompetenz im Grunde das, „was bisher Qualifikation genannt wurde" (ebd., S. 10). Der einzige Unterschied liegt in der Betrachtungsperspektive, der Verwertbarkeit erworbener Kenntnisse, Fähigkeiten und Fertigkeiten. Damit steht nicht mehr die traditionelle deutsche Frage nach dem Qualifikationsnachweis im Vordergrund, sondern „die pragmatische amerikanische Frage nach der Kompetenz des Handelns im Hinblick auf eine ganz konkrete Anforderung" (*Becker/Rother* 1998, S. 11). Die Jagd nach Qualifikationen geht also weiter.[8] Diese Form der Kompetenzentwicklung ist sehr stark fremdgesteuert. Denn welche Kompetenzen (Fach-, Methoden-, Sozial- und personale Kompetenz) bei wem entwickelt werden, hängt von dem jeweiligen Bedarf der Wirtschaft ab. „Branchen, in deren Mittelpunkt die Objektwelt und das Wissen von ihr stehen und deren Dynamik primär durch deren Veränderungen – den wissenschaftlich-technischen Fortschritt – geprägt ist, werden ihr Schwergewicht bei der Entwicklung ihrer Mitarbeiter vor allem auf die Vermittlung von Fachkompetenz legen" (*Erpenbeck/Heyse* 1997, S. 54). Exogene und nicht endogene Faktoren bestimmen hier die Kompetenzen. Diese Fremdsteuerung konterkariert die mit dem Kompetenzbegriff verknüpf-

---

8 Bei diesem Verständnis von Kompetenz ist die Frage von Arnold berechtigt, „ob die Begriffe Kompetenz und Kompetenzentwicklung nicht lediglich eine neue Begriffsmode der sich hochschaukelnden Fachrhetorik sind" (*Arnold* 1997, S. 256).

ten „individuell-psychischen **Möglichkeiten** der Selbstorganisation des konkreten Individuums (…)" (ebd., S. 53).

Den Individuen fehlt zudem die für eine Kompetenzentwicklung notwendige Orientierung, über die zugleich auch Kontinuität in der Entwicklung hergestellt werden kann. Diese ist jedoch wichtig, damit die Erwerbsfähigen trotz aller Wechsel und Veränderungen ihre Individualität bewahren können. Diese Orientierung kann, wie gesagt, von den individuellen Stärken und Besonderheiten, d.h. von den individuellen Kompetenzen, ausgehen. Sie ermöglicht, Wechsel und Veränderungen in die (Berufs-)Biografie zu integrieren. Diese Orientierung wird gleichsam zum „persönlichen Mythos", dem Leitmotiv des Lebens (vgl. *Wittwer* 1995). Der „persönliche Mythos" „entsteht allmählich im Laufe unserer Entwicklung, und er integriert sowohl die persönlichen Erfahrungen (die individuellen Kompetenzen; W. W.) als auch die Angebote der Kultur-Symbole, Bilder, Motive, die in den vielfältigen und reichhaltigen Geschichten enthalten sind, mit denen wir von Kindheit an umgeben sind" (*Ernst* 1994, S. 20). Seine subjektive Ausformung „prägt die Bewertung und Einordnung späterer Ereignisse" (ebd., S. 22).

Welchen Beitrag kann nun informelles Lernen für die individuelle Kompetenzentwicklung leisten?

Informelles Lernen kann vier wichtige Funktionen übernehmen:

▶ Es ist Vehikel zur Entdeckung und Weiterentwicklung individueller Kompetenzen.

▶ Es bietet die Möglichkeit, kurzfristig Fachwissen bzw. fachliches Können zu erwerben, das ad hoc zur Problemlösung erforderlich ist.

▶ Es ist gleichsam das Medium zwischen den gesellschaftlichen Entwicklungs- und Veränderungsprozessen und dem Berufsweg der Individuen.

▶ Es ermöglicht das situationsbezogene Handling von formal erworbenem Wissen und Können in neuen bzw. wechselnden Situationen.

Informelles Lernen, so hatten wir festgestellt, ist problem- bzw. situationsbezogen. Es erfolgt teilweise unbewusst. Die Lernergebnisse sind daher außerhalb dieser Situationen nur begrenzt anwendbar. Bei dieser Charakterisierung stellt sich die Frage der Nachhaltigkeit dieser Lernform.

3 Nachhaltigkeit informeller Lernprozesse

3.1 Nachhaltigkeit in der beruflichen Weiterbildung

Informelles Lernen weist nicht nur Stärken, sondern auch Schwächen auf. Man kann geradezu sagen: Die Stärke des informellen Lernens ist zugleich auch dessen Schwäche. Denn spontanes, nicht reglementiertes, zufälliges und situationsbezogenes Lernen hat nur ein zeitlich begrenztes Haltbarkeitsdatum und besitzt eine begrenzte Reichweite. Es sei denn, es sind gewisse Voraussetzungen gegeben.

Nun scheint die Verknüpfung von Nachhaltigkeit und informellem Lernen überhaupt – das gilt auch für die Verknüpfung mit formellem Lernen – im Bereich der Weiterbildung paradox zu sein. Ist doch vor allem die berufliche Weiterbildung darauf angelegt, das aktuelle Passungsproblem zwischen dem Angebot und der Nachfrage nach Qualifikationen kurzfristig zu lösen. Aufgrund des hohen Tempos der gesellschaftlichen Entwicklungsprozesse stellt sich daher die Notwendigkeit zur Weiterbildung immer wieder und in immer kürzer werdenden Abständen. „Just in time" ist inzwischen zur Losung der beruflichen Weiterbildung geworden. Bei diesem Verständnis geht es also gerade nicht um Nachhaltigkeit.

Die Forderung nach Nachhaltigkeit von beruflicher Weiterbildung wirkt jedoch, wie ich meine, nur auf den ersten Blick paradox. Denn auch in der Weiterbildung wird strukturbildendes bzw. aufbauendes Wissen vermittelt sowie die Kompetenzentwicklung gefördert. Zudem veraltet nicht alles, was wir wissen, so schnell, wie immer prophezeit wird. Der Physiker *Heinz Maier-Leibnitz* hat einmal darauf hingewiesen, dass im Bereich der Physik trotz aller Entwicklung keines der alten Gebiete verschwunden ist. „(…) kein Wissen wurde ungültig außer in gewissen Grenzbereichen, (…). Neues wird auf dem alten aufgebaut. (…). Es gibt also einen Prozess der Zusammenfassung, des Aussiebens, der Vereinfachung des neuen Wissens und einer Synthese, die es den nächsten Generationen ermöglicht, auf der Basis des Erreichten weiterzugehen" (*Maier-Leibnitz* 1986, S. 4 f.). Eine entscheidende Rolle spielt bei diesem Prozess, so *Maier-Leibnitz*, die formalisierte Ausbildung, nämlich die Lehre an den Hochschulen (ebd.).

Inzwischen beschäftigen sich auch die Bildungspolitiker offiziell mit der Frage der Nachhaltigkeit informellen Lernens. So gibt es mittlerweile eine breite und intensive Diskussion um die Anerkennung bzw. Zertifizierung informell erworbenen Wissens und die ersten Bildungspässe und Kompetenz-Diagnose-Instrumente sind schon entwickelt worden.

Förderung informellen Lernens durch individuelle Kompetenzentwicklung

Die Frage der Nachhaltigkeit von Bildung wird allerdings bislang in engem Bezug zu einer nachhaltigen ökologischen Entwicklung diskutiert und dabei weitgehend auf formalisierte Bildungsprozesse beschränkt. Im Konzept der nachhaltigen Entwicklung von Ökologie und Ökonomie ist Bildung gleichsam nur das Medium, das über Aufklärung die Menschen in den einzelnen Lebens- und Arbeitsbereichen veranlassen soll, bei ihrem Handeln den Aspekt der Nachhaltigkeit zu verfolgen. Gegenstand der Diskussion ist somit die nachhaltige Entwicklung bestimmter Wirtschaftsbereiche und nicht die Nachhaltigkeit von Bildung an sich (vgl. *Wittwer* 2002, S. 112), also die Frage, welche Bildungsinhalte und darüber zu entwickelnde Kompetenzen künftig von Bedeutung sein werden (vgl. *Schüßler* 2002, S. 108).

Unter Nachhaltigkeit von Bildung wird hier die Intensität und Dauer der (Nach-)Wirkung des Bildungsprozesses sowie seiner Ergebnisse verstanden. Die Frage der Nachhaltigkeit führt zugleich zu zwei weiteren Fragen: Für wen wirkt sich die Bildung nachhaltig aus und wie kann Nachhaltigkeit hergestellt bzw. gesichert werden? Aus Sicht der Erwerbsfähigen kann Nachhaltigkeit über die Dimensionen „Wissen", „Kompetenz" und „Struktur" hergestellt werden (vgl. *Wittwer* 2002, S. 112 f.). Nicht alle drei Dimensionen sind beim informellem Lernen in gleicher Weise relevant. So ist mit der Dimension „Wissen" das Basiswissen gemeint. Dieses wird jedoch überwiegend in institutionalisierter Form vermittelt. Von größerer Relevanz dagegen sind die Dimensionen „Kompetenz" und „Struktur". Kompetenz, so wie wir sie oben verstanden haben als Kern- und Veränderungskompetenz, bietet dem informellen Lernprozess Reflexionsraum bzw. Ankerplatz sowie Transfermöglichkeiten. Die Dimension „Struktur", gemeint sind hier Form und Struktur des Lernprozesses, wirkt aufgrund der Selbststeuerung des Lernprozesses nachhaltig. Diese Funktion gilt allerdings nicht für beiläufiges Lernen.

Im Folgenden soll anhand von zwei sehr unterschiedlichen Beispielen transparent gemacht werden, wie informelles Lernen nachhaltig wirken kann und welche Methoden diesen Prozess unterstützen können.

3.2 Beispiele zur Nachhaltigkeit informeller Lernprozesse

Wissenstransfer

„Der Mullah, ein Prediger, kam in einen Saal, um eine Rede zu halten. Der Saal war leer bis auf einen Stallmeister, der in der ersten Reihe saß.

> Der Mullah fragte den Stallmeister: ‚Es ist niemand außer dir da. Soll ich deiner Meinung nach sprechen oder nicht?' Dieser antwortete: ‚Herr, ich bin ein einfacher Mann, davon verstehe ich nichts. Aber wenn ich in einen Stall komme und sehe, dass alle Pferde weggelaufen sind und nur ein einziges dageblieben ist, werde ich es trotzdem füttern.' Der Mullah nahm sich das zu Herzen und begann seine Predigt. Er sprach über zwei Stunden lang. Danach fühlte er sich sehr erleichtert und glücklich und wollte durch den Zuhörer bestätigt wissen, wie gut seine Rede war. Er fragte: ‚Wie hat dir meine Rede gefallen?' Der Stallmeister antwortete: ‚Ich habe bereits gesagt, dass ich ein einfacher Mann bin und von so etwas nicht viel verstehe. Aber wenn ich in einen Stall komme und sehe, dass alle Pferde außer einem verschwunden sind, werde ich es trotzdem füttern. Ich würde ihm allerdings nicht das ganze Futter geben'" (*Peseschkian* 1977, S. 30 f.).

Der junge Stallmeister hat, wie er bescheiden antwortet, keine Ahnung davon, wie und wann man einen Vortrag hält. Er hat das nicht in einer formalisierten Bildungsmaßnahme gelernt. Aber er weiß aufgrund seiner Arbeit als Stallmeister, wie man sich beim Füttern verhält, wenn der Stall bis auf ein Pferd leer ist. Und er ist in der Lage, dieses Wissen, das er in einem ganz bestimmten Kontext erworben hat, auf ein ganz anderes und ihm fremdes Fachgebiet zu transferieren. Dies ist möglich, weil er das gemeinsame Grundproblem der beiden Situationen erkannt hat.

Voraussetzung dafür ist allerdings, dass das informell erworbene Wissen aus dem Stadium des Unbewussten heraustritt. Unbewusst, das bringt der Begriff bereits zum Ausdruck, bedeutet, dass man nicht weiß, was man gelernt hat. Von dem Vorstandsvorsitzenden der Siemens AG von Pierer ist der Stoßseufzer bekannt: „Wenn Siemens wüsste, was Siemens alles weiß!" Auch wir selber wissen oft nicht, was wir wissen. Wir müssen diesen Wissensschatz erst noch heben. Dies ist jedoch nicht einfach, da informelles Lernen immer situationsbezogen erfolgt und zunächst nur der Bewältigung des dort aufgetretenen Problems dient. Um es auch auf andere Situationen transferieren zu können, muss der Lernprozess reflektiert werden. Dieser Prozess kann ganz spontan erfolgen, wie beim Stallmeister. Er kann jedoch auch bewusst herbeigeführt werden, indem man das eigene Arbeitshandeln gezielt reflektiert.

Informelles Lernen ist also dann transferierbar und wirkt somit nachhaltig, wenn das gemeinsame Grundproblem zweier oder mehrerer Handlungssituationen erkannt und der Handelnde in der Lage ist, den informellen Lernprozess bzw. das Lernergebnis zu reflektieren.

Biografiearbeit

Die Dimension „Kompetenz", so hatten wir gesehen, bietet für ein nachhaltiges Wirken von informellen Lernprozessen die so wichtigen Verknüpfungs- und Transfermöglichkeiten mit der individuellen Biografie bzw. den entsprechenden Wissens- und Erfahrungsstrukturen der Individuen. Sie ist zugleich auch der Ort der Integration von formell und informell erworbenen Kenntnissen, Fähigkeiten und Fertigkeiten. Diese Verknüpfungs- und Integrationsleistungen können nicht zuletzt auch aufgrund des besonderen Charakters von informellen Lernprozessen von den Individuen nicht allein erbracht werden. Sie benötigen Unterstützung. Als Methode bietet sich hier u.a. die Biografiearbeit an. Der Begriff „Biografie" bedeutet so viel wie Lebensbeschreibung und Interpretation des Lebenslaufs. Er beinhaltet damit reflexive Momente, d.h. Motive, Ursachen und Bedingungen von Handlungen und Entscheidungen eines Individuums. Biografiearbeit meint dann den Prozess der Selbstreflexion der eigenen Biografie mit Unterstützung eines Beraters bzw. einer Beraterin, mit dem Ziel, die eigene Entwicklung zu gestalten. Bei der Biografiearbeit geht es also nicht allein darum, die eigene Geschichte retrospektiv aufzuarbeiten, sondern auch und vor allem um die prospektive Planung des Lebenslaufs bzw. der beruflichen Karriere. Wie beim Lernen, so verhält es sich auch bei der Beratung. Sie kann nur unterstützend helfen. „Man kann einen Menschen nichts lehren", so *Galileo Galilei*, „man kann ihm helfen, es in sich selbst zu entdecken."

Biografiearbeit bewegt sich zwischen den Eckpunkten: Biografie – Subjekt – aktuelle (berufliche) Situation – Vision. Sie kann punktuell erfolgen oder als Prozess über einen längeren Zeitraum angelegt sein. Mit der Biografiearbeit kann bereits in der Schule begonnen werden, z.B. vor dem Übergang Schule – Beruf.

Biografiearbeit kann beispielsweise bei Erwerbstätigen mit dem Ziel einer beruflichen Profilbildung erfolgen. Der Beratungsablauf kann wie folgt strukturiert sein:

1) Entwicklung von Visionen vor dem Hintergrund der aktuellen beruflichen Situation.
2) Benennung der individuellen Stärken/Kompetenzen. Reihung dieser Kompetenzen nach dem Grad ihrer Ausprägung und Relevanz im Hinblick auf die Vision.

3) Abgrenzung von Tätigkeitsfeldern als berufliche Entwicklungsfelder – optional/alternativ und/oder schrittweise durchlaufend.
4) Auswahl positiver Leitbilder und Ressourcen zur Unterstützung des Entwicklungsprozesses.
5) Identifikation von Hemmnissen und Entwicklung von Strategien zu deren Überwindung.
6) Formulierung von Zielen auf dem Weg zur Vision.

Durch diesen Dialog zwischen Berater und Klienten, der durch Nähe und Distanz gekennzeichnet ist, „wird ein fortschreitender Perspektivwechsel in Gang gesetzt, der Innovationsprozesse induziert" (*Herbartz* 1997, S. 106).

Biografiearbeit kann inner- wie außerbetrieblich, inner- oder außerschulisch geleistet werden. Sie kann betrieblich ergänzt werden durch Maßnahmen der Personalentwicklung, indem „Erfahrungsräume" geschaffen werden zum Entdecken und Erleben sowie zur Weiterentwicklung der eigenen Kompetenz.

4 Individuelle Kompetenzentdeckung und -entwicklung in Erfahrungsräumen

Die Methode der Biografiearbeit hat bereits angedeutet, wie informelles Lernen für berufliches – aber auch privates – Handeln genutzt werden kann. Es geht hier nicht um eine Kolonisierung der Lebenswelt durch die Pädagogik, d.h. um die gezielte Nutzung jeder Situation in der privaten wie beruflichen Lebenswelt für Lernzwecke und damit um den Zwang, immer und überall lernen zu müssen. Vielmehr ist es ein Anliegen zu zeigen, wie retrospektiv auf das vorhandene Potenzial an informellem Wissen und Können zurückgegriffen werden kann und wie prospektiv informelle Lernmöglichkeiten im Kontext formellen Lernens genutzt werden können. Beide Wege sind als „Ermöglichung" von Lernen, d.h. als Lernangebot zu verstehen.

Eine Möglichkeit informell zu lernen, bieten **Erfahrungsräume**. Unter Erfahrungsräumen werden soziale Situationen verstanden, die strukturell-organisatorisch und didaktisch-methodisch so angelegt sind, dass dort neues Wissen sowie neue Fertigkeiten und Fähigkeiten in fachlicher und sozialer Hinsicht erworben werden können. Diese Erfahrungsräume sind neu und fremd für die Erwerbstätigen und stellen somit für diese eine Lernherausforderung dar. Sie können in formalisierten Bildungsmaßnah-

Förderung informellen Lernens durch individuelle Kompetenzentwicklung

men integriert werden, z.b. in die berufliche Aus- und Weiterbildung. Sie können aber auch im sozialen Umfeld eines Betriebes situiert sein (Abb. 3).

Den Auszubildenden und erwachsenen Erwerbstätigen eröffnen sich in diesen Erfahrungsräumen zudem (neue) berufliche Optionen, indem sie erleben, wo sie überall mit ihren Ausbildungsqualifikationen arbeiten können. Die Erwerbstätigen können in den für sie **neuen bzw. fremden Situationen** in beruflich-fachlicher sowie sozialer Hinsicht neue Erfahrungen machen und diese mit Bezug auf ihre berufliche Entwicklung reflektieren und anwenden. Diese Erfahrungsräume eignen sich besonders für den Erwerb von Veränderungskompetenz, einer, wie wir gesehen haben, heute wichtigen Kompetenz des Individuums.

„Schwimmen lernt man im Wasser." Die alte Volksweisheit hat sich bereits der handlungsorientierte Ansatz in der Bildungsarbeit zunutze gemacht. Diese Maxime gilt auch für den Erwerb von Veränderungskompetenz. Sie kann am besten **in der Situation** erworben werden. Allerdings nur unter Anleitung eines „Schwimmmeisters" (Ausbilders, Lehrers oder Trainers).

So einen Erfahrungsraum stellt beispielsweise die zeitlich begrenzte **standortferne** Ausbildung dar. Bei dieser Maßnahme werden die Auszubildenden für etwa sechs bis acht Wochen in einer Niederlassung, in einem Zweigwerk oder in einer Fremdfirma, z.b. bei einem Zulieferbetrieb oder in einem Unternehmen, das zwar in den gleichen Berufen, aber für andere Aufgaben ausbildet, eingesetzt, wobei der neue Ausbildungsort so weit vom Ausbildungsbetrieb entfernt liegt, dass die Jugendlichen nicht zwischen den Orten pendeln können. Sie müssen so lernen, ihr privates wie berufliches Leben selber zu organisieren und sich auf neue ausbildende Fachkräfte und Ausbilder und neue Arbeitskollegen einstellen.

Eine weitergehende Möglichkeit ist der **Arbeitseinsatz** im Ausland. Veränderungskompetenz wird hier erweitert um interkulturelle bzw. Sprachkompetenz. Wie Untersuchungen ergeben haben, können transnationale Arbeitseinsätze u.a. folgende Effekte haben:

▶ Durch das Kennenlernen anderer Arbeitsweisen wird die Fachkompetenz erweitert.

▶ Beschäftigte mit Auslandserfahrung können betriebsintern bei der Lösung interkultureller Konflikte mithelfen.

▶ Es können sich neue betriebliche Perspektiven und damit auch Innovationsschübe ergeben.

Erfahrungsräume

▶ **Außerhalb des Betriebs:**
 - Einsatz in Fremdfirmen im In- und Ausland
 - Verbund Aus-/Weiterbildung bzw. Netzwerkbildung
 - Über- und außerbetriebliche Bildungsstätten
 - Einsätze im sozialen Umfeld des Betriebes

▶ **Innerhalb des Betriebs:**
Organisatorische Settings:
 - Arbeitsplatz-, Aufgabenwechsel (Jobrotation)
 - Gruppenarbeit
 - Aus- und Weiterbildung an verschiedenen Lernorten
 - Virtuelle Ausbildungsphasen bzw. virtuelles Lernen in der Weiterbildung

Didaktische Settings:
 - Projektlernen in der Arbeitssituation
 - Teamarbeit
 - Problemlösungsgruppen
 - Erlebnispädagogische Seminare

Abb. 3: Maßnahmen zum Erwerb von Veränderungskompetenz

▶ Die Entwicklung der Persönlichkeit kann zu neuen beruflichen Orientierungen führen (*Wordelmann* 2002, S. 1 f.).

Aber auch **innerhalb eines Ausbildungsbetriebes** gibt es eine Vielzahl von **Erfahrungsräumen**, die allerdings bisher kaum unter dem Aspekt des Erwerbs von Veränderungskompetenz gezielt genutzt werden. Gedacht ist hier an den **Abteilungsdurchlauf** und an die **Ausbildung an verschiedenen Lernorten**. Diese Wechsel erfolgen bisher ausschließlich unter fachlichen Gesichtspunkten. Sie sollten nun gezielt auch unter sozialen reflektiert und auf den entsprechenden Lerngehalt hin angesprochen werden.

Diese Erfahrungsräume überlagern sich zum Teil und sind mehrschichtig. Auszubildende in KMUs beispielsweise arbeiten immer wieder an anderen Arbeitsorten (Montagearbeiten) mit anderen Gesellen zusammen. Sie haben hier die Möglichkeit, die verschiedenen Arbeitstechniken und -routinen sowie unterschiedliche Rahmenbedingungen von Arbeit in ihren Auswirkungen auf die Arbeitsprozesse kennen zu lernen und zu vergleichen. Das Wissens- und Erfahrungsspektrum weitet sich somit.

Erfahrungsräume können auch im sozialen Umfeld eines Betriebes liegen und für beruflich-betriebliches Arbeitshandeln genutzt werden. Gedacht ist hier zum einen an die Vielzahl und Vielfalt von Ehrenämtern, die Jugendliche wie Erwachsene in ihrer Freizeit ausüben, z.b. als Jugendgruppenleiter, Trainer, Vereinsfunktionär etc. Zum anderen sind hier angesprochen die zeitlich begrenzten Einsätze in sozialen bzw. berufsfremden Feldern.

Der Erwerb von Veränderungskompetenz kann schließlich auch durch bestimmte **didaktisch-methodische Settings** gefördert werden, in denen die Auszubildenden mit wechselnden situativen Anforderungen sowie mit neuen Rollen konfrontiert werden und in denen sie eigenverantwortlich und selbst gesteuert lernen und arbeiten müssen, z.b. im Rahmen von Projekten, Junioren-Firmen etc. Diese Methoden gibt es zwar bereits, sie werden jedoch noch zu wenig eingesetzt.

5 Lernen als permanente Selbstvergewisserung

Zu Beginn des Beitrags wurde ein Spruch zitiert, der früher über vielen Schultüren prangte: „Lern für die Zeit, werd tüchtig fürs Haus. Gewappnet ins Leben trittst du hinaus." Dieser Spruch traf bereits in der Zeit nicht zu, in der er geprägt wurde. Erst Recht gilt er heute nicht! Im Zeitalter der Globalisierung und der zunehmenden Beschleunigung von Entwicklungsprozessen reicht es nicht aus, nur fürs „Haus" oder einmal fürs „Leben" zu lernen. Und wir werden auch nie die Gewissheit erlangen, dass wir einmal genug oder das Richtige für die Bewältigung der Zukunft gelernt haben. Denn wir haben es bereits heute mit zieloffenen Entwicklungen zu tun. Die Moderne weiß zwar, was sie hinter sich lässt, aber nicht genau, wohin es geht.

Wir erleben diese zieloffene Situation als „diffuse Zielgerichtetheit" (*Kade*), bei der „zwar klar ist, welche Ordnung man verlassen oder verloren hat, nicht aber wie die zukünftige aussehen wird" (*Schäffter* 1998, S. 28). Lernen ist hier als Suchbewegung und permanente Selbstvergewisserung zu verstehen (ebd., S. 28 ff.). Das angestrebte Ziel, der Soll-Zustand, ist nicht einer objektivierenden, allgemein gültigen Bestimmung zugänglich, „er ist nur im Rahmen eines persönlichen Klärungs- und Entscheidungsprozesses durch Eigenbewegung der Lernenden innerhalb eines subjektabhängigen Möglichkeitsraums zu erschließen" (ebd., S. 29). In einer Situation des „Nicht-mehr" und „Noch-nicht" greifen die alten Orientierungsmarken für die Bildungs- und Berufskarriere nicht mehr und neben institutionalisierten Lernformen müssen offene, selbst gesteuerte, informelle Lernformen treten.

Der geforderte „subjektabhängige Möglichkeitsraum" kann in der Kompetenzentwicklung, wie sie in diesem Beitrag dargestellt wurde, gesehen werden. Eine Kompetenzentwicklung, die sich an den individuellen Stärken orientiert und die das private wie das berufliche soziale Umfeld des Lernenden einschließt, kann zugleich Orientierung, Kontinuität und Ankerplatz für Fachqualifikationen bieten wie auch neue Lernformen ermöglichen. Das betrifft auch das informelle Lernen – inklusive das unbewusste Lernen. Allerdings nicht im normativen Sinn: „Der Mensch muss immer und überall lernen", sondern im Sinne von Lernanregungen bzw. Lernangeboten. Diese Lernprozesse können dann nachhaltig wirken. Diese Situation verlangt von allen Beteiligten Mut zur Entscheidung unter Unsicherheit.

Literatur

Abraham, K.: Der Betrieb als Erziehungsfaktor. Die funktionale Erziehung durch den modernen wirtschaftlichen Betrieb. Freiburg 1957.

Arnold, R.: Von der Weiterbildung zur Kompetenzentwicklung. Neue Denkmodelle und Gestaltungsansätze in einem sich verändernden Handlungsfeld. In: Albrecht, G. et al.: Kompetenzentwicklung '97. Berufliche Weiterbildung in der Transformation – Fakten und Visionen. Münster 1997, S. 253–300.

Arnold, R./Schüßler, J.: Die Entwicklung des Kompetenzbegriffs und seine Bedeutung für die Berufsbildung und die Berufsbildungsforschung. In: Franke, G. (Hrsg.): Komplexität und Kompetenz. Ausgewählte Fragen der Kompetenzforschung. Bielefeld 2001, S. 25–64.

Becker, M./Rother, G.: Pendelschlag von der Qualifikation zur Kompetenz. In: QUEM-Bulletin 1998, 2/3, S. 10–15.

Bellmann, L.: Datenlage und Interpretation der Weiterbildung in Deutschland. Hrsg. von der Expertenkommission „Finanzierung Lebenslangen Lernens". Bielefeld 2003.

Berthel, J.: Personal-Management. 5. aktualisierte und korrigierte Auflage. Stuttgart 1997.

Bundesministerium für Bildung, Wissenschaft und Kultur (Hrsg.): Memorandum über lebenslanges Lernen der Europäischen Kommission. Materialien zur Erwachsenenbildung Nr. 1. Wien 2001.

Bullinger, H. J./Gidion, G.: Zukunftsfaktor Weiterbildung. Neue Konzepte und Perspektiven. Stuttgart 1994.

Chomsky, N.: Aspekte der Syntax-Theorie. Frankfurt/M. 1970.

Dehnbostel, P. et al. (Hrsg.): Neue Technologien und berufliche Bildung. Modellhafte Entwicklungen und theoretische Erkenntnisse (Berichte zur beruflichen Bildung 151) Berlin 1992.

Dohmen, G.: Das lebenslange Lernen. Bonn 1996.

Dunkel, D.: Versuch der Systematisierung der betrieblichen Weiterbildung. In: Erwachsenenbildung, 1976, 22. Jg., 1, S. 7–10.

Ernst, H.: Dem Leben Gestalt geben. In: Psychologie Heute. 1994, 21. Jg., 2, S. 20–26.

Erpenbeck, J./Heyse, V.: Der Sprung über die Kompetenzbarriere. Bielefeld 1997.

Faure, E. et al.: Wie wir leben lernen. Der UNESCO-Bericht über Ziele und Zukunft unserer Erziehungsprogramme. Reinbek 1973.

Göricke, J.: „Es wird viel passieren". In: Süddeutsche Zeitung Nr. 216 vom 19.09.2001, S. V2/1.

Gruber, B.: Beruf und Bildung (k)ein Widerspruch. Innsbruck 2001.

Habermas, J.: Vorbereitende Bemerkungen zu einer Theorie der kommunikativen Kompetenz. In: Habermas, J./Luhmann, N.: Theorie der Gesellschaft oder Sozialtechnologie. Frankfurt/M. 1971.

Herbartz, M.: Profilcoaching. In: Obermann, Chr. et al. (Hrsg.): Trainingspraxis: 22 erfolgreiche Seminare zu Vertriebstraining, Führung, Teambuilding, Unternehmensentwicklung. Köln 1997, S. 103–129.

Kirchhöfer, D.: Perspektiven des Lernens im sozialen Umfeld. In: Kompetenzentwicklung 2001. Tätigsein – Lernen – Innovation. Hrsg. von der Arbeitsgemeinschaft Betriebliche Weiterbildungsforschung e.V., Projekt Qualifikations-Entwicklungs-Management. Münster 2001, S. 95–145.

Laur-Ernst, U.: Informelles und formalisiertes Lernen in der Wissensgesellschaft: Wie lassen sich beide Lern- und Kompetenzbereiche gleichwertig anerkennen? Vortragsmanuskript, 2000.

Livingstone, D. W.: The Education Jobs Gap: Underemployment or Economic Democracy. Toronto 1998.

Maier-Leibnitz, H.: Die Halbwertzeit von Wissen. Zur Lebensdauer der Nützlichkeit von Wissen und Können. In: Weiterbildung in Wirtschaft und Technik, 1986, 3, S. 4–6.

PESAG Aktiengesellschaft (Hrsg.): Ausbildung? – Na klar! Paderborn 1995.

Peseschkian, N.: Positive Psychotherapie. Theorie und Praxis einer neuen Methode. Frankfurt/M. 1977.

Reischmann, J.: Lernen „en passent" – die vergessene Dimension. In: Grundlagen der Weiterbildung, 1995, 4, S. 200–204.

Schäffter, O.: Weiterbildung in der Transformationsgesellschaft. Berlin 1998.

Siebert, H.: Geht die Erwachsenenbildung an der Lebenswelt vorbei? In: Schratz, M. (Hrsg.): Gehen Bildung, Ausbildung und Wissenschaft an der Lebenswelt vorbei? München 1988, S. 147–155.

Schüßler, I.: Nachhaltigkeit in der Weiterbildung. In: Zeitschrift Grundlagen der Weiterbildung, 2002, 13. Jg., 3, S. 108–111.

Staudt, E./Kriegesmann, B.: Weiterbildung: ein Mythos zerbricht. Der Widerspruch zwischen überzogenen Erwartungen und Misserfolgen der Weiterbildung. (Berichte aus der angewandten Innovationsforschung, No 178) Bochum 1999.

Staudt, E./Kley, Th.: Formelles Lernen – informelles Lernen – Erfahrungslernen: Wo liegt der Schlüssel zur Kompetenzentwicklung von Fach- und Führungskräften? Eine kompetenzbiografische Studie beruflicher Innovationsprozesse. Berichte aus der angewandten Innovationsforschung No 193, hrsg. von E. Staudt, Bochum 2001.

Straka, G. A.: Lernen unter informellen Bedingungen (informelles Lernen). Begriffsbestimmung, Diskussion in Deutschland, Evaluation und Desiderate. In: Arbeitsgemeinschaft Qualifikations-Entwicklungsmanagement (QUEM). Kompetenzentwicklung 2000:

Lernen im Wandel – Wandel durch Lernen. Münster 2000, S. 15–70.

Straka, G. A.: Informelles, implizites Lernen und Coca Cola. In: Zeitschrift Grundlagen der Weiterbildung, 2001, S. 255–258.

Tough, A. M.: The adults learning projects; a fresh approach to theory and practice in adult learning. Toronto 1979.

Ulrich, J. G.: Weiterbildungsbedarf und Weiterbildungsaktivitäten der Erwerbstätigen in Deutschland. Ergebnisse aus der BIBB/IAB-Erhebung 1998/1999. In: Berufsbildung in Wissenschaft und Praxis, 29. Jg. (2000), 3, S. 23–29.

Wittwer, W.: Die neuen Auszubildenden kommen. Wie der Beginn der Ausbildung sinnvoll bewältigt werden kann. Weinheim, Basel 1992.

Wittwer, W.: Betriebliche Weiterbildung und berufsbiografische Krisenbewältigung. In: Arnold, R. (Hrsg.): Betriebliche Weiterbildung zwischen Bildung und Qualifizierung. Frankfurt/M. 1995 (Anstöße Band 11), S. 55–69.

Wittwer, W.: Kompetenzorientierte Beratung. In: Beratung Aktuell. Hrsg.: Bundesministerium für Bildung, Wissenschaft und Kultur. Wien 2000, S. 10–17.

Wittwer, W.: Berufliche Weiterbildung. In: Schanz, H. (Hrsg.): Berufs- und wirtschaftspädagogische Grundprobleme. Baltmannsweiler 2001, S. 229–247.

Wittwer, W./Münchhausen, G.: Kompetenzentwicklung von Leiharbeitskräften. In: Personalwirtschaft, 2001, 6, S. 62–68.

Wittwer, W.: Nachhaltigkeit der betrieblichen Weiterbildung und Betriebsentwicklung. In: Zeitschrift Grundlagen der Weiterbildung, 13. Jg., 2002, 3, S. 111–114.

Wittwer, W.: Den Ausbildungsbeginn gestalten. In: Cramer, G.: Jahrbuch Ausbildungspraxis 2003. Köln, München, Neuwied 2003, S. 252–260.

Wordelmann, P.: Evaluierung von transnationalen Praktika. http://www2.trainingvillage.gr/etv/agora/13.asp (01.07.02)

Das lernende Subjekt als Ausgangspunkt – Befreiungspädagogik und informelles Lernen

von Bernd Overwien

Der Aufsatz knüpft an schulkritische Debatten der Vergangenheit an und thematisiert die Frage nach einem adäquaten pädagogischen Vorgehen zur Unterstützung und Verbesserung informellen Lernens. Im Mittelpunkt steht dabei die problemformulierende Bildung Paulo Freires, als Antwort auf das „Bankiersprinzip des Lernens". Nach einem Überblick, der in internationale Debatten zum informellen Lernen einführt und deutsche Anknüpfungspunkte beleuchtet, werden beispielhafte Praxisfelder der Freire-Pädagogik auf das Einbeziehen informellen Lernens hin untersucht. Einige allgemeinere Überlegungen zur Zukunft des informellen Lernens, zu Lücken innerhalb der Forschung und zu einigen Problemen dieser Lernform ergänzen die Ausführungen.

1 Schulkritik, Befreiungspädagogik und informelles Lernen 44
2 Problemformulierende Bildung als Antwort auf das Bankiersprinzip des Lernens 45
3 Die Debatten zum informellen Lernen 48
4 Probleme des informellen Lernens 51
5 Die Rolle der Lehrenden 53
6 Informelles Lernen und Befreiungspädagogik – Erfahrungen 54
   6.1 Chile 54
   6.2 Nicaragua 55
   6.3 Deutschland 57
   6.4 Deutschland: Paulo Freire in IT-Unternehmen? 59
7 Überlegungen zum informellen Lernen und einer adäquaten pädagogischen Praxis 60
8 Befreiungspädagogik und informelles Lernen – Potenziale 64
Literatur 66

1 Schulkritik, Befreiungspädagogik und informelles Lernen

Schon in den 1970er-Jahren wies Ivan Illich im Rahmen seiner grundsätzlichen Schulkritik auf die mit der Dominanz schulischen Lernens verbundene Abwertung anderer Lernformen hin. Bedeutsames Lernen definiere sich danach allein durch den Schulbesuch, der Wert durch Grade und Zeugnisse. Im Gegensatz dazu kommt er aufgrund seiner Erfahrungen mit offenen Lernprozessen zu der Feststellung:

> „Tatsächlich ist Lernen diejenige menschliche Tätigkeit, die am wenigsten der Manipulation durch andere bedarf. Das meiste Lernen ist nicht das Ergebnis von Unterweisung. Es ist vielmehr das Ergebnis unbehinderter Teilnahme in sinnvoller Umgebung" (*Illich* 1973).

Die von Illich betonte subjektbezogene Sichtweise der Lernenden führt zu der Frage, in welchem Verhältnis subjektorientierte Lernansätze wie der der Educación Popular – sinnvoll mit Befreiungspädagogik übersetzt – zu informellem Lernen in „sinnvoller Umgebung" steht. Ausgangsthese ist dabei, dass Educación Popular u.a. deshalb erfolgreich ist, weil hier formales und non-formales Lernen zum informellen Lernen hin geöffnet wird. Kompetenzen, auch Lernkompetenzen, die Menschen mehr oder weniger ausgeprägt im Lebenszusammenhang erworben haben, werden so stärker genutzt, als dies in der Schule normalerweise der Fall ist. Die Einbettung des Lernens in einen sozialen Kontext spielt außerdem in der Befreiungspädagogik wie auch im informellen Lernen (hier teilweise) eine wichtige Rolle. In der Schule wird zwar durchaus auch informell (mit)gelernt (z.B. Hidden Curriculum), aber nicht an Lebensrealitäten von nicht Mittelschichten angehörigen Menschen angesetzt. Im Rahmen der Befreiungspädagogik werden hingegen Ressourcen und Kompetenzen der angesprochenen Menschen direkt eingebracht.

Es gibt dabei bis heute keine einheitliche Definition von Educación Popular, Peoples Education, Befreiungspädagogik. In Lateinamerika, dem Ursprungskontinent dieser pädagogischen Strömung, vereinigen sich verschiedene historisch gewachsene Linien zur heutigen Educación Popular (*Liebel* 2002, S. 49 ff.). Es handelt sich um einen pädagogischen Ansatz, besser als eine Art pädagogischer Bewegung charakterisiert, der oft im Rahmen sozialer Aktion und Bewegung praktiziert wird. Sie ist häufig auf Menschen bezogen, die von gesellschaftlicher Partizipation weitgehend ausgeschlossen sind (*Smith* 1999). In Lateinamerika ist bis heute eine

Verbindung zur Theologie der Befreiung auszumachen (vgl. *Kerka* 1997). Einer der wohl wichtigsten Vordenker der Educación Popular war Paulo Freire, der den Ansatz im Brasilien der 1960er-Jahre praktizierend weiterentwickelte. Auch in Deutschland wird immer wieder Bezug auf dieses Konzept genommen. So kritisiert beispielsweise Arnold die „vorherrschende Bildungspraxis", nach der die Entwicklung des Einzelnen nur durch pädagogische Interventionen positiv beeinflusst werden könne. Er begründet seine Sichtweise auf der Grundlage von Paulo Freires Kritik am „Bankierskonzept der Erziehung" und kritisiert mit Freire einen Passivität fördernden Lehr-/Lernprozess, als „tote Lernkultur" (*Arnold* 1993, S. 51).

2 Problemformulierende Bildung als Antwort auf das Bankiersprinzip des Lernens

Freire skizziert schulisches Lernen nach dem Bankiersprinzip so, dass hier eine Lernende oder ein Lernender neues Wissen genauso aufnimmt, wie Geld auf ein Konto eingezahlt wird (*Freire* 1973a, S. 57 ff.). Lernende werden dabei als „leere Hüllen" betrachtet, die es zu füllen gilt. Sie werden zu Objekten pädagogischer Bemühungen gemacht. Dabei wird von der Ausschließlichkeit eines Lernens innerhalb eines pädagogischen Gefälles ausgegangen: hier der Lehrer, der Wissen weiter gibt, dort die Lernenden, die Wissen aufnehmen. Die Schüler funktionieren als Sammler und Katalogisierer der übermittelten Dinge, haben die Inhalte oft weder verstanden noch können sie darin für sich einen Nutzen sehen. Dabei ist es ziemlich wahrscheinlich, dass Lernende zu nicht wenigen Inhalten bereits über Bezüge oder gar Lernerfahrungen verfügen, die auf andere Weise angeeignet wurden.

> Auf das Bankierskonzept antwortet Freire mit einer „problemformulierenden Bildung", die die Frage nach dem „Warum" betont. Lernende sollen dabei „die Kraft (entwickeln), kritisch die Weise zu begreifen, in der sie in der Welt existieren, mit der und in der sie sich selbst vorfinden. Sie lernen die Welt nicht als statische Wirklichkeit, sondern als eine Wirklichkeit im Prozess sehen, in der Umwandlung" (*Freire* 1973a, S. 67).

Der Schlüsselbegriff in Freires Konzeption ist Conscientização (meist mit „Bewusstwerdung" übersetzt). Hier wird deutlich, dass Alphabetisierung, auf die sich Freires Ansatz zunächst vor allem bezog, nicht losgelöst von politischen Fragen betrachtet werden kann. Über die Alphabetisierungssituation hinaus kann jedoch festgehalten werden, dass Bewusstwerdungsprozesse, wie sie in der Educación Popular angestrebt werden, Menschen in die Lage versetzen, als Subjekt zu handeln (Subjektbegriff: *Meueler* 1993). Reflexion und Aktion gehören dabei als Instrument zur Befreiung des Menschen und Lernprinzip zusammen. In der Befreiungspädagogik wird Lernen als ein kontinuierlicher Prozess der Auseinandersetzung mit der dem Individuum zugänglichen Welt gesehen. Hierbei verändert sich sowohl das lernende Subjekt als auch dessen Umwelt. Lernen ist also nicht eine bloße Anhäufung von Wissen, sondern dessen kontinuierliche Gestaltung und Umgestaltung.

Eine problemformulierende Bildung im Sinne Paulo Freires spaltet das Handeln des Lehrers, der in dieser Sicht zugleich auch Lernender sein muss, nicht in einen erkennenden und einen mitteilenden Sektor. Erkenntnisobjekte sind nicht das „Privateigentum des Lehrenden" (*Gerster* o.J., S. 9). In der problemformulierenden Bildung beginnen Menschen ihr Verhältnis zur Welt zu begreifen. Die Welt ist dabei nicht ein statisches Etwas, sondern im steten Wandel begriffen. Es entsteht eine Sichtweise auf die Welt, die es den Lernenden wie den Lehrenden ermöglicht, sich konkret mit dieser auseinander zu setzen. Problemformulierende Bildung bestätigt den Menschen als ein Wesen im Werden, innerhalb einer gleichfalls unfertigen Realität rundherum (*Gerster* o.J, S. 11 f.). Während im Rahmen des Bankierskonzeptes der lernende Mensch indirekt oder direkt eher eine fatalistische und ohnmächtige Haltung der Welt gegenüber erwirbt, wird hier sein Verhältnis zur Welt selbst thematisiert und so auch seine Rolle als Veränderer angesprochen.

Befreiungspädagogik setzt einen dialogisch gestalteten Lernprozess voraus. Der Lehrende hat nicht mehr das Monopol, die Inhalte der Lernprozesse zu bestimmen. Sie ergeben sich aus der Analyse des thematischen Universums der Lernenden. Lehrende agieren in diesem Prozess als Koordinator oder mit einem Begriff aus der Educación Popular benannt als Erleichterer (Facilidador) im Prozess. Freire folgt, bezogen auf Lernende wie Lehrende, einem kritisch reflektierenden Menschenbild, bei dem diese aktiv handelnd die Welt sehen (*Wagner* 2001). Paulo Freire nennt die dialogische Beziehung im Lernprozess eine „horizontale Beziehung zwischen Personen" (*Freire* 1974, S. 61), womit er eine nicht-hierarchische und auf Zusammenarbeit ausgerichtete Beziehung meint. Eine solche Beziehung setzt allerdings einen offenen, herrschaftsfreien Raum voraus, in dem sich die Dialogpartner treffen können. Es bedarf ebenso einer entsprechenden Grundhaltung der Individuen. Für Freire bedeutet schon die Kommunikation Aktion und Reflexion. *Mädche* beschreibt dies: „Die Aktion im Wort ist die Wahrnehmung des Wortes und der darin zum Ausdruck kommenden Lebenswirklichkeit" (*Mädche* 1995, S. 108). Realität und Bedeutung eines Wortes ist von individuellen Wahrnehmungen und sozialen Erfahrungen eines Menschen geprägt. Ein Wort bewusst aussprechen setzt eine Reflexion über die bearbeitete Lebenswirklichkeit voraus. Über den Dialog kommen nun auch die anderen Erfahrungen der Mitmenschen hinzu (vgl. auch *Bruns* 2002).

Trotz der weitgehenden Angleichung der Lehrer- und Schülerrolle existiert in der Praxis der Educación Popular weiterhin ein Hierarchiegefälle. So schreibt schon Freire dem Koordinator ein Wissen zu, das den Lernenden erst vermittelt werden muss, damit diese selbstständige Lerner werden können. Dies liegt in der Logik eines solchen Prozesses. Insofern ist die Realität immer nur eine Annäherung an Enthierachisierung. In Freires Schriften ist diesbezüglich zuweilen ein sehr idealistischer Zug zu sehen, den man aber vor dem Hintergrund der Entstehenszeit sehen muss.

Die Befreiungspädagogik ist in einem sehr paternalistisch geprägten gesellschaftlichen Umfeld entstanden. Nahezu zwangsläufig war sie von vornherein auf politische Befreiung und Demokratisierung auf individueller und kollektiver Ebene gerichtet. Dies heißt in Lateinamerika oder Afrika sicher etwas anderes als in Europa. Wenn Freire aber an den Alltagserfahrungen der Lernenden ansetzt, ist dies eine Vorgehensweise, die überall Lernmöglichkeiten ins Bewusstsein rufen kann. Freire hebt hervor, dass im Alltag die Einheit von Denken und Arbeiten ebenso vorfindbar ist wie die von Lernen und Handeln. Zu wecken und zu entwickeln sind Neugierde und Stolz auf eigene Erfahrungen, die gleichberechtigte Kommunikation im Umfeld und die darin liegenden Lernpotenziale (*Mergner* 2000, S. 46 f.). An diese Lernerfahrungen gilt es in einem strukturierten Prozess anzuknüpfen. Innerhalb Freires Alphabetisierungskonzept erfolgt dies durch die partizipatorische Erforschung des Lebensumfeldes und damit auch von konkreten Lernerfahrungen. Die daraus gewonnenen generativen Themen begleiten den gesamten weiteren Lernprozess, der dialogisch angelegt ist und von einer Bewusstwerdung über die soziale und politische Lage der Lernenden ausgeht bzw. immer wieder darauf zurückgeführt wird. Auch dort, wo Educación Popular über engere Alphabetisierung hinausgeht, ist diese Herangehensweise im Vorgehen enthalten.

Eine grundsätzliche Sichtweise zur Verbindung von Arbeiten und Lernen zeigt das dialektisch geprägte Theorie-Praxis-Verhältnis Freires, das auch die Potenziale dieses pädagogischen Konzeptes für die Einbindung informellen Lernens weiter verdeutlicht:

> „Die Frage ist, wie Arbeiten und Lernen so gekoppelt sein können, dass wir weder arbeiten, um zu lernen, noch lernen, um zu arbeiten, sondern, dass wir lernen, indem wir arbeiten. (...) Menschen haben im Akt des Verwandelns der objektiven Realität denken gelernt" (*Freire* 1973b, S. 216).

3   Die Debatten zum informellen Lernen

Die Erkenntnis, dass Bauern im ländlichen Afrika auch lernen, ohne eine entsprechende Institution zu besuchen, führte Anfang der 1970er-Jahre *Coombs* und *Achmed* zu der Erkenntnis, dass informelles Lernen der lebenslange Prozess ist, in dem jeder Mensch durch tägliche Erfahrung und die Prägung durch die Umwelt Wissen, Fertigkeiten und Haltungen erwirbt und akkumuliert (*Coombs/Achmed* 1974, S. 8). Besonders in der US-Debatte wird immer wieder auf diesen Ursprung verwiesen. Definitionen des Begriffes „informelles Lernen" haben ihren Ausgangspunkt zumeist bei der Organisationsform des Lernens und bezeichnen die Lernprozesse als informell, die ihren Platz außerhalb formaler Institutionen oder non-formal organisierter Prozesse haben und auch nicht von dieser Seite finanziert werden (*Watkins/Marsick* 1992, S. 288). Manchmal wird inzidentelles Lernen vom informellen Lernen abgegrenzt. Für *Watkins* und *Marsick* ist es nicht-intentional und lediglich ein Nebenprodukt anderer Aktivitäten, während informelles Lernen vornehmlich von Erfahrung geprägt ist und somit einen gewissen Reflexionsgrad voraussetzt. Nach dieser Definition ist informelles Lernen „self-directed learning, networking, coaching, mentoring, performance planning, and trial-and-error", während inzidentelles Lernen z.B. „learning from mistakes, (...) internalized meaning, constructions about the actions of others, hidden curriculum in formal learning" ist (*Watkins/Marsick* 1990, S. 7). Das inzidentelle oder implizite, also eher unbewusste Lernen aus dem informellen Lernen herauszunehmen ist aus analytischen Gründen sinnvoll. Unter dem Aspekt der Planbarkeit von Lernen erscheint es auch am wenigsten beeinflussbar. Wenn es allerdings um die Gestaltung von Lernumgebungen geht, ist es wiederum in entsprechende Überlegungen aufzunehmen, da es als Lernpotenzial nicht unterschätzt werden sollte.

Dohmen grenzt informelles Lernen von formalem und nicht-formalem Lernen ab. Formales Lernen ist danach institutionell geprägtes, planmäßig strukturiertes Lernen mit anerkannten Zertifikaten. Nicht-formales Lernen ist dagegen alles Lernen, das nicht zu anerkannten Abschlüssen und Zertifikaten führt, gleichgültig, ob selbst oder fremd organisiert. Informelles Lernen findet ungeregelt im Lebenszusammenhang statt. Zusätzlich grenzt *Dohmen* informelles Lernen von inzidentellem Lernen ab, das er als unbewusstes Gelegenheitslernen kennzeichnet, welches sich oft als Nebenprodukt anderer Tätigkeiten ergibt (*Dohmen* 2001, S. 18 ff.).

Informell gelernt wird zu großen Teilen ungeregelt im täglichen Leben. Es ist evident, dass das jeweils zuvor Gelernte wichtige Voraussetzung für weitere Lernprozesse ist. Das weist auf die Bedeutung biografischer Verläufe hin. Insgesamt ist informelles Lernen durch viele Zufälligkeiten geprägt. Es wird in den jeweils bestehenden sozialen, familiären, kommunikativen oder auch Arbeitszusammenhängen gelernt. Informelles Lernen findet auch in familiären Gesprächen, beispielsweise beim Lernen einer Generation von einer anderen, oder im Rahmen von Gruppengesprächen statt. Innerhalb von Kulturen, in denen die Schrift keine sehr wesentliche Rolle spielt, ist das Gespräch wohl eine der wichtigsten Formen des informellen Lernens. Verwiesen sei beispielhaft auf die große Tradition der „Griots" (Erzähler) in Westafrika (*Chinweizu* 1988; *Heußler* 1979). Erzähltes wird angenommen oder modifiziert in eigene Kompetenz umgesetzt. Identifikation mit den und damit auch die Frage der Glaubwürdigkeit der „informell Lehrenden" spielen für den Lernprozess eine wesentliche Rolle. Der individuellen Fähigkeit, im Rahmen der Vielfalt der sich hieraus ergebenen Lernmöglichkeiten eine Auswahl zu treffen, kommt entscheidende Bedeutung zu. Informelles Lernen ist einerseits Voraussetzung und andererseits Fortsetzung formaler und non-formaler Lernprozesse. In informellen Lernprozessen werden Verknüpfungen oder Vertiefungen andersartiger Lernprozesse realisiert. Gleichzeitig haben im Idealfall formale oder non-formale Lernerfahrungen die informellen Lernprozesse geprägt, der alltäglichen Wahrnehmung Strukturen gegeben.

Beispielsweise im museumspädagogischen Bereich wird über die Rolle von Motivation, Intention und Dialog beim informellen Lernen in Museumskontexten nachgedacht. Es wird betont, dass dann am besten gelernt wird, wenn die Menschen aktiv Informationen aufnehmen und reflektieren und damit auf bereits vorher erworbenes Wissen aufbauen. Wichtig sei auch die persönliche Motivation, die sich an den vorhandenen Interessen, dem Hintergrundwissen und auch emotionalen Aspekten entlang aufbaut (*Paris* 1997, S. 22). Es wird dabei betont, dass Lernherausforderungen mit offenem Ende zumeist eine größere Motivation hervorrufen als in sich geschlossene Lernprozesse. Ein weiterer wichtiger Aspekt ist die Frage des jeweiligen Lerntyps. *Paris* identifiziert unter Bezug auf die Motivationsforschung zwei Typen von Zielorientierungen: „Mastery and Performance" (ebd., S. 23). Dem ersten Lerntyp ordnet er ein konsequentes, stark motiviertes Fragen nach den Hintergründen zu, dem zweiten eher ein sich Bewegen an der Oberfläche. Unter Bezug auf *Csikszentmihalyi* und *Hermanson* wird festgestellt, dass die Aneignung dann am besten stattfindet, wenn zwischen den Herausforderungen der Lernumgebung und den Fähigkeiten und Fertigkeiten der Lernenden eine Balance besteht. Auf diese Weise wird weder Frustration noch Langeweile ausgelöst. Bezogen auf konkrete Aktionsmöglichkeiten von Besuchern in Museen wird betont, dass Hilfen dazu beitragen diesen Anknüpfungsprozess zu ermöglichen (ebd., S. 24). Darüber hinaus wird darauf hingewiesen, dass Zusammenarbeit, sowohl unter Lernenden als auch zwischen Lernenden und „Experten", als soziale Interaktion ein stark motivierender Faktor ist (ebd., S. 24 f.). Insgesamt wird davon ausgegangen, dass es darauf ankommt, informelle und formelle Lernsituationen so zu gestalten, dass sie sich gegenseitig verstärken. Das Motiv ist dabei die Steigerung der Motivation als Voraussetzung besserer Lernergebnisse (ebd., S. 25).

Dehnbostel (2002) betrachtet informelles Lernen im betrieblichen Kontext. Hier ist es eine wichtige Lernart unter den betrieblichen Lern- und Wissensarten. Nachfolgende Abbildung (Abb. 1) zeigt die Wechselbeziehungen innerhalb dieses Denkmodells. Betriebliches Lernen ist grundsätzlich als organisiertes und informelles Lernen zu unterscheiden. Formelles, organisiertes Lernen ist auf die Vermittlung festgelegter Lerninhalte und Lernziele gerichtet. Im Rahmen des informellen Lernens wird ohne pädagogische Intention gelernt.

Dehnbostel unterteilt das informelle Lernen wiederum in zwei Lernarten: das Erfahrungslernen bzw. reflexive Lernen und das implizite Lernen. Er sieht die Trennung der Lernarten in erster Linie als analytisch bedingtes Auseinanderdividieren von Lernarten, da die Wechselbeziehungen zwischen ihnen wichtig sind. Erfahrungslernen erfolgt in dieser Sichtweise über reflektierende Verarbeitung von Erfahrungen, im Unterschied zu implizitem Lernen, das weitgehend unreflektiert und unbewusst erfolgt. Erfahrungslernen bindet Erfahrungen in Reflexionen ein und führt zu Erkenntnissen. Der betriebliche Prozess muss dies allerdings durch eine entsprechende Arbeitsorganisation zulassen. Dann werden entsprechende Potenziale besonders gut genutzt.

Zum Erfahrungslernen gehört auch das problemzentrierte Lernen innerhalb selbstintentionaler Lernprojekte (vgl. *Overwien* 2002). Bei dieser prozessorientierten Definition informellen Lernens handelt es sich um die bisher überzeugendste, die auch auf andere Lernumgebungen übertragbar ist.

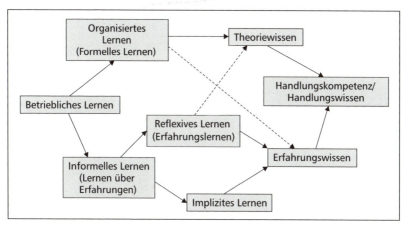

Abb. 1: Betriebliche Lern- und Wissensarten (nach *Dehnbostel* 2002)

4 Probleme des informellen Lernens

In der Diskussion um „lebenslanges Lernen" wird ein Problem thematisiert, dass in seiner grundsätzlichen Bedeutung bei allen Überlegungen zum informellen Lernen mit einbezogen werden muss: Inwieweit kann informelles Lernen kohärent sein (*Dohmen* 1997).

Kohärenz informellen Lernens ist – so eine erste Antwort – zum einen von der Kohärenz des Gegenstandes abhängig. Wenn also jemand z.B. eine Ausstellung auf sich wirken lässt, dann wird der Lerneffekt auch von der Systematik und Gliederung dieser Ausstellung abhängen. Zum anderen kommt das Vorwissen des Betrachtenden hinzu: Stimmen die Lernstrukturen (Wahrnehmung, Ordnung, Bewertung, Reflexionsfähigkeit) des Lerners mit den Strukturen des Lerngegenstandes, im Beispiel die Ausstellung, überein? Wenn ein Mensch im Rahmen von Gesprächen mit z.b. einem älteren Menschen über dessen Erlebnisse in der Vergangenheit etwas über eine bestimmte Perspektive von Geschichte lernt, dann hängt die Systematik des hierbei Erlernten auch mit der Systematik des Erzählers zusammen. Gleichzeitig ist für die Einordnung des Gehörten wiederum das Vorwissen des Hörers wichtig. Da auch dieses Vorwissen sich jeweils an andere Lernerfahrungen anschließt, muss also zu einem möglichst frühen Zeitpunkt eine gewisse Systematik des Selbstlernens erlernt worden sein. Schließlich muss es möglich sein, für sich selber Fragestellungen zu finden und damit Wichtiges zu trennen von Gegenständen, die aktuell oder grundsätzlich nicht im Mittelpunkt des eigenen Lerninteresses stehen.

Es sei daher hier die These erlaubt, nach dem am Anfang eines informellen Lernens immer eine irgendwie geartete Systematik stehen muss, wenn informelles Lernen nachhaltig sein soll. Diese hat eng mit der jeweiligen Persönlichkeit und ihrem sozialem Umfeld zu tun. Im Rahmen betrieblichen Lernens liegt die Systematik in der Logik der Produktion oder der zu erstellenden Dienstleistung innerhalb der betrieblichen Arbeits- und Lernumgebung. Eine adäquate Begleitung informeller Lernprozesse ist schon allein deshalb notwendig, weil informelles Lernen auch objektiv falsch erfolgen kann, gemessen an wissenschaftlichen Erkenntnissen und Standards.

Im Rahmen der Befreiungspädagogik ergibt sich die Kohärenz des Lernabschnittes aus der Einbettung in den sozialen Kontext bzw. dem Ansetzen an den identifizierten generativen Themen. Unter bestimmten, vorher zu bestimmenden Aspekten wird die Alltagsrealität untersucht und durch Interviews, informelle Gespräche etc. Material erstellt, aus dessen Analyse generative Themen erarbeitet werden, die sozusagen eine Kodierung der Alltagsrealität unter bestimmten Gesichtspunkten darstellen, auf deren Grundlage dann im Rahmen einer Dekodierung die eigentliche Aneignung erfolgt (*Mädche* 1995, S. 181 f.). Die Kodifizierung der alltäglichen Situation und der daran ansetzende Dialog der Gruppe führen zur Analyse der Situation. Die Kodifizierung ermöglicht eine Vermittlung zwischen der erlebten Realität und dem theoretischen Kontext. Ermöglicht und unterstützt wird so der Kreis aus Aktion-Reflexion-Aktion. Ein sich im Prozess bildendes kritisches Bewusstsein, verbunden mit dem Aufbau oder der Freilegung von Kompetenzen, führt zu einem Empowerment der beteiligten Lernenden (Empowerment: *Herriger* 2002). Der dialogische Lernansatz lässt sich durch Kooperation, gegenseitige Akzeptanz und Vertrauen zwischen allen Beteiligten, einschließlich der oder dem Lehrenden, charakterisieren. Vorausgesetzt wird, dass alle zugleich lernen und lehren. Voraussetzung für Befreiungspädagogik ist eine gegenseitige Kommunikation, da davon ausgegangen wird, dass eine einseitige Kommunikation immer die Perpetuierung von Dominanz und Unterdrückung bewirkt (vgl. auch *Heaney* 1995).

5 Die Rolle der Lehrenden

Die Rolle der Lehrenden ist eine in diesem Zusammenhang genauer zu diskutierende Frage. Sind diese vor allen Dingen Organisatoren von Lernprozessen? Werden sie Lerner oder Lerngruppen in Zukunft in stärkerem Maße als heute begleiten und zusammen mit ihnen Wissensressourcen erschließen? Wie werden sie in die Lage versetzt, das alltägliche informelle und inzidentelle Lernen sich und den Lernern bewusst zu machen, um die darin liegenden Potenziale zum Nutzen der Lernenden auszuschöpfen?

Die Rolle der Pädagogen in der Befreiungspädagogik ist gemäß diesen Anforderungen definiert. Menschen einer Lerngruppe – so die Grundthese – wissen und können immer schon etwas. Sie verfügen über relevantes Erfahrungswissen und Verallgemeinerungen davon. Die Siegel und Zertifikate formalen Lernens blieben ihnen aber oft vorenthalten. Die Frage nach informellem Lernen ist so grundsätzlich vom Subjekt aus gedacht. Wenn dem Subjekt nichts zugetraut wird, wird ihm kein Spielraum für informelles Lernen zugebilligt. In der Befreiungspädagogik ist diese Voraussetzung grundsätzlich erfüllt. Hier ist ein Lernen vom Subjekt her gegeben.

Dies gilt nicht nur für Alphabetisierungskurse und andere Inhalte für Erwachsene, sondern grundsätzlich auch für die Arbeit mit Kindern und Jugendlichen. Die Kinderbewegung in Lateinamerika beispielsweise bezieht die wichtigen Impulse für ihre Arbeit auch aus der ständigen Eigen- und Fremdkonstruktion relevanter Lernumgebungen. Die Prozesse der Selbstorganisierung zum Zwecke der Vertretung der eigenen Interessen können nur durch die Verbindung von informellem Lernen und Handeln zustande kommen.

Mit Hilfe politisch-sozial motivierter Pädagoginnen und Pädagogen haben sich Kinder und Jugendliche einen Raum geschaffen, der dem Ziel verpflichtet ist, sich gegenseitig zu unterstützen und voneinander zu lernen, Erfahrungen in der alltäglichen Arbeit mitzuteilen und auf diese Weise das Solidaritäts- und daraus folgend das Selbstwertgefühl zu festigen, sowie andererseits die Kinder und Jugendlichen in die Lage zu versetzen, ihre politischen und ökonomischen Interessen zu vertreten (*Liebel* 1996; *Liebel et al.* 1998). Gelernt wird also im Erfahrungsaustausch, aber auch darüber hinaus. So werden Demonstrationen organisiert, Zeitungen erstellt, Gespräche mit der Presse und auch mit lokalen Politikern geführt und dabei die jeweiligen Kompetenzen erworben oder vertieft. Zum Jahresende gibt es regelmäßig Weihnachtsgeldkampagnen, bei denen die Kinder und Jugendlichen auf der Straße Gelder sammeln und den Erlös dann teilen. Die Vorbereitung all dieser Aktivitäten erfordert eine intensiv begleitete Gruppenarbeit, deren Steuerung zu wesentlichen Teilen durch die Kinder und Jugendlichen geschieht. Die Pädagoginnen und Pädagogen verstehen sich dabei als „Erleichterer" bzw. Begleiter innerhalb der praxisnahen Lernräume. Informelles Lernen, das zeigt sich deutlich, ist auch soziales Lernen.

6 Informelles Lernen und Befreiungspädagogik – Erfahrungen

6.1 Chile

Soll informelles Lernen nachhaltig sein, ist ein bestimmter Organisationsgrad Voraussetzung, sei es auf der Seite der Lernenden, sei es auf der Seite einer Informationsquelle. Dieser kann neben der politisch-gesellschaftlichen Ebene auch durch die Einbindung in eine Produktion oder Dienstleistung gegeben sein. Ein Beispiel der Educación Popular aus Chile soll dies verdeutlichen.

Die „Organizaciones Economicas Populares" (OEP) wurden, im Chile des Widerstandes gegen die Pinochet-Diktatur, von Elendsviertelbewohnern mit dem Ziel der Produktion und Verteilung von Gütern und Dienstleistungen gegründet. Hierbei wurden ganz bewusst die jeweils den einzelnen Mitgliedern der Organisationen zur Verfügung stehenden Mittel und Kompetenzen thematisiert und zusammengeführt. In den Aktivitäten ging es nicht nur um eine direkte Überlebensproduktion. Es ging gleichzeitig um die Arbeit an der eigenen Identität, um eine Teilnahme an der Veränderung politischer und sozialer Strukturen, verbunden mit einer Verbesserung der Lebensqualität der Mitglieder. Dabei handelte es sich nicht um eine kleine Gruppe von Bewohnern der Elendsviertel von Santiago de Chile. 1982 gab es etwa 280 OEP in der Region der Hauptstadt. Bis 1991 war die Anzahl auf fast 2.400 gewachsen, mit einer Beteiligung von 80.000 Personen. Es wurden gemeinschaftliche Gemüsegärten und Armenküchen gegründet, auf der anderen Seite aber auch Kooperativen in verschiedenen Arbeitsbereichen, Gruppen des gemeinschaftlichen Wohnungsbaues, Gruppen, die sich mit Entschuldung der Mitglieder befassen oder auch mit der Gesundheitsversorgung. All diesen Gruppen war gemeinsam, dass sie, auf der Grundlage einer solidarischen Ökonomie, wirtschaftlich tätig waren (*Nyssens* 1997, S. 63ff.) und ein organisiertes Lernen in die Vorgehensweise integrierten.

6.2 Nicaragua

In Nicaragua gibt es Beispiele dafür, wie im Rahmen der Befreiungspädagogik informelles Lernen und berufliche Bildung miteinander verbunden werden (*Overwien* 1999a, b; 2002a). In zwei Städten Nicaraguas (Managua und Estelí) wird seit Jahren ein auf eine informelle Lehre bezogenes Modell praktiziert.

Die Ausbildung läuft in Gewerben wie Bau- oder Möbeltischlerei, Metall, Sattlerei oder der Haar- und Schönheitspflege. Im lokalen Rahmen werden jeweils Ausbildungsplätze in Kleinbetrieben gesucht, um entlang lokaler Strukturen auszubilden, im ökonomischen wie auch im sozialen Sinn. Die Adressaten sind arbeitende Kinder und Jugendliche, denen als Kompensation für Einkommen aus früheren Arbeiten auf der Straße ein kleines Stipendium gezahlt wird. Jugendliche, die nicht mehr auf der Straße arbeiten, die nicht mehr auf dem Markt verkaufen oder Schuhe putzen, brauchen ein Einkommen. Sie kommen aus armen Familien, die jedes auch noch so kleine Einkommen zum Überleben benötigen. Sie können es sich nicht leisten, in eine Ausbildung zu gehen, ohne dafür entlohnt zu werden. Im Gegensatz zu den anderen informellen Lehrlingen im selben Betrieb, die eingebunden sind in eine auch ökonomisch halbwegs funktionierende Familienstruktur, haben diese Jugendlichen des Projektes einen derartigen sozialen und finanziellen Rückhalt zumeist nicht. Das Stipendium liegt unter den Einkünften, die die Jugendlichen in der Regel auf der Straße erzielen konnten.

Man muss allerdings sehen, dass sich ihre Situation im Rahmen der Ausbildung wesentlich verbessert. So arbeiten sie z.B. nur noch vier Stunden am Tag statt von sechs Uhr morgens bis fünf Uhr nachmittags. Sie arbeiten am Morgen oder am Nachmittag und können in der anderen Zeit zur Schule gehen. Sie sind außerdem nicht mehr den tätlichen Angriffen und Missbrauchserfahrungen auf der Straße ausgeliefert usw. Schon diese Änderungen in ihrer Lebensrealität wirken sich positiv auf ihre Selbsteinschätzung aus. Wichtig in diesem Zusammenhang ist die Arbeit als Moment der Einbindung in eine Gruppe und als gesellschaftliche Verortung.

Die jeweils fachbezogene Ausbildung in Kleinbetrieben wird einerseits durch sozialpädagogische Begleitung möglich gemacht, andererseits gibt es – zeitlich flexibel – Elemente nachholender Grundbildung in enger Zusammenarbeit mit örtlichen Schulen. Sozialpädagogische Bestandteile der Ausbildung dienen einerseits der notwendigen Betreuung der aus schwierigen Verhältnissen stammenden Jugendlichen und andererseits dienen sie als Brücke zwischen den oft relativ autoritären Betriebsbesitzern und den Jugendlichen (*Overwien* 2002a).

Die Mitarbeiter der Nichtregierungsorganisation handeln im Rahmen konventioneller sozialpädagogischer Praxis mit Elementen der Educación Popular und aus Empowerment-Ansätzen. Beides bezieht sich auf die Wahrnehmung bereits entwickelter Kompetenzen und die Stärkung der Jugendlichen, zielt also auf deren Persönlichkeitsentwicklung ab (*Herriger* 1997). Die Lern- und Empowerment-Prozesse aus der Bewegung arbeitender Kinder und Jugendlicher – aus der die meisten Teilnehmenden kommen – werden aufgenommen. Mit großer Wahrscheinlichkeit sind sie sogar Voraussetzung für die erfolgreiche Ausbildung in den Kleinbetrieben. Ohne eine individuelle Stärkung der Jugendlichen innerhalb kollektiver Prozesse wäre eine Lehre in weitgehend hierarchisch strukturierten Betrieben für sie wohl kaum denkbar. Die meisten Jugendlichen haben so viel schulische Grundbildung erwerben können, dass sie schreiben und lesen können und die grundlegenden mathematischen Operationen beherrschen. In das Projekt ist keine Schule oder schulähnliche Einrichtung integriert, es wird eng mit Schulen zusammengearbeitet. Hierbei wird nur mit solchen Schulen kooperiert, deren Lehrerinnen und Lehrer einen ausreichenden Reflexionshintergrund über das Leben von arbeitenden Kindern und Jugendlichen mitbringen.

Grundsätzlich arbeitet das Projekt im Rahmen lokaler Strukturen. So entstand auch die Idee der Ausbildung in vorhandenen Werkstätten. Die Ausrichtung auf vorhandene Strukturen des Arbeitsmarktes ermöglicht die Identifizierung von lokalen Beschäftigungsmöglichkeiten. Die ausbildenden Werkstätten in der Stadt Estelí haben ein einfaches handwerkliches Niveau und arbeiten zumeist für den lokalen Markt. Sie sind relativ klein und haben kaum mehr als drei bis fünf Beschäftigte. 1998 befinden sich 44 Jugendliche in der Ausbildung, die zwischen einem Jahr und 18 Monaten dauert. Gearbeitet wird von Montag bis Freitag vier Stunden täglich in der Werkstatt. An jedem Samstag gibt es Evaluierungs- und Planungsversammlungen der Jugendlichen. Die Mehrzahl geht außerdem auch noch zur Schule. Die insgesamt relativ geringe Desertionsrate ist sicher auch mit dem im pädagogischen Verständnis des Projektes angelegten positiven Bild der Jugendlichen in Verbindung zu bringen (*Overwien* 1999b).

6.3 Deutschland

Im Rahmen eines Unterrichtsprojektes zur zweisprachigen Erziehung begann ein Team von Lehrenden, die Prinzipien der Befreiungspädagogik in einer Kreuzberger Schule in die Tat umzusetzen. Ausgangspunkt war die Erkenntnis, wonach ein wesentliches Instrument der politischen Alphabetisierung Freires das anthropologische Konzept der Kultur sei und die Alltagskultur in den Mittelpunkt gestellt werde.

Die Lehrenden gingen davon aus, dass türkische Schüler in deutschen Schulen deshalb benachteiligt und unterdrückt seien, weil ihre Sprache, ihre Kultur und ihre alltägliche Lebenserfahrung ignoriert werde. Es sollte um die Bewusstwerdung der Alltagskultur gehen, um daran ansetzend mehr Selbstbewusstsein und mehr Lernbereitschaft zu erreichen. Dazu sollten Alltagsprobleme und auch Konfliktsituationen der ausländischen Kinder Teil des Lernprozesses werden.

Ein erster Schritt dabei war das Anknüpfen an die Muttersprache der Schülerinnen und Schüler. Auf dieser Grundlage begannen die Kinder Befragungen bei ihren Eltern und Mitschülern anzustellen, um ihre alltägliche Realität zu erfassen. Die Erstklässler arbeiteten dann an Problemen, wie z.B. den Wohnverhältnissen, die sie im Gegensatz zu den Lehrenden gar nicht allzu problematisch sahen, an den Verhältnissen der einzelnen Familienmitglieder zueinander, d.h. an den sozialen Beziehungen innerhalb der Familie. Weitere Probleme, die dann auch in der Identifizierung von Schlüsselwörtern ihren Ausdruck fanden, waren der Umgang mit Ängsten, z.B. aus der Konfrontation mit den alltäglich in Berlin-Kreuzberg anzutreffenden Hunden. Ein auf einer anderen Ebene liegendes Problembeispiel ist ein kulturell-religiöses: die Bedeutung des Schafes und damit verbunden des islamischen Opferfestes als wesentliches soziales Ereignis. Ein weiteres für die Kinder wichtiges Thema waren die in Kreuzberg anzutreffenden Punks, einer Gruppe, der ihre Eltern mit erheblichen Vorurteilen gegenübertreten.

Das ergiebigste Thema war die Berufsarbeit der Eltern. Im Rahmen des Unterrichts wurden die Auswirkungen, z.B. die Abwesenheit der Mutter oder die Ankunft des Vaters zu Hause nach der Arbeit, problematisiert. Mit der Schlüsselsituation „Vater kommt von der Arbeit" wurde intensiver gearbeitet. Rollenspiele machten die Gefühle und auch die Probleme der Familie deutlich. Weitere Befragungen der Eltern führten zum Teil zu einer Aufhebung der Gesprächsblockaden innerhalb der Familie, weil eine derartige Kommunikation wohl nicht den üblichen alltäglichen Gewohnheiten entsprach. Offenbar führte diese sehr „ganzheitliche" Form der ergänzenden deutschsprachigen Alphabetisierung zum Erfolg (*Nehr et al.* 1988).

Die positive Wirkung dieses Ansatzes ist möglicherweise auch dadurch zu erklären, dass sich die Lehrenden mit den Kindern gemeinsam in deren Erfahrungswelt im Rahmen ihrer eigenen informellen Lernkultur begeben haben. Ihre Alltagskultur, verstanden als ein Geflecht von sozialen Beziehungen, verbunden mit Traditionen, konfrontiert mit einer interkulturellen Realität in Berlin-Kreuzberg, ist der Bereich, in dem sie informell lernen. Wenn die Schule nicht an dieses Lernen anknüpft, sind die Kinder zwangsläufig benachteiligt. Wenn die Alltagskultur der Kinder ausgeblendet wird und sich über sie eine „Kultur des Schweigens" legt, dann betrifft dies auch die innerhalb ihrer Alltagskultur gemachten Lernerfahrungen. Ihr informelles Alltagslernen innerhalb der Familie und ihres sozialen Umfeldes wird abgewertet. Sie werden zu Analphabeten gemacht.

In diesem Sinne betrifft eine Bewusstwerdung über diese Verhältnisse auch das informelle Lernen, da es damit im Selbstbewusstsein der Lernenden einen Wert erhält. Es sei im Übrigen darauf verwiesen, dass das Lernen im Laufe der Sozialisation in hohem Maße dialogisch, also im ständigen Prozess zwischen Kind und jeweiliger Bezugsperson, stattfindet. Insofern schließt sich der Freiresche Ansatz direkt an dem in der Lebenswelt der Lernenden geübten Formen an. Informelles Lernen ist vielfach auch Imitationslernen. Imitation betrifft jedoch nicht nur das direkte Nachmachen, sondern auch die mehr oder weniger variierte Kopie kompletter oder teilweiser Handlungsabläufe (*Bandura* 1976).

In der kognitiven Lerntheorie wird diskutiert, dass auch Denkabläufe modelliert werden. Rogoff spricht in diesem Zusammenhang von einer Lehre, von „cognitive apprenticeship" (*Rogoff* 1990). Neben der Nähe des Lernprozesses zur Lebenswelt der Lernenden spielt Kommunikation – fast ist es banal dies zu erwähnen, aber aufgrund der allgemein herrschenden Fixierung auf schulisches Lernen notwendig – eine wesentliche Rolle. Große Teile dieser Kommunikation, dieser Dialoge gehören zum informellen Lernen. Schulisches Lernen ist zu wenig dialogisch.

6.4 Deutschland: Paulo Freire in IT-Unternehmen?

Ein anderes Beispiel ist innerhalb ganz anderer Welten verortet. Zunehmend wird in der IT-Branche der dialogische Aspekt des Freireschen Konzeptes entdeckt. Darüber hinaus gewinnt die, im Vergleich zu traditionellen Bildungskonzepten, relativ gleichberechtigte Position der Lehrenden als Facilidator an Attraktivität (vgl. *Flood* 2002). Ein jüngst durchgeführtes Forschungsprojekt verstärkt durch seine Ergebnisse diese zunächst noch vage Suchbewegung.

In Berlin wurden 110 IT-Betriebe auf ihre informellen Lernstrukturen hin befragt. Dass informelle Lernformen in diesem Bereich wichtig sind, bestätigen die Befragten mehr als deutlich. Anworten auf die Frage „Wie wird in Ihrem Betrieb überwiegend Wissen erzeugt und angeeignet?" sind in Abbildung 2 wiedergegeben.

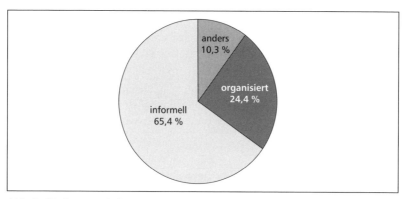

Abb. 2: Umfrageergebnisse zu Lernformen in IT-Betrieben

Bezogen auf mögliche Weiterbildungskonzepte sind die folgenden Feststellungen noch wichtiger. Das informelle Lernen findet nämlich weitgehend in einem mehr oder weniger stark strukturierten Kommunikationsprozess statt. Die Betriebe (Geschäftsführer, Weiterbildungsverantwortliche von Klein- und Mittelbetrieben, zumeist zwischen 2 und 100 Beschäftigten) konnten im Fragebogen jeweils wichtige „Lernformen" bewerten. Dabei stellte sich u.a. heraus, dass informelles Lernen weitgehend kommunikativ bewältigt wird. In diesem Rahmen spielen auch Teamsitzungen eine wichtige Rolle, die differenziert bewertet wird (vgl. Abb. 3). Auch die Lernform Internet hat (E-Mails, Newsgroups) einen sehr kommunikativen Charakter, wie weitere qualitative Befragungen in einigen ausgesuchten Betrieben ergaben (*Dehnbostel et al.* 2003; *Molzberger* 2002).

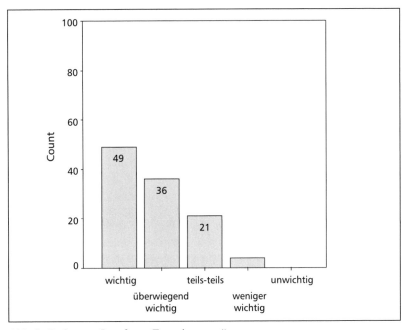

Abb. 3: Bedeutung Lernform „Teamsitzungen"

Eine pädagogische Begleitung der Lernprozesse ist keinesfalls nach dem Bankiersprinzip zu gestalten, sondern erfordert einen auf dialogische Lerner zentrierten Ansatz. Elemente der Eduación Popular im Sinne Freires sind geeignet, derartig dynamische Lernprozesse zu gestalten.

7 Überlegungen zum informellen Lernen und einer adäquaten pädagogischen Praxis

Informelles Lernen ist grundsätzlich entlang den Strukturen des Subjektes mehr oder weniger ausgeprägt strukturiert bzw. entlang der zur Verfügung stehenden oder geschaffenen Lernumgebung. Die Effektivität informellen Lernens hängt dabei sehr stark von Schlüsselkompetenzen wie etwa der Organisationsfähigkeit oder Kommunikationsfähigkeit ab.

Wichtig zu betonen ist in diesem Zusammenhang auch, dass frühere Lernerfahrungen nicht immer geeignet sind, auf ihnen sinnvoll aufzubauen. So können Lernerinnen und Lerner auch Strukturen entwickeln, die ihnen eine sinnvolle Einordnung des informell Erlernten nicht ermöglichen. Hier stellt sich die Frage nach Wegen der Korrigierbarkeit vorheriger Lernerfahrungen, nach dem Entlernen bzw. einer Umorganisation bisheriger Methoden und Inhalte. Möglicherweise werden sich in Zukunft subjektzentrierte Lernprozesse zum Teil stärker in eine sehr individualisierte Richtung entwickeln, werden Methoden entwickelt, die aus dem therapeutischen Bereich kommen. Es ist evident, dass Therapien gleich welcher Art intensive Lernerfahrungen beinhalten *(Jeffs/Smith* 1996).

Informelles Lernen ist nicht zwangsläufig auch reflektierendes Lernen. Auch ist informelles Lernen nicht immer bewusstes Lernen. Oft handelt es sich lediglich um Einübungen bestimmter Techniken oder auch Verhaltensweisen. Die Chancen pädagogischen Handelns liegen darin, diese Lernweisen mit und für die Lernenden nutzbar zu machen. Oftmals wird informelles Lernen erst durch Reflexion und Verknüpfung, d.h. Bewusstmachung der verschiedenen Teile informeller Lernprozesse für beteiligte Menschen produktiv. Erst die Hinterfragung sowohl gelernter Verhaltensmuster als auch verschiedener Techniken ermöglicht ein Weiterlernen. Erst die Verknüpfung bringt weiterführende Einsichten.

Derartige pädagogische Reflexion und entsprechendes Handeln sind oft erst der Anstoß zur Aufarbeitung und Nutzbarmachung bereits gemachter Lernerfahrungen. Sicher können wichtige Impulse auch in einer vergleichsweise formalen Erarbeitung von notwendigem Faktenwissen und in der abstrakten Erarbeitung von Gesetzmäßigkeiten bestehen. Dies ist häufig notwendig und widerspricht nicht dem zuvor Gesagten. Beispielsweise hätte ein Elektriker ohne die Kenntnis des Ohm'schen Gesetzes in mancherlei praktischer Berufssituation größte Schwierigkeiten, diese zu bewältigen. Auch sollte er die Leitfähigkeit bestimmter Materialien kennen. Derartige Beispiele ließen sich für viele Bereiche anführen. Die Frage ist jedoch immer, wie lernende Subjekte sich diese Inhalte aneignen können und mit bereits anderweitig aufgenommenem Wissen verknüpfen.

Dabei ist es evident, dass der Erwerb eines Zertifikates nach mechanischem Lernen noch nichts über den Kompetenzerwerb einer Person und vor allem deren Nachhaltigkeit aussagt. Kompetenz ist immer erst dann lebendig, wenn Zusammenhänge hergestellt werden können. Im Freireschen pädagogischen Ansatz steht gerade dies im Vordergrund. Bewusstwerdung als ein pädagogischer Prozess mit einer anderen als der in der formalen Bildung zumeist vorherrschenden Rollenverteilung von Lehrern und Lernern führt zum Erwerb der Kompetenz, Zusammenhänge zwischen vorher nur unverbundenem, teilweise mechanisch Erlerntem herzustellen.

Nun ist es in der Erwachsenenbildung ein Allgemeinplatz zu postulieren, man müsse bei allen Lernprozessen an die Erfahrungswelt der Teilnehmenden anknüpfen und über eine gemeinsame Lernpraxis einen auch abstrakteren Aneignungsprozess ermöglichen. In der formalen Bildung, und hier vor allem in der stark fachlich geprägten, ist dies alles andere als selbstverständlich. Das gilt auch für Universitäten. Im Ingenieurstudium oder auch im Chemieunterricht ist zwar die Anknüpfungsmöglichkeit an die bisherige Erfahrungswelt der Lerner spätestens nach einer gewissen Zeit erschöpft, ein Anknüpfen an die Lerngewohnheiten der Lerner ist jedoch zunächst weiterhin möglich.

Es gab in der Vergangenheit genügend erfolgreiche Versuche, auch in der Alltagswelt eher fernen Erfahrungs- und Lernfeldern projekthaften Unterricht oder Projektstudiengänge zu realisieren und somit informelle Lernweisen und Lerngewohnheiten produktiv aufzunehmen. In den Universitäten haben diese Versuche nie eine besondere Verbreitung erfahren. An Schulen sind es einzelne Lehrer, einzelne Kollegien oder Reformschulen im „Inselbetrieb", die in diese Richtung arbeiten, was vielleicht mit notwendigerweise erhöhten Arbeitsanforderungen, sicher aber mit den ungenügenden Rahmenbedingungen schulischen Unterrichts zu tun hat. Vorherrschend ist immer noch ein Lernpotenziale der Schülerinnen und Schüler ignorierendes, kognitiv geprägtes Lernen. So werden die so gern von der Politik geforderten Schlüsselkompetenzen eher ab- als aufgebaut.

Wie bereits erwähnt ist die Rolle der Lehrenden in der Pädagogik Paulo Freires von Zurückhaltung geprägt. Sie oder er schafft eine Atmosphäre des Dialoges und ist im Idealfall in den Erkenntnisprozess eingebunden, der zusammen mit den Lernenden angeregt wird. Die hierbei verwandte problemformulierende Methode setzt an den Lernerfahrungen der Lernerinnen und Lerner an. Das aus dem Alltag gewohnte informelle Lernen hat eine ähnliche Grundstruktur. In einer Pädagogik nach dem Bankiersprinzip ist der Lehrer ein Vermittler „objektiver" Erkenntnisse, zu deren Entstehen in der Regel weder er noch die Schüler etwas beigetragen haben. Es handelt sich hier um ein Herrschaftsverhältnis, bei dem die Lernenden passive Objekte des Handelns der Lehrenden sind.

Das hier holzschnittartig skizzierte Verhältnis zwischen Lehrern und Lernenden ist eine Aussage über grundsätzliche Strukturen. Es kann davon ausgegangen werden, dass reformpädagogische Diskussionen bei vielen Lehrerinnen und Lehrern individuell andere Herangehensweisen bewirkt haben. Vielfach werden aktivierende Verfahren praktiziert. Das von Freire beschriebene Grundprinzip ist allerdings nach wie vor existent. Eine tendenzielle Passivität der Lernenden, insbesondere im Bereich der formalen Schule, ist nach wie vor leider Realität. Insbesondere in der Erwachsenenbildung und hier besonders auch in der beruflichen Weiterbildung wird dieses Prinzip heute vielfältig durchbrochen. Nicht selten wird in der vielfältigen Literatur über Lernen in Organisationen bzw. lernende Organisationen Paulo Freire als inspirierender Pädagoge für eine subjektorientierte Herangehensweise zitiert (siehe z.b. *Arnold* 1993).

Im Kontext dieser Debatten formulieren *Watkins* und *Marsick* Bedingungen, unter denen informelles und inzidentelles Lernen effektiver gestaltet werden können. Eine dieser Bedingungen nennen sie „proactivity". Es geht um die Bereitschaft, Initiative zu ergreifen. Hierbei spielen Autonomie und Empowerment eine besondere Rolle. Besonders Freires Ansatz sei geeignet, im Rahmen einer dialogischen und problemdiskutierenden Herangehensweise von Reflexion und Aktion, dieses Empowerment zu fördern. Die Autorinnen gehen davon aus, dass dieses Empowerment nicht nur auf Gruppen, sondern auch auf Individuen bezogen werden kann. Übersetzt auf informelles und inzidentelles Lernen am Arbeitsplatz folgern sie, dass Freires Forderung nach einer strukturellen Lösung des den Einzelnen einschränkenden Machtsystems auch am Arbeitsplatz hergestellt werden könne, indem die Individuen einen größeren Spielraum erhalten. So seien hier bessere Voraussetzungen für informelles und inzidentelles Lernen zu erreichen (*Watkins/Marsick* 1990, S. 28 f.).

Im Sinne Freires könnte sich hier die Frage stellen, wo denn im betrieblichen Lernen das Aufbrechen von Herrschaftsverhältnissen bleibt. Ohne diese Frage hier weiter zu verfolgen, kann zumindest davon ausgegangen werden, dass in der modernen hochkomplexen Produktion und Dienstleistung nur noch ein Lerner gefragt sein kann, der sich aktiv neuen Problemen und Fragestellungen widmet. Dies kann für die Lerner ein Stück persönliche Befreiung bedeuten und erfordert für den Lernprozess eine vergleichsweise demokratische und offene Lernumgebung. Wenn Betriebe dem immer stärker Rechnung tragen müssen, ist das grundsätzlich positiv zu werten.

8 Befreiungspädagogik und informelles Lernen – Potenziale

Kommen wir zurück auf die Frage, ob die Freiresche Pädagogik besonders geeignet ist, an informelle Lernweisen anzuknüpfen. Das geschilderte Aufbrechen des traditionellen Lehrer-Schüler-Verhältnisses ist sicher eine Voraussetzung. Der Dialog als Prinzip des Lernens in der hervorgehobenen Lernsituation knüpft an Lernerfahrungen der hieran Beteiligten an. Es liegt auf der Hand, dass informelles Alltagslernen vielfach dialogisch stattfindet. Das Aufnehmen dieser Lernweise in einen entsprechenden Ansatz knüpft also an Lernerfahrungen der Lerner an, wodurch zunächst zumindest überflüssige Lernbarrieren gar nicht erst aufgebaut werden.

Im Freireschen Ansatz ziehen sich die mehr als Koordinatoren tätigen Lehrer/-innen im Laufe des dialogischen Lernprozesses mehr und mehr daraus zurück. Letztlich sollen die Teilnehmenden selbst ihren Lernprozess organisieren (*Freire* 1973a, S. 64 f.). Der Dialog in der Gruppe ermöglicht es den Lernenden sich als Subjekt ihres Lernprozesses gemeinsam informell lernend dem Objekt ihres Erkenntnisprozesses zu nähern. Lernprozess findet in diesem Falle zwischen dem jeweiligen Subjekt und dem Objekt des Lernens statt, aber auch zwischen den Subjekten (ders. 1974a, S. 70 f.). Es ist unabdingbar, dass sich Lernerinnen und Lerner Ordnungsstrukturen zur Einordnung des Gelernten erarbeiten. Wenn man nach Freire davon ausgeht, dass „Bewusstwerdung" als Gewinnen einer neuen Perspektive, nämlich der der Veränderbarkeit der Welt, ein Schritt zur Befreiung ist, dann kann man gleichzeitig sagen, dass diese Erkenntnis eine Voraussetzung allen wirklich selbst gesteuerten Lernens ist.

> „Des Menschen Aktivität besteht aus Aktion und Reflexion: Sie ist Praxis, sie ist Verwandlung von Welt. Als Praxis verlangt sie eine Theorie, die sie erhält" (*Freire* 1973a, S. 105).

Was sagt dies für informelles Lernen aus? Man könnte hieraus eine These ableiten, nach der nicht ein zirkuläres, sondern offenes informelles Lernen demokratische Strukturen als Voraussetzung braucht. „Die heutige Suche nach neuen Bildungstrichtern muss in die Suche nach deren institutionellem Gegenteil umgekehrt werden: Nach Bildungsgeflechten, die für jeden mehr Möglichkeiten schaffen, jeden Augenblick seines Lebens in eine Zeit des Lernens, der Teilhabe und Fürsorge zu verwandeln" (*Illich* 1973,

S. 15). Eine derartige Form des Bewusstseins ist nicht nur geeignet, Herrschaftsstrukturen in Frage zu stellen, Demokratisierung zu fördern, sondern auch idealer Ausgangspunkt für die volle Ausschöpfung informeller Lernmöglichkeiten. Insofern schafft eine konsequente Anwendung Freirescher Prinzipien in der Pädagogik, in der Anknüpfung an informelle Lerngewohnheiten und deren konsequenter Weiterentwicklung auch wieder Voraussetzungen für weiteres informelles Lernen.

Das informelle Lernen hat in der deutschen Diskussion lange Zeit die Rolle einer Restkategorie gespielt. Möglicherweise liegt dies daran, dass informelle Lernprozesse für zu wenig planbar gehalten wurden. Dies hat vermutlich wiederum damit zu tun, dass Bildungsplaner verbreitet zu sehr von objektiven Notwendigkeiten und zu wenig von den Potenzialen des lernenden Subjektes ausgegangen sind. Immerhin wurden im *Faure-Bericht* der UNESCO (1973), der in französischer Sprache schon 1972 vorlag, konkrete Hinweise auf Unterstützungsmöglichkeiten des Selbstlernens gegeben. Offenbar hat die pädagogische Zunft derartige Hinweise zu wenig ernst genommen. Schon damals war ja von der Notwendigkeit der Bewältigung einer Informationsflut die Rede.

In dem knappen Vierteljahrhundert seit der Verfassung dieses Berichtes haben sich die zur Verfügung stehenden Informationen exponentiell erweitert. Es ist kein Zufall, dass besonders die Forschung im Bereich der Erwachsenenbildung, der beruflichen Weiterbildung und der beruflichen Bildung informelle Aneignungsformen von Kompetenzen mehr und mehr zur Kenntnis nimmt. Hier ist jedoch noch erheblicher Forschungsbedarf. So wurden hier zwar aus Theorie und Praxis der Befreiungspädagogik heraus einige Thesen zur Verbindung von informellem Lernen und einem subjektorientierten pädagogischen Ansatz formuliert. Sie klären jedoch noch nicht grundsätzliche Fragen nach der Funktionsweise informellen Lernens und den Bezügen zwischen unterschiedlich organisiertem Lernen.

In der Praxis sind vielfach Versuche der Zusammenführung zu beobachten, u.a. unter dem Etikett „Blended Learning", die allerdings noch der theoretischen Reflexion bedürfen. Wichtige Anregungen kommen auch aus den Debatten um „Communities of Practice" (*Lave, Wenger* 1991). Zum Teil wurden hier Fragen der Kohärenz informellen Lernens innerhalb des befreiungspädagogischen Kontextes angesprochen. Genauere Forschungsergebnisse dazu liegen bisher nicht vor (*Dohmen* 1997). Die Frage, ob und welche Schlüsselkompetenzen (*Negt* 1997) für informelles Lernen wichtig sind und wie sie erworben werden, ist ebenfalls weitgehend ungeklärt.

Auch ist das informelle Lernen beispielsweise im Rahmen von Computeranwendungen bisher nur wenig untersucht (*Tully* 1994 liefert hier wichtige erste Erkenntnisse). Eine gerade vorgelegte Untersuchung zum informellen Lernen in IT-Betrieben weist deutlich auf die Wichtigkeit dieser Lernart hin und liefert Anhaltspunkte für die Verbindung von informellem und formalisierterem Lernen (*Dehnbostel et al.* 2003). Prinzipen, wie sie hier aus der Befreiungspädagogik herausgearbeitet wurden, spielen in diesem Zusammenhang eine nicht unerhebliche Rolle. Gerade in einer computerisierten, sich vernetzenden Welt scheint ein dialogisches Lernen stärker als bisher in den Vordergrund zu rücken. Erste Hinweise aus diesem Bereich, die sich explizit auf die Verbindung informellen Lernens mit der Pädagogik Paulo Freires beziehen, zeigen, das hier weiter nachzudenken ist (*Flood* 2002).

Literatur

Arnold, R.: Schlüsselqualifikation und Selbstorganisation in Betrieb und Schule. In: Weiler, J./Lumpe, A./Reetz, L. (Hrsg.): Schlüsselqualifikation, Selbstorganisation, Lernorganisation. Dokumentation des Symposiums in Hamburg am 15./16.9.1993.

Bandura, A.: Lernen am Modell: Ansätze zu einer sozial-kognitiven Lerntheorie. Stuttgart 1976.

Bruns, A.: Demokratie und soziale Gerechtigkeit: die pädagogischen Konzepte von Célestin Freinet und Paulo Freire im Vergleich. Oldenburg 2002, auch: http://www.tu-berlin.de/fb2/as3/as3w/mag_bruns/magister.html

Chinweizu (Hrsg.): Voices from twentieth-century Africa. Griots and Towncriers. London 1988.

Coombs, Ph./Achmed, H.: Attacking rural Poverty. How non-formal education can help. Baltimore 1974.

Csikszentmihalyi, M./Hermanson, K.: Intrinsic Motivation in Museums: Why does one want to learn? In: Falk, J. H./Dirking, L. D.: Public Institutions for Personal Learning: Establishing a Research Agenda. Washington D.C. 1995, S. 67–77.

Dehnbostel, P./Molzberger, G./Overwien, B.: Informelles Lernen in modernen Arbeitsprozessen – dargestellt am Beispiel von Kleinunternehmen in der IT-Branche. Berlin 2003.

Dehnbostel, P.: Informelles Lernen – Aktualität und begrifflich-inhaltliche Einordnungen. In: Dehnbostel, P./Gonon, P.: Informelles Lernen: Eine Herausforderung für die berufliche Aus- und Weiterbildung. Bielefeld 2002, S. 3–12.

Dohmen, G.: Das informelle Lernen. Die internationale Erschließung einer bisher vernachlässigten Grundform menschlichen Lernens für das lebenslange Lernen aller. Bonn 2001.

Dohmen, G.: Das Jahr des lebenslangen Lernens – Was hat es gebracht? In: Faulstich-Wieland, H./Nuissl, E./Siebert, H./Weinberg, J. (Hrsg.): Literatur- und Forschungsreport Weiterbildung, Nr. 39 (Juni 1997), S. 10–26.

Faure, E. et al.: Wie wir leben lernen. Der UNESCO-Bericht über Ziele und Zukunft unserer Erziehungsprogramme. Reinbek 1973.

Flood, J.: Knowledge sharing and learning in the networked economy. Paper presented at a symposium for the Armed Services at The Royal College of Military Science, Shrivenham, UK 2002, Hinweise: http://www.e-learningcentre.co.uk/eclipse/Resources/collaborative.htm (8.10.2002).

Foley, G.: Learning in Social Action: A Contribution to Understanding Informal Education. London 1999.

Freire, P.: Pädagogik der Unterdrückten. Reinbek 1973a.

Freire, P.: „Freire". In: Pädagogik: Dritte Welt. Jahrbuch 1973. „Welterziehungskrise" und Konzeptionen alternativer Erziehung und Bildung. Frankfurt/M. 1973b, S. 207–216.

Freire, P.: Erziehung als Praxis der Freiheit. Stuttgart 1974a.

Freire, P.: Pädagogik der Solidarität. Wuppertal 1974b.

Freire, P.: Pedagogy of Freedom. Ethics, Democracy and Civic Courage. Lanham 1998.

Gerster, T.: Der Mensch als handelndes Subjekt – der pädagogische Ansatz Paulo Freires. Universität Hohenheim, http://www.uni-hohenheim.de/~i430a/lehre/veranst/download/skripten/tpb/tpb05.PDF (7.10.02).

Heaney, T.: Issues in Freirean Pedagogy. 1995, http://nlu.nl.edu/ace/Resources/Dokuments/FreireIssues.html.

Herriger, N.: Empowerment in der sozialen Arbeit: eine Einführung. 2. überarb. Aufl., Stuttgart 2002.

Heußler, D. (Hrsg.): Afrikanische Schriftsteller und Griots. Berlin 1979.

Illich, I.: Entschulung der Gesellschaft. Entwurf eines demokratischen Bildungssystems. Reinbek 1973.

Jeffs, T./Smith, M. K.: Informal Education – Conversation, Democracy and Learning. London 1996, in Teilen auch: http://www.infed.org

Kerka, S.: Popular Education: Adult Education for Social Change. Eric Digest no. 185/1997.

Lave, J./Wenger, E.: Situated Learning. New York 1991.

Liebel, M.: Wir sind die Gegenwart. Frankfurt/M.1996.

Liebel, M./Overwien, B./Recknagel, A.: Arbeitende Kinder stärken. Frankfurt/M. 1998.

Liebel, M.: Kindheit und Arbeit. Frankfurt/M. 2001.

Liebel, M.: Educación Popular und befreiungspädagogische Praxis mit Kindern und Jugendlichen in Lateinamerika. In: Datta, A./Lang-Wojtasik, G. (Hrsg.): Bildung zur Eigenständigkeit. Vergessene reformpädagogische Ansätze aus vier Kontinenten. Frankfurt/M. 2002, S. 49–62.

Lohrenscheit, C./Schüssler, R.: Bildung, Kommunikation und kollektive Interesen im informellen Sektor. In: Overwien, B./Lohrenscheit, C./Specht, G. (Hrsg.): Arbeiten und Lernen in der Marginalität. Pädagogische Ansätze im Spannungsfeld zwischen Kompetenzerwerb und Überlebenssicherung im informellen Sektor. Frankfurt/M. 1999, S. 123–137.

Mädche, F.: Kann Lernen wirklich Freude machen? Der Dialog in der Erziehungskonzeption von Paulo Freire. München 1995.

Meueler, E.: Die Türen des Käfigs. Wege zum Subjekt in der Erwachsenenbildung, Stuttgart 1993.

Mergner, G.: Zur Bedeutung des Konzeptes der Erwachsenenbildung von Paulo Freire. In: Overwien, B. (Hrsg.): Lernen und Handeln im globalen Kontext. Beiträge zur Theorie und Praxis internationaler Erziehungswissenschaft. Zur Erinnerung an Wolfgang Karcher. Frankfurt/M. 2000, S. 45–50.

Molzberger, G.: Informelles Lernen in der Arbeit – wie erforscht man das Alltägliche? Versuch einer Klärung und Annäherung über betriebliche Fallstudien. In: Dehnbostel, P./Gonon, P. (Hrsg.): Informelles Lernen – eine Herausforderung für die berufliche Aus- und Weiterbildung. Bielefeld 2002, S. 59–70.

Negt, O.: Kindheit und Schule in einer Welt der Umbrüche. Göttingen 1997.

Nehr, M./Birnkott-Rexius, K./Kubat, L./Masuch, S.: In zwei Sprachen lesen lernen – geht denn das? Erfahrungsbericht über die zweisprachige koordinierte Alphabetisierung. Berlin 1988.

Nyssens, M.: El Germen de una Economia Solidaria: Otra Vision de la Economia Popular. El Caso de Santiago de Chile. In: CIRIEC-Espana, Revista de Debate sobre la Economia Publica Social y Cooperativa, Nr. 25 (April 1997), S. 63–82.

Overwien, B.: Befreiungspädagogik und informelles Lernen – eine Verbindung für globales Lernen? In: Scheunpflug, A./Hirsch, K.: Globalisierung als Herausforderung für die Pädagogik. Frankfurt/M. 2000, S. 137–155.

Overwien, B.: Informelles Lernen, eine Herausforderung an die internationale Bildungsforschung. In: Dehnbostel, P./Markert, W./Novak, H. (Hrsg.): Erfahrungslernen in der beruflichen Bildung – Beiträge zu einem kontroversen Konzept. Neusäß 1999a, S. 295–314.

Overwien, B.: Informelles Lernen, soziale Bewegungen und Kompetenzerwerb für eine selbstbestimmte Arbeits- und Lebenspraxis. In: Liebel, M./Overwien, B./Recknagel, A.: Was Kinder könn(t)en. Handlungsperspektiven von und mit arbeitenden Kindern. Frankfurt/M. 1999b, S. 149–172.

Overwien, B.: Lernen und Erfahrung – internationale Bezüge der Debatte um ein Studium ohne Abitur mit Berufserfahrung – Beispiele aus Berlin. In: Overwien, B. (Hrsg.): Lernen und Handeln im globalen Kontext. Beiträge zu Theorie und Praxis internationaler Erziehungswissenschaft. Zur Erinnerung an Wolfgang Karcher. Frankfurt/M. 2000, S. 538–550.

Overwien, B.: Konzepte beschäftigungsorientierter Bildung für Jugendliche im Umfeld der Educación Popular: zwei Beispiele aus Nicaragua. In: Datta, A./Lang-Wojtasik, G. (Hrsg.): Bildung zur Eigenständigkeit. Vergessene reformpädagogische Ansätze aus vier Kontinenten. Frankfurt/M. 2002a, S. 63–73.

Overwien, B.: Informelles Lernen in der internationalen Diskussion – kritische Ansätze und Perspektiven. In: Dehnbostel, P./Gonon, P. (Hrsg.): Informelles Lernen – eine Herausforderung für die berufliche Aus- und Weiterbildung. Bielefeld 2002b, S. 43–57.

Paris, S. G.: Situated Motivation and Informal Learning. In: Journal of Museum Education, Nr. 2/3, Vol. 22 (1997), S. 22–27.

Rogoff, B.: Apprenticeship in Thinking. Cognitive Development in Social Context. New York, Oxford 1990.

Smith, M. K.: Popular Education. An Introduction to practice plus an annotated booklist (1999), http://www.infed.org/biblio/b-poped.htm (27.9.2002).

Tully, C. J.: Lernen in der Informationsgesellschaft. Informelle Bildung durch Computer und Medien. Opladen 1994.

Wagner, C.: Paulo Freire (1921–1997) Alphabetisierung als Erziehung zur Befreiung. In: E+Z – Entwicklung und Zusammenarbeit Nr. 1, Januar 2001, S. 17–19.

Watkins, K./Marsick, V.: Informal and Incidental Learning in the Workplace. London 1990.

Watkins, K./Marsick, V.: Towards a Theory of Informal and Incidental Learning. In: International Journal of Lifelong Education, Vol. 11, Nr. 4 (oct-dec 1992), S. 287–300.

Lernformen und -orte

Der Freizeitpark als Lebenswelt – informelles Lernen als Erlebnis

von Dieter Brinkmann

Freizeitparks, Science Center und Zoos werden in diesem Beitrag als sich entwickelnde Institutionen des informellen Lernens in der Freizeit betrachtet. Gelingt es ihnen, durch ein hybridisiertes Angebot aus Unterhaltung und Bildung ein nachhaltiges Interesse am selbst gesteuerten Lernen zu wecken? Werden Lernziele transparent gemacht, geeignete Lernformen entwickelt und Verbindungen zu genuinen Bildungsinstitutionen geknüpft? Ist die lernorientierte Nutzung der Freizeit ein Gewinn für Besucher, Freizeitwirtschaft und Gesellschaft oder droht vielmehr ein „Schluss mit lustig"? Vieles deutet darauf hin, dass den erlebnisorientierten Lernorten in der Freizeit mehr Aufmerksamkeit geschenkt werden sollte. Eine erlebnisorientierte Ökonomie erkennt auf jeden Fall die Bedeutung „erinnerbarer Gefühlszustände" und relativ dauerhafter (Lern-)Wirkungen ihrer Arrangements und Angebote. Neben dem formellen Lernen in Institutionen des organisierten Bildungswesens entwickelt sich ein vielfältiger informeller Lernraum in der Freizeit. Dieser Lernraum ist zugleich als „Erlebnisraum" mit einer hohen Bedeutung von emotionalen Komponenten zu kennzeichnen.

1 Informelles Lernen:
   eine neue bildungspolitische Konzeption 75
   1.1 Erlebnis und erlebnisorientierte Lernorte 77
2 Lebenswelt Freizeitpark 78
   2.1 Totalität von Lebenswelten 79
   2.2 Subjektiv-konstruktivistische Wirklichkeitsauffassung 80
   2.3 Folgenlosigkeit oder Wertschöpfungssysteme? 81
   2.4 Interaktiv und kommunikativ 82
   2.5 Emotionales Kraftfeld 84
   2.6 Schluss mit lustig? 85
3 Kolonisierung oder Hybridisierung der
   lebensweltlichen Lernorte? 87
   3.1 Entwicklung einer Experience Economy 87
   3.2 Mehrdimensionaler Erlebnisraum im
       „kulturellen Kapitalismus" 89

4 Strukturen des informellen Lernens in Erlebniswelten 91
4.1 Lernebenen 91
4.2 Vom organisierten „exemplarischen Lernen" zum
 exemplarischen Erleben 94
4.3 Lernförderung in Erlebniswelten 95
4.4 Informelles Lernen in Erlebniswelten aus Besuchersicht 97

**5 Grenzen des informellen Lernens erkennen
und erweitern** 98
5.1 Lernen als Qualitätsfaktor von Erlebniswelten anerkennen 99
5.2 Qualität der Lernförderung steigern 99
5.3 Lernmotivation schaffen und Lernerfolge bestätigen 100
5.4 Vom Lernimpuls zu Vertiefung und Reflexion 101
5.5 Verantwortung für informelle Bildung übernehmen 101

6 Fazit: Kristallisationspunkte für das informelle Lernen 102

Literatur 104

1 Informelles Lernen: eine neue bildungspolitische Konzeption

Informelles Lernen kann als bedeutsamer Teil einer neuen bildungspolitischen Konzeption angesehen werden, die sich die Förderung des „lebenslangen Lernens aller" zum Ziel gesetzt hat und auf vielfältige Formen des Lernen im sozialen Umfeld, am Arbeitsplatz und in den Institutionen des organisierten Lehrens und Lernens setzt. Grundlegend dafür erscheinen mir die Arbeiten von *Günther Dohmen* zum internationalen Stand der Diskussion zum informellen Lernen, zur Bedeutung des selbst gesteuerten Lernens in der alltäglichen Lebenswelt und zur Schaffung einer lernförderlichen Wissensgesellschaft (2001).

Der Begriff des „informellen Lernens" bei *Dohmen* ist weit gefasst: „Der Begriff des informellen Lernens wird auf alles Selbstlernen bezogen, das sich in unmittelbaren Lebens- und Erfahrungszusammenhängen außerhalb des formalen Bildungswesens entwickelt" (*Dohmen* 2001, S. 25). Kennzeichnend sind folgende Aspekte:

▶ Informelles Lernen ist ein Sammelbegriff für das Lernen außerhalb des organisierten formalen Lehrens und Lernens in Bildungsinstitutionen.

▶ Es ist offen für das problemlösende, pragmatische Lernen in konkreten Alltagssituationen.

▶ Es integriert ganzheitliche, nicht nur kognitive, sondern auch nicht intentendierte Prozesse der Verarbeitung von Eindrücken, Erfahrungen und Informationen.

▶ Es ist im Kern selbst gesteuert, aber angewiesen auf lernförderliche Strukturen, ist anregbar durch eine Umwelt mit Lernanlässen und Lernhilfen.

▶ Es ist noch unzureichend anerkannt bezogen auf den damit verbundenen individuellen Kompetenzgewinn.

Im Kontext des lebenslangen Lernens kehrt sich die bisherige Prioritätensetzung um. Der überwiegende Anteil der Lernprozesse findet offenbar außerhalb von Bildungsinstitutionen statt. Das Leben ist Lehrmeister – in einem viel größerem Umfang, als wir es bisher anerkennen wollten. Die Beschleunigung von Veränderungen, die Anforderungen an Orientierung in veränderten Alltagssituationen, gesellschaftliche Transformationsprobleme und die gesteigerten Möglichkeiten, sich Zugang zu Wissen und Informationen zu verschaffen, all dies verstärkt die Bedeutung des informellen Lernens. Das Bildungswesen muss seine Aufgaben mit Blick auf das Selbstlernen neu bestimmen, und zu Recht wird die Frage nach einem Transfer von Lernerfahrungen aus unterschiedlichen Lebensbereichen und der Schaffung von Schnittstellen gestellt.

Informelles Lernen fängt da an, wo man nicht mehr weiterkommt im Alltag – gesellschaftlich und individuell –, wo es keine vorgegebenen Handlungsmuster gibt. Wenn der PC endgültig abgestürzt ist, lernt man was fürs Leben. Richtig so. Aber gibt es möglicherweise auch andere Zugänge und Ansatzpunkte? Dieser Frage geht der folgende Beitrag nach und beleuchtet einen sich entwickelnden vielfältigen informellen Lernraum in der Freizeit, gestützt durch erlebnisorientierte Institutionen. Ihr Zugang ist die Förderung von Neugier und (Lern-)Interesse, nicht die Krise. Die Philosophie des Erlebnis-Zoos Hannover, auf den ich mich verschiedentlich beziehe, ist daher: „Nur was Menschen kennen, werden sie lieben. Nur was Menschen lieben, werden sie schützen."

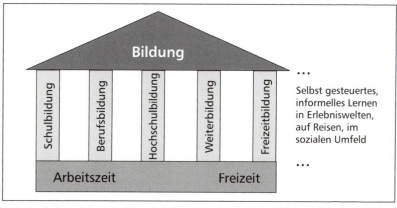

Abb. 1: Selbst gesteuertes Lernen in der Freizeit als neue Säule im Bildungswesen

Neben dem formellen Lernen in Institutionen des organisierten Bildungswesens, so meine These, entwickelt sich ein vielfältiger informeller Lernraum in der Freizeit. Dieser Lernraum ist zugleich als „Erlebnisraum" mit einer hohen Bedeutung von emotionalen Komponenten zu kennzeichnen.

Die selbst gesteuerte Wahl von Zielen, Inhalten, Formen, Lernorten und Zeitfenstern spielt hierbei eine zentrale Rolle. Lernen tritt vielfach in verdeckten, hybriden Formen auf, und neue spannende Mischungsverhältnisse von Lernen, Unterhaltung und Konsum zeigen sich in den thematisierten Freizeitwelten. Die Lern- und Erlebniswelten bilden insgesamt ein neues Netzwerk von Lernmöglichkeiten im sozialen Kontext neben den genuinen Bildungseinrichtungen. Ein neues Zusammenspiel mit den Lernorten des Bildungswesens, den Lernmöglichkeiten im Betrieb und der Nutzung multimedialer Lernnetze erscheint möglich.

1.1 Erlebnis und erlebnisorientierte Lernorte

Als ein Hintergrund für den heutigen Erfolg von Erlebniswelten ist eine durch gesellschaftliche Veränderungen bedingte stärkere Orientierung der Menschen an subjektiven Erlebnissen anzusehen. Individuelle Sinnerfüllung und Glück wird zunehmend in einem erlebnisreichen Leben gesehen. Wünsche nach Gemeinschaft, Geselligkeit, körperlicher, ästhetischer und vielleicht auch religiöser Erfahrung fokussieren sich auf den Begriff Erlebnis. Erlebnisse sind herausragende Episoden im Strom der bewussten Wahrnehmung eigener Empfindungen und Gefühlszustände. Sinneseindrücke und ihre Verarbeitung stimulieren und formen das Erlebnis. Zentral ist die emotionale Erregung (z.B. Freude, Angst, Zorn, Trauer) verbunden mit bestimmten Gedanken und Handlungsimpulsen. Zum Erlebnis wird ein Ereignis nicht zuletzt durch verstehendes Nachdenken über das Erleben und einem Ausdruck des Erlebnisses, z.B. in Form von Erzählungen. Im Erlebnis und der Suche nach Erlebnissen, so scheint es, steckt eine Kraft, die Menschen bewegt und auch Massen in Bewegung setzen kann. Der Begriff Erlebnis ist damit zu einer zentralen Kategorie der Freizeit- und Tourismuswirtschaft aufgestiegen.

Mit dieser Entwicklung und dem Stellenwert des Lernens in den heutigen Erlebniswelten befasste sich im Auftrag des Bundesministeriums für Bildung und Forschung das Forschungsvorhaben „Erlebnisorientierte Lernorte der Wissensgesellschaft". Als „erlebnisorientierte Lernorte" wurde dabei ein breites Spektrum von Einrichtungen angesehen, in denen die Aspekte Lernen, Unterhaltung und Konsum zu integrierten Konzepten verschmolzen werden. Die hier vorgestellten Überlegungen zum informellen Lernen in Freizeitparks, Zoos und Science Center stützen sich zu einem großen Teil auf die theoretischen und empirischen Erkenntnisse dieses Projektes (vgl. *Nahrstedt et al.* 2002, 2002a).

Lernformen und -orte

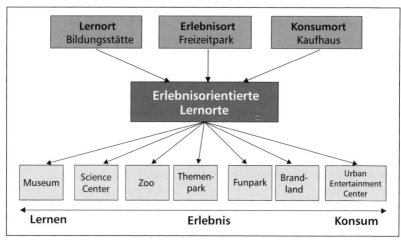

Abb. 2: Modell „Erlebnisorientierte Lernorte"

Insgesamt können aus der Sicht dieses Projektes die untersuchten Orte als „Erlebnis- und Lernwelten" mit einem je eigenen Profil bezeichnet werden. Der bisher in der wissenschaftlichen Diskussion hervorgehobene Konsumaspekt wird durch die Projektergebnisse des Instituts für Freizeitwissenschaft und Kulturarbeit relativiert. Der Unterhaltungsaspekt erscheint primär für die Besucher von Erlebniswelten, aber „neue Eindrücke und Anregungen zum Nachdenken" spielen durchaus eine Rolle. Der Bildungsfaktor könnte zukünftig damit noch einen größeren Stellenwert für die Konzeptentwicklung bekommen. Informelles Lernen wird wichtiger für Erlebniswelten.

2 Lebenswelt Freizeitpark

Erlebnis- und Lernwelten (hier repräsentiert durch den „Freizeitpark") sind Teil unser alltäglichen Lebenswelt. Auf sie stützt sich die Hoffnungen der Bildungspolitik, wenngleich die Konkretisierung der lernenden Wissensgesellschaft noch auf sich warten lässt. In vielen Überlegungen zum Lernen außerhalb genuiner Bildungseinrichtungen bleibt der gemeinte Raum außerordentlich diffus. Angesprochen wird das „soziale Umfeld", die „soziale Lebenswelt", die „natürliche alltägliche Lebenswelt". Die differenzierte Kennzeichnung dieses Teils unserer Lebenswelt fällt offenbar schwer. Eine genauere Betrachtung der Freizeit, die ja den größten Teil davon ausmacht, geschieht kaum. Hobby, Geselligkeit, Nachbarschaftshilfe werden kaum mit Blick auf individuellen Kompetenzgewinn und Zuwachs an Orientierung betrachtet. Wenig in den Blick kommen auch die möglichen institutionellen Partner in der Lebenswelt.

Der Begriff Lebenswelt entsteht an der Grenze zwischen Philosophie und Soziologie. Namen wie *Schütz*, *Luckmann*, *Husserl* markieren eine Auseinandersetzung mit den Erkenntnisgrundlagen und den Strukturen unseres Alltags. Soweit es mir möglich ist, will ich auf den Begriff der Lebenswelt eingehen und ihn für diesen Beitrag erschließen. Folgende Aspekte des Begriffs scheinen mir wichtig für diesen Ansatz.

2.1 Totalität von Lebenswelten

Der Begriff Lebenswelt erscheint umfassend. Man kann sich ihr nicht entziehen. Sie ist selbstverständlich und nicht hinterfragte Grundlage unserer Wahrnehmung, unseres Handelns, Denkens und Lernens. Unser alltägliches Wissen konstituiert unsere Lebenswelt und damit auch die mögliche Lernwelt. Eine Position außerhalb scheint kaum möglich – es sei denn als wissenschaftlich bewusste Distanzierung. Ein „Nicht-Lernen" in der Lebenswelt scheint kaum vorstellbar, ebenso wie es ein „Nicht-Kommunizieren" unter Menschen, die sich begegnen, kaum gibt (vgl. *Grötsch* 2002, S. 42).

> Auch im Freizeitbereich entwickeln sich Strukturen mit umfassendem Anspruch, unsere Wahrnehmung, Wünsche und das Handeln zu gestalten. Wir sprechen von multioptionalen „Freizeit- und Konsumwelten", von „Erlebniswelten" und „Medienwelten" und meinen damit offenbar in ihrer Wirklichkeitsmächtigkeit umfassende Gebilde, die Kunden wie Besucher und Gäste zumindest für eine Zeit lang gefangen nehmen, sie eine völlig andere Wirklichkeit erfahren lassen oder Spielregeln, Wahrnehmungsmuster und Möglichkeiten umfassend verändern.

Sie sind künstlich, die neuen arrangierten Welten, aber in ihrer Künstlichkeit umfassend und mit einer Totalität, die sie zu einer Lebenswelt in der Lebenswelt machen. Dies können Urlaubswelten, Freizeitparks, Museen, Science Center oder große Einkaufszentren sein. Distanz entsteht zur Welt der Notwendigkeiten des Alltags mit seinen realen Konsequenzen (vgl. *Schirrmeister* 2002). Der Freizeitpark als Lebenswelt ist heute selbstverständlicher und von vielen Menschen geschätzter Teil ihres Alltags. Allein in Deutschland gibt es 53 große Einrichtungen mit mehr als 100.000 Besuchern pro Jahr. Insgesamt kommen etwa 22 Millionen Besucher in die Freizeit- und Erlebnisparks. Den Zoo Hannover besuchen etwa eine Million Gäste pro Jahr. Freizeitparks sind aus dem Alltagsgrau herausragende Erlebniswelten, sie versprechen ein „gesteigertes Erleben und Leben" und damit vielleicht auch neue Eindrücke und Erfahrungen.

2.2 Subjektiv-konstruktivistische Wirklichkeitsauffassung

Der Begriff Lebenswelt betont die Sichtweise des Individuums. Die Lebenswelt scheint zusammengesetzt aus Sinngebungen, aus Zuschreibungen, Deutungen und Konstruktionen. Jeder ist Baumeister, Architekt oder Ingenieur seiner Lebenswelt, zeichnet verantwortlich für die Verknüpfung von Raum und Zeit, von Objekten und Zwecken, von Möglichkeiten und Bedingungen. Die Versatzstücke liefern Umwelt, Mitmenschen, Erfahrungen und Wissen. Gegen eine naturwissenschaftlich-objektive Definition von Welt hat sich heute die deutende, konstruierende Weltsicht behauptet und durchgesetzt.

Subjektiv konstruiert erscheinen auch die Wirklichkeiten der Erlebniswelten. Mehr noch: Sie sind Wirklichkeiten zweiter Ordnung, wie *Schirrmeister* (2002) sie nennt. Wir alle tun in diesen Welten so „als ob". Im „Dschungelpalast" im Zoo Hannover verschwimmen die Grenzen zwischen Besucher und Gehege. Nur noch eine Scheibe trennt die Gäste von einer Leopardin mit ihrem Nachwuchs oder einer Tigerpython. Ein Satz wie „Da ist eine Riesenschlange" würde in einem anderen Kontext sicherlich Panik auslösen. In der Umgebung des Freizeitparks sind überraschend andere Reaktionsweisen denkbar und normal: intensive Beobachtung, Staunen über Eigenarten oder Verhaltensweisen, Fragen an andere Teilnehmer des Familienausflugs, Lesen von Fakten zu Eigenschaften oder Verhaltensweisen, Erinnern von Geschichten, Mythen oder anderen Begebenheiten. Die mit im Park anwesenden Familienmitglieder können dies einordnen und verstehen. Insofern gibt es unterschiedliche Referenzrahmen für Kommunikation und Handeln. Aber kann man etwas aus dieser inszenierten Wirklichkeit der Themenparks, der Geschichten und Emotionen mitnehmen, es aus der Totalität dieser Inseln in den restlichen Alltag hinübertragen? Oder fragt man sich hinterher doch, welchen Unsinn man alles so mitgemacht hat?

Die Besucher spielen das Spiel mit der Wirklichkeit mit, sie lassen sich ein auf die fiktiven Welten, ihre Regeln und Möglichkeiten, ja sie konstruieren im Sinne von Lebenswelt mit an den Geschichten und Sinngehalten dieser Erlebnis-Arrangements. Erst unsere Vorstellung macht das Gebilde aus Beton, Plastik und Flitter zu einem „echten" Märchenschloss, lässt uns Geister sehen, wo Projektionen agieren, macht die Bootsfahrt durch den Zoo zu einem Ausflug nach Afrika.

> Die neuen thematischen Konzepte von Freizeitparks spielen gekonnt mit subjektiv konstruierter Wirklichkeit. Sie folgenden dem Prinzip, einen roten Faden auszulegen, eine Geschichte zu spinnen, aber nicht bis zu Ende zu definieren, Raum zu lassen für Erkundungen, Interpretationen. Sie vermeiden, den Besucher mit Antworten zu bombardieren, wenn vielleicht noch gar keine Fragen gestellt wurden (Science Center).

2.3 Folgenlosigkeit oder Wertschöpfungssysteme?

Als brauchbares Kriterium der Unterscheidung zwischen verschiedenen Lebenswelten erscheint *Schirrmeister* (2002) der Aspekt der Ernsthaftigkeit. Während im Alltagshandeln ernsthafte Folgen zu erwarten sind oder gar drohen, bleibt in den „Schein-Welten" das Agieren folgenlos. Zum Glück, möchte man sagen. Wäre die Achterbahn nicht ein zutiefst folgenloser Schrecken, würde niemand mehr einsteigen. Das Erschauern in der Geisterbahn, die rasante Fahrt in der „Scream Machine", all dies geschieht in dem Bewusstsein, dass eine wirkliche Gefahr doch wohl ausgeschlossen bleibt, Unfälle ausgenommen. Wir sind zu Tode erschrocken beim Sturzflug im fast freien Fall, doch zugleich auch amüsiert und euphorisch. Die Bezugssysteme sind verschoben.

„Der Besucher des Vergnügungsparks weiß um die ihm bevorstehende konstruierte Illusionierung; gerade deshalb vermag er sich in diese ungeheuerlich groteske Welt bereitwillig hineinzubegeben. Er vertraut den Dingen, er glaubt fest an ihre Ungefährlichkeit und ihren nicht-ernsthaften Charakter, auch wenn die Dinge ernsthaft bzw. echt und alles andere als spaßig oder unecht erscheinen – im Gegenteil sogar unwillkürlich erschrecken. Er nimmt die Welt des Vergnügungsparks sozusagen ernsthaft als nicht-ernste Wirklichkeit an" (*Schirrmeister* 2002, S. 184).

Eine Ausnahme lässt *Schirrmeister* gelten bei der Trennung der Lebenswelten: das Spielcasino. Hier scheint durch das Medium Geld eine Verbindung zum Alltag gegeben, bleibt das Spiel nicht folgenlos, sondern kann Menschen reich oder arm machen – je nachdem. Diesem Beispiel folgend lassen sich verschiedene „Medien" annehmen, die zwischen den Teil-Welten vermitteln. Neben dem Geld, das heute auch in jedem Freizeitpark (in Gastronomie, Konsumzonen usw.) eine enorme Rolle spielt, stellen Wissen und Erinnerung ein weiteres vermittelndes Medium dar. Die Besucher sollen sich an einen „schönen Tag" im Freizeitpark erinnern, sie sollen etwas Berichtenswertes mit nach Hause nehmen, und aus der Sicht des Psychologen und Themenpark-Beraters *Kurt Grötsch* entwickelt sich ein neues Wertschöpfungssystem auf emotionaler Basis.

Erlebnissysteme im Sinne von *Grötsch* haben eine Doppelfunktion: „Auf der einen Seite sind sie ‚fun' Systeme, in denen sich die Menschen unterhalten und vergnügen wollen, auf der anderen Seite stellen sie Wertschöpfungssysteme dar, die die Besucher nicht ‚leer' verlassen wollen. Sie wollen etwas mitnehmen und dieses ‚Mitnehmen' findet nur dann statt, wenn sie etwas erfahren, erlebt und gelernt haben und sich dies positiv im emotionalen Gedächtnis abspeichert" (*Grötsch* 2002, S. 43 f.). Auch den Betreibern geht es zunehmend darum, bleibende Erinnerungen zu stimulieren.

Der Einsatz von Simulationen, um bei Besuchern ein Verständnis für unmittelbar nicht erfahrbare Lebensbereiche und Naturphänomene zu wecken, lässt sich gut am Science Center Bremen verfolgen. Dort kann in einer simulierten Zeitreise die Entstehung des Weltalls nachvollzogen werden, gibt es die Möglichkeit, in einem Zimmer verschieden starke Erdbeben nachzuerleben, oder die Besucher können in einem „Tauchboot" bis in die Tiefsee vordringen. Diese Simulationen gehören zu den am meisten geschätzten Attraktionen des Science Center, und sie bleiben vielen Besuchern stark in Erinnerung (vgl. *Universum Managementgesellschaft* 2000).

2.4 Interaktiv und kommunikativ

Die Lebenswelt erscheint als ein Bereich, der ohne den anderen, ohne Mitmenschen nicht denkbar ist. Wir brauchen, für unsere Weltwahrnehmung und auch die Selbstwahrnehmung, offenbar den Spiegel des Gegenüber, die Resonanz und Begleitung durch andere. Die Sinnwelt konstituiert sich in der Gemeinschaft. Lebenswelt erscheint als kommunikative Konstruktion von Wirklichkeit, und auch das Lernen in der Lebenswelt lässt sich nur sehr schwer als ein isoliertes monadisches Erkämpfen von Wissen vorstellen.

Kommunikativ und interaktiv zu sein, trifft in einem hohen Maße auch für Freizeitparks zu. Sie leben vom inszenierten Gemeinschaftserlebnis. Einen schönen Tag im Kreis von Freunden oder der Familie zu verbringen,

Der Freizeitpark als Lebenswelt – informelles Lernen als Erlebnis

ist ihr erklärtes Ziel; Geselligkeit, gemeinsames Lachen, Essen, Aktion ihr Inhalt. Die Fahrgeschäfte und andere Attraktionen geben den Rahmen für eine gemeinschaftliche Definition des „schönen Erlebnisses" jenseits des Alltags. Vielleicht realisiert sich in diesen Einrichtungen in Zukunft mehr Lebenswelt, als der in divergierende Interessen zersplitterte und durch Vereinzelung gekennzeichnete Alltagsraum im eigenen Haushalt nach der Berufsarbeit zulässt.

Mögliche Szenarien zum informellen Lernen in Erlebniswelten verweisen auf verschiedene Lerngruppen für ein interaktives und kommunikatives Lernen im Freizeitpark:

▶ eine Familie im Zoo Hannover,
▶ eine Schülergruppe im Science Center Bremen,
▶ Mitarbeiter eines Betriebs auf einem Event im Europa-Park Rust,
▶ ein Senioren-Club im Filmpark Babelsberg.

Unter dem Motto „Hingehen, Staunen, Entdecken" realisiert beispielsweise das Universum Science Center Bremen eine Lernlandschaft für das informelle naturwissenschaftliche Lernen für alle Altersgruppen. Ein interaktiver Ansatz, „hands on", ist leitend für die Gestaltung des gesamten Arrangements: Selbst experimentieren, Phänomene entdecken und erkunden stehen im Mittelpunkt.

„In den drei Expeditionen Mensch, Erde und Kosmos erforschen und erspielen die Besucher unterschiedliche Phänomene mit allen Sinnen: Sie spüren einen Gongschlag am ganzen Körper, spielen mit dem eigenen Gewicht auf einer Hebelwaage, ertasten in vollkommener Dunkelheit einen Raum, können unbekannte Gerüche riechen und selbst kreativ werden. Über 200 Exponate und Experimentierstationen, Rauminszenierungen und Medieninstallationen sowie eine spektakuläre Architektur laden zu diesen Aktivitäten ein" (*Universum Managementgesellschaft* 2000, S. 13).

In der Lebenswelt des Science Center entsteht Weltverständnis als Selbsterfahrung, aber eben auch als kommunikatives Gemeinschaftserlebnis. Dies unterscheidet die Lernformen dort in radikaler Weise von formalisierten Ansätzen des Bildungswesens. Dass den Besuchern ein interaktives wissenorientiertes Freizeitarrangement sehr viel Spaß macht, zeigen die unmittelbaren Reaktionen und die lange Verweildauer in diesen Lernwelten. Im Universum Science Center verbringen die Besucher im Mittel mehr als drei Stunden. Viele bleiben einen halben Tag dort und experimentieren, spielen und erkunden die verschiedenen thematischen Expeditionen.

2.5 Emotionales Kraftfeld

Der Begriff der Lebenswelt stützt sich auf eine starke emotionale Komponente, die im unmittelbaren Erlebnis, aber auch in emotional fundierten Beziehungen zum Ausdruck kommt. Die Lebenswelt erscheint in der heutigen Zeit als emotionaler Rückzugsraum, als Refugium der Gefühle, als Gegensatz zu rationaler Wissenschaft oder systemischer Steuerung von Markt und Staat. Lebenswelt ist eine Gefühlswelt. Auch bei *Schütz/Luckmann* (1975) wird implizit auf die emotionale Grundierung der Lebenswelt eingegangen. Was der reflektierende Geist später zu Erfahrungen und typisiertem Alltagswissen sortieren kann, gründet auf unmittelbaren Erlebnissen. „Erlebnis- und Erkenntnisstile" bestimmen verschiedene Sinngebiete des Alltags, und die Kategorie „Interesse" mit ihrer stark emotionalen Komponente scheint zentral für die Sicht auf die Welt.

Freizeitparks erscheinen in diesem Sinne als gesteigerte, verdichtete Lebenswelten, als emotionale Hyperrealität. „Emotional Jogging", „Thrill Therapy" oder „Family-Team-Building" umschreiben diese Aspekte einer neuen „Erfahrungs- und Erlebnisindustrie". Freizeiterlebniswelten fördern die emotionalen Bindungen zwischen Familienmitgliedern, Freundesgruppen und Teams. Sie sind eine Art Gegenpol zur Emotionsarmut unseres Alltags, ein emotionales Kraftfeld. Für solcherart emotionale Träume und Mythen von Lebensweld besteht, so die Vermutung von Trendbeobachtern, ein wachsender, wenn nicht verzweifelter Bedarf.

„As mentioned above, families are busy; close and lasting togetherness in the family is often threatened. In the section on the work concept, team building was described as one of the activities strengthening core values in a company. In a similar manner, the family occasionally needs to have its core values strengthened through team building. This might happen through a common experience, or through a vacation offering time spent together without any outside, interfering demands – through the family itself. In the future, therefore, a substantial amount of leisure time will go toward family team building" (*Jensen* 1999, S. 175).

Emotional bestimmt erscheint auch das Verhältnis zu Objekten der Lebenswelt Freizeitpark. Vermittelnd dabei fungiert das Konzept der „Thematisierung". Sie bietet einen „roten Faden" für die Besucher, führt zur Emotionalisierung des Erlebens und zu „ganzheitlichen Erfahrungen", zu „erlebnisorientierten Begegnungen" mit neuen und alten Geschichten. Hierzu der Zoo Hannover:

Der Freizeitpark als Lebenswelt – informelles Lernen als Erlebnis

„Vom ‚klassischen Bildungsanspruch' des Tiergartens alter Prägung ist in Hannover auf den ersten Blick nicht viel zu bemerken. An Stelle von Vitrinen und Schaukästen – im Zoo Käfige und Gehege genannt – in denen dem geneigten Bildungsbürger unsere nach fachlichen Gesichtspunkten sortierte Sammlung präsentiert wurde, sind nun im Erlebnis-Zoo Hannover die natürlichen Lebensräume der Tiere in detailgetreuen Themenwelten nachgebildet. Eine neue **Qualität von der erlebnisorientierten Begegnung** wird so ermöglicht, den Bedürfnissen von Mensch und Tier gleichermaßen Rechnung tragend. Ergänzend fügen sich Gastronomie- und Shopping-Erlebnisse als integrale Bestandteile nahtlos in die Gesamtanlage ein. Die vier Themenwelten Sambesi, Dschungel-Palast, Gorillaberg und Meyers Hof sind spannungsvoll inszenierte Mikrokosmen, die unser Publikum scheinbar in den natürlichen Lebensraum der Tiere versetzt. Jede Themenwelt bietet eine Geschichte, deren Erzählfaden der Besucher nach Belieben aufnehmen und weiterdichten kann. Statt des pädagogisch-didaktischen Zeigefingers gibt es eine Fülle von Gelegenheiten, auf eigene Faust auf Entdeckungsreise zu gehen und die Tierwelt im wahrsten Sinne zu erfahren und zu begreifen" (*Machens* 2002a, S. 19 f.).

Der Erfolg scheint dem Zoo Recht zu geben. Die Besucher sind bereit, in Hannover weit höhere Preise als in anderen Einrichtungen zu zahlen. Die Besucherzahlen konnten in wenigen Jahren auf über eine Million Gäste im Jahr gesteigert werden.

Die emotionale Architektur der Themenparks birgt Geschichten, die anregen und in Erinnerung bleiben sollen. Das Beispiel „Dschungelpalast" im Zoo Hannover lässt die emotionale Thematisierung erkennen:

„Das Szenario stellt eine offenbar schon vor langer Zeit von den Menschen verlassene einstmals prächtige Palastanlage dar, dem Verfall preisgegeben und von der Natur zurückerobert. Wände scheinen zu zerbröckeln, Decken einzustürzen und aus einem leckgewordenen Aquädukt rauscht ein Wasserfall direkt ins große Badebecken der Elefantendamen herab" (*Machens* 2002b, S. 174). Untergebracht sind hier neben Elefanten u.a. auch Tiger, Leoparden und Hulman-Affen. Eine „Palastküche" mit Sitzterrasse bietet gastronomischen Service, und aus dem Shop wird ein orientalischer Basar.

2.6 Schluss mit lustig?

Lebenswelt erscheint nicht nur in einem alltäglichen, bisweilen romantisierenden Sprachgebrauch als Gegenspieler struktureller Kräfte und Zumutungen. Lebenswelt steht für Nachbarschaft und Nähe im Stadtteil, ein Netz solidarischer Sozialbeziehungen, Bodenständigkeit und Widerspruch gegen eine Modernisierung oder auch wohlmeinende Pädagogisierung.

In diesem Sinne ist der Freizeitpark als Lebenswelt ein Paradox: Er ist soziale Erlebens- und Erlebniswelt, also schützenswerte „Spaßkultur", aber zugleich auch durchzogen von rationalem Kalkül, von Besucherlenkung und Marketing, ist zugleich Konsumsystem und Erfahrungsraum für alle Sinne. Hier verschmelzen unterschiedliche systemische und lebensweltliche Aspekte. Das macht ihn für die einen spannend, für andere aber suspekt. Soll man in diesem aufgeladenen Kontext auch noch Lernelemente platzieren? Ist es nicht besser, man belässt es bei der Trennung zwischen harter Lern-Realität und dem Vergnügen in schönen Schein-Welten?

> Der romantisierenden Betrachtung erscheint der Freizeitpark insofern als schützenswerte Lebenswelt, als die Ansprüche der Gesellschaft nach Förderung des informellen Lernens in vielen Lebenszusammenhängen doch bitte schön draußen gehalten werden sollen. „Schluss mit lustig" ist die nahe liegende Befürchtung. Eine Vermischung in der sozialen Konstruktion von Vergnügungswelten könnte verwirren, die Akzeptanz verringern, fürchten auch manche Betreiber, und bliebe ohnehin mit nur geringen Aussichten auf Erfolg.

Vielleicht blicken wir eines Tages wehmütig auf den Freizeitpark, in dem wir noch nicht dies und das für unsere Allgemeinbildung lernen mussten – etwa so, wie manche Enthusiasten des Automatenspiels auf die wunderbaren mechanischen Flipperautomaten des letzten Jahrhunderts. Die neue Generation von Erlebniswelten zeigt ganz eindeutig: Der Trend geht zur Integration von Lernelementen. Freizeiterlebniswelten versuchen sich für das informelle Lernen zu öffnen und integrieren neue Formen (Science Days im Europa-Park, Konzepte für Schulklassen im Phantasialand). Freizeitparks sind künstliche Gebilde, sie sind theatralische emotional Arrangements mit einer hervorragenden Erlebnisdramaturgie. Das macht ihre aktuelle Wirkung aus. Aber wie der Zoo zeigt, haben sie darüber hinaus möglicherweise auch bleibende Wirkungen auf Interesse, Einstellungen oder Vorstellungen von Besuchern. Darauf setzen zunehmend die neuen Themenparkkonzepte.

Hier erscheint ein Exkurs auf mögliche Transfers von informellen Lernergebnissen auf andere Felder angebracht: Nicht wenige gehören heute im Beruf selbst zu den „Geschichtenerzählern", sind Teil einer „Experience

Economy" oder des „Experience Marketing". Daher sind hier andere Transfers möglich als etwa zum Arbeitsalltag der Autoproduktion oder des Versicherungswesens. Schon der Verkauf von Autos hat heute, wie sich am außerordentlich erfolgreichen Engagement von Volkswagen im Bereich der Freizeiterlebniswelten (Autostadt Wolfsburg) ablesen lässt, viel mit Mythen, Geschichten und dem Inszenieren von Erlebnissen zu tun.

> Wer sich mit den Freizeitparks und ihren Konzepten intensiver beschäftigt, könnte auch von ihnen lernen, informell, aber eben mit Bezug zu anderen Freizeitberufen. Die erkennbare Verschmelzung von Infrastrukturkonzepten im Freizeitbereich: Museum, Hotel, Entertainment usw. verweist auf solche spartenübergreifenden Lernprozesse. Ein „Crossover" der Ansätze entsteht hier durch informelles Lernen. Der Zoo Hannover ist auch hierfür ein gutes Beispiel. Die formelle Ausbildung in den jeweiligen Fachsparten ist für solche Ansätze viel zu eng.

3 Kolonisierung oder Hybridisierung der lebensweltlichen Lernorte?

3.1 Entwicklung einer Experience Economy

Die hier als erlebnisorientierte Lernorte betrachteten Einrichtungen im Freizeitbereich werden aus Sicht der neueren ökonomischen Theorie als Teil einer wachsenden „Experience Economy" angesehen (vgl. *Pine/Gilmore* 1999). Im Sinne einer subjektiven Erlebnisrationalität sind Menschen zunehmend bereit, Zeit und Geld in Erlebnisse und Erfahrungen zu investieren, die ihnen ein „Eintauchen" in fremde Welten oder eine „aktive Aufnahme" neuer Eindrücke ermöglichen und so über ihren Alltag hinausweisen. Freizeit- und Erlebniswelten übersetzen den Wunsch nach Erlebnissen in moderne, massenhaft verfügbare Formen. Aus dem singulären Abenteuer für Eliten vergangener Zeiten wird das Paradox eines rational durchgeplanten Arrangements für positive Überraschungen und emotionale Kicks.

Dabei verschmelzen bisherige Infrastrukturkonzepte im Freizeit-, Kultur- und Tourismusbereich. Es entwickeln sich multifunktionale und multimediale Erlebnis-Arrangements. Unter dem Gesichtspunkt des Lernens und der Freizeitbildung könnte man daher von einer Hybridisierung der Angebote sprechen (vgl. *Seitter* 2001).

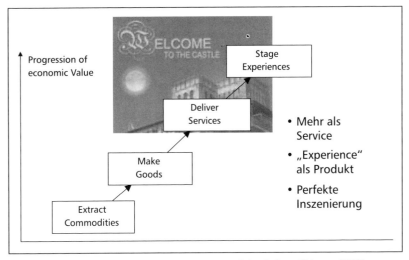

Abb. 3: Entwicklung einer „Experience Economy" (nach *Pine/Gilmore* 1999)

Als ein „neues Produkt" erscheint die Hervorbringung von „Experiences" im jeweiligen Individuum. Dies sind erinnerbare individuelle Gefühlszustände, aber vielleicht auch Wissen. Service wird damit individueller und persönlicher, und er muss sich noch viel genauer auf die Vorstellungen, Träume und Glückswünsche der Kunden beziehen als vorher. Service wird Teil einer Inszenierung von Attraktionen mit dem Ziel, positive Gefühlszustände, sprich Glücksgefühle, beim Gast hervorzurufen. Wichtig für das Handeln der Akteure scheint ein neues Bewusstsein ihrer Leistungen: Die Inszenierung muss perfekt sein, alle müssen ihre Rolle spielen, damit der Gast die Illusion eines persönlichen Erlebnisraums erfahren kann.

Den Wandel von Service zu Experience kann man am Beispiel der thematisierten Hotels in den Freizeitparks verfolgen. Im Europa-Park beispielsweise gibt es derzeit zwei Hotels im spanischen Thementeil des Parks. Sie sind nach eigenen Angaben zu 98 Prozent ausgelastet. Ein drittes Hotel ist in Planung. Andere Parks, wie der Heidepark, Phantasialand oder der Hollywood-Safaripark, planen eigene thematisierte Beherbergungskonzepte. Die spanischen Hotels im Europa-Park beeindrucken durch ihre dichte Atmosphäre und das gestaltete Ambiente: schöner als die Wirklichkeit. Der Parkbesuch verändert sich damit vom Ausflug für einige Stunden zum Kurzurlaub über mehrere Tage. Allerdings muss dafür auch das Angebot an Attraktionen groß genug sein. Experience statt Service versprechen auch die Angebote, Konferenzen, Mitarbeiterschulungen, Präsentationen und Incentives im Umfeld der Freizeit- und Erlebnisparks stattfinden zu lassen.

Eine Wertsteigerung der Leistungen und damit ein höherer realisierbarer Preis wird möglich durch zusätzlichen Nutzen für die Kunden, lautet die eingängige Entwicklungsformel von *Pine* und *Gilmore*: Aus Kaffeebohnen (Güter) wird Röstkaffee (Ware), und darauf gründet sich der Service der Cafeteria. Der Service mündet schließlich als höchste Stufe in die thematisierte Bühne Kaffeehaus im Freizeitpark.

3.2 Mehrdimensionaler Erlebnisraum im „kulturellen Kapitalismus"

Das neue Ziel „erinnerbare Gefühlszustände" schlägt offenbar die Brücke zur Pädagogik. Ausschlaggebend für Erfolg ist nicht mehr Management von Technik und Angeboten allein. Es geht nicht mehr um ein flüchtiges Ereignis, wie es etwa in dem Begriff „Zeitvertreib" zum Ausdruck gebracht wird. Die neue gefühlsbetonte Ausrichtung von Erlebniswelten ist offenbar an einer gewissen Dauerhaftigkeit ihrer Wirkungen eminent interessiert. Die mögliche Tiefe des Erlebnisraums scheint damit aber noch nicht ausgelotet zu sein. Dies lässt sich wiederum mit Rückgriff auf *Pine/ Gilmore* (1999) verdeutlichen.

Die Spanne reicht demnach von passiver Beteiligung (Zuschauen und Zuhören bei einer Show) bis aktiver Beteiligung (Durchführung eines eigenen Experiments im Science Center). Zugleich ergibt sich durch das Arrangement und die Art der personalen Animation eine unterschiedliche Intensität des Erlebens. Sie reicht von einer „bloßen" Aufnahme der Ereignisse mit den Sinnen und einer gewissen Distanz zum Dargebotenen bis zum Eintauchen „mit Haut und Haar" in natürliche oder virtuelle Welten. Dies kann der Sonnenuntergang am Canyon sein (ästhetische Erfahrung) oder der aus dem Alltag herausreißende Themenpark mit seinen herausfordernden Fahrgeschäften (Escapismus).

Die „Experience Economy" und das „Experience Marketing" setzen zunehmend auf das informelle Lernen: damit die Besucher sich erinnern, wiederkommen und ihre Freunde mitbringen oder die erlebnisreich umworbenen Marken und Produkte kaufen.

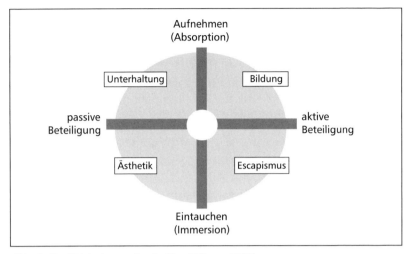

Abb. 4: Der Erlebnisraum (nach: *Pine/Gilmore* 1999)

Experience ist etwas anderes als Service im Freizeitsektor, dies kommt in neuen Marketing-Ansätzen zum Ausdruck. Insbesondere die neue Stellung des informellen Lernens, basierend auf Beteiligung und Erinnerung, macht den Unterschied aus.

„An experience involves:
- ▶ the participation and involvement of the individual in the consumption;
- ▶ the state of being physically, mentally, emotionally, or spiritually engaged;
- ▶ a change in knowledge, skill, memory, or emotion derived through such participation;
- ▶ the conscious perception of having intentionally encountered, gone to or lived through an activity or event; and
- ▶ an effort directed at addressing a psychological or internal need of the participant" (*O'Sullivan/Spangler* 1999, S. 2 f.).

Was bei *O'Sullivan/Spangler* und *Pine/Gilmore* euphorisch als neues Marketing anklingt, wird aus der Sicht von *Jeremy Rifkin* zu einem Angriff auf die letzten kommunikativen Refugien der Lebenswelt und als globale Umwälzung gedeutet. Für *Rifkin* bewegen wir uns auf eine neue Stufe des Kapitalismus zu. In dem von ihm beschriebenen „kulturellen Kapitalismus" droht jede menschliche Erfahrung zur Ware zu werden und der Zugang zu den von Erfahrungsindustrien bereitgestellten Möglichkeiten und Räumen wird das eigentliche Problem. Zugang zu informellen Lernmöglichkeiten, von wem auch immer organisiert (Staat oder Markt), wäre aus seiner Sicht das Thema der Zukunft. „Im neuen Zeitalter wird der Zugang zur gelebten Erfahrung käuflich. Wirtschaftsprognostiker und -berater sprechen von den neuen Erfahrungsindustrien, von Erfahrungsökonomie oder Erfahrungswirtschaft; Begriffe, die noch vor wenigen Jahren gar nicht existierten. Erfahrungsindustrien, zu denen vom Reisen bis zur Unterhaltung sämtliche kulturellen Aktivitäten gehören, werden die neue globale Wirtschaft dominieren" (*Rifkin* 2002, S. 193 f.).

Wie dramatisch man den Umbruch im Einzelnen bewerten mag: Tatsache scheint, dass immer mehr hybride Formen von Dienstleistungen entstehen, die auf Erfahrungen, Erinnerungen und Erlebnisse zielen und auf zunehmende psychische, mentale und emotionale Bedürfnisse reagieren.

Gegenüber einer vorschnellen Kolonialisierungsthese, nach der pädagogische Übergriffe des Bildungssystems auf eine ansonsten heile Lebenswelt zu fürchten wären, ist stärker auf die neue „Experience"-Bewegung im ökonomischen Sektor mit ihren Folgen hinzuweisen. Die Pädagogik droht als eine gestaltende und reflektierende Kraft aus den neuen künstlichen Erfahrungs- und Erlebnisfeldern ausgeschlossen zu bleiben. Marketingexperten, Designer, Eventmanager bestimmen das Feld. Die damit verbundenen informellen Lernmöglichkeiten und das Zusammenspiel mit den klassischen Bildungsinstitutionen gilt es dagegen zu thematisieren, mögliche Synergie-Effekte gilt es genauer auszuloten.

4 Strukturen des informelles Lernens in Erlebniswelten

4.1 Lernebenen

Welche informellen Lernprozesse werden nun in Freizeitparks, Science Centers oder Zoos möglich? Was kann man dort lernen? Die Ergebnisse des Projektes „Erlebnisorientierte Lernorte der Wissensgesellschaft" auf der Basis von Beobachtungen und Besucherbefragungen verweisen auf fünf systematisch zu unterscheidende Lernebenen (vgl. *Nahrstedt et al.* 2002b).

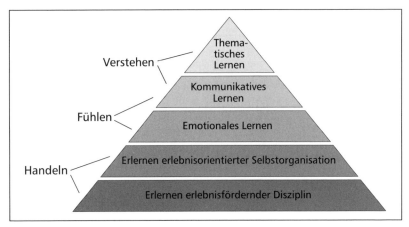

Abb. 5: Ebenen erlebnisorientierten Lernens

Erlernen erlebnisfördernder Disziplin: Lernziel ist ein situationsangemessenes bzw. parkgerechtes Verhalten. Nur auf der Grundlage eines solchen Verhaltens der Besucher können erlebnisorientierte Lernorte wie Science Centers, Zoos, Filmparks, Freizeit- und Erlebnisparks, Brandlands ihren Zweck längerfristig erfüllen. Dieses Verhalten beinhaltet die Fähigkeiten, mit den Angeboten und Einrichtungen zweckentsprechend umgehen zu können, sie pfleglich zu behandeln und zu schonen, sie nicht zu beschädigen oder gar zu zerstören, sondern ihre immanenten Erlebnisangebote voll ausschöpfen zu können. Dazu gehört auch, die Erlebnismöglichkeiten von Mitbesuchern nicht zu beeinträchtigen oder gar zu verhindern, sie im Gegenteil durch Kontaktaufnahme und Kommunikation fördern zu können. Ein Beispiel sind die „Warteschlangen" vor den Fahrgeschäften und das dabei zu beobachtende, sehr disziplinierte Verhalten der Besucher.

Erlernen erlebnisorientierter Selbstorganisation: Lernziel ist die Fähigkeit, Angebotsvielfalt und verfügbare Besuchszeit im Hinblick auf die eigenen Erlebnisbedürfnisse optimal miteinander in Einklang bringen zu können, und zwar sowohl individuell für das eigene Ich als auch sozial für das Wir der Besuchergruppe (Schulklasse, Familie). Hier kann es unterschiedliche Herangehensweisen und Erlebnisstile geben (genau planen oder sich treiben lassen). Auch die wachsende Erfahrung mit Freizeitwelten im Sinne einer „Leisure Literacy" spielt hierbei mit hinein.

Emotionales Lernen: Lernziel ist die Fähigkeit, die eigenen Gefühle kennen, erleben und mit ihnen umgehen (sie auch beherrschen) zu können. Im Zoo kann das „Mitgefühl" mit Tieren, im Science Center das „Erfolgsgefühl" bei einem „gelungenen Experiment", im Freizeit- und Erlebnispark das „Wohlgefühl" über die Schönheit der gepflegten Parkanlage mit Blumen, aber auch die „Angst-Lust" beim Anblick sowie dann bei der Fahrt mit der „Scream Maschine" erfahren werden. Emotionales Lernen berührt auch die Bindung der Besucher untereinander.

Kommunikatives Lernen: Lernziel ist die Vertiefung der Freude an der Kommunikation mit der Familie, Freunden und Bekannten, aber auch am Kennenlernen anderer Menschen. Die Fähigkeit zur interpersonalen Kommunikation erfährt gegenwärtig durch Versingelung, Individualisierung der Arbeits- und Freizeiten, zunehmende multimediale Vernetzung eine zunehmende Gefährdung. Der Besuch erlebnisorientierter Lernorte mit Familie, Freunden und Bekannten bietet ein Gegengewicht und eröffnet neue Möglichkeiten der Erfahrung interpersonaler Kommunikation.

Thematisches Lernen: Lernziel ist die Fähigkeit zum nacherlebenden Verstehen thematischer Zusammenhänge. Im Science Center können durch erlebnisorientiertes Experimentieren Naturgesetze nachvollzogen und mit anderen Besuchern kommuniziert werden. Im Zoo können Tierarten und ihre (bedrohte) Lebenssituation erlebnisorientiert kennen gelernt und das Bedürfnis, Tiere zu schützen, aktiviert werden. Freizeit- und Erlebnisparks bieten in der Regel eine Vielzahl von Themenbereichen, die zum nacherlebenden Verstehen, Interpretieren und Kommunizieren, oft auch zum nachträglichen Informieren anregen. Der Europa-Park Rust hat bereits mit seinem Namen frühzeitig Anfang der 1970er-Jahre den Europa-Gedanken als eine „universale Stimmung" (*Dilthey* 1905) aufgegriffen und lässt bis heute den Besucher insbesondere durch seine Länderbereiche die Vorteile eines „Europas der offenen Türen" erlebnisorientiert nachvollziehen. Der neue griechische Themenbereich weckt die Neugier des interessierten Besuchers: Was ist das für ein Tempel? Welche Bedeutung hatte das trojanische Pferd? Wer war Kassandra?

Zusammen mit dem emotionalen Lernen ist eine Interessenbildung und Interessenprofilierung anzunehmen. Darauf setzen z.B. Projekte, die auf erkundende und spielerische Weise an „harte" naturwissenschaftliche Fächer (wie Physik und Chemie) heranführen möchten.

4.2 Vom organisierten „exemplarischen Lernen" zum exemplarischen Erleben

Neben der Stärkung des emotionalen und kommunikativen Lernens liegt die größte Leistungsfähigkeit von Erlebniswelten für die Wissensgesellschaft vermutlich in der exemplarischen Inszenierung, der Schaffung von „kategorialen" Erlebnis- und Lernsituationen für fundamentale Aspekte des Wissens und der Erschließung der Menschen für diese elementaren und grundlegenden Zusammenhänge.

Dabei wird eine didaktische Diskussion neu belebt, die in den 1950er- und 1960er-Jahren die Auseinandersetzung um die Modernisierung der Schule und ihre Ausrichtung auf die heraufziehende Wissensgesellschaft prägte. Die systematische Vermittlung von Wissen aus vielen Bereichen wurde damals angesichts der Verwissenschaftlichung von Lebensbereichen und der Wissensexplosion als problematisch erkannt. Die Antwort war eine Begrenzung des Stoffs und die Auswahl von Inhalten für den Unterricht nach den Kriterien des Bildungsgehaltes. Es entwickelte sich „eine neue Didaktik des Exemplarischen, Typischen, Repräsentativen, Elementaren" *(Klafki* 1963, S. 39). Die Auswahl von Lerngegenständen nach den Kriterien einer exemplarischen Didaktik wurde zum allgemein akzeptierten Modell. Der Begriff der „kategorialen Bildung" von *Klafki* schlug in diesem Zusammenhang die Brücke zu den Traditionen und Zielvorstellungen der Bildungstheorie. Heute, so scheint es, hat sich in der entwickelten Wissensgesellschaft die gleiche Problematik der Wissensexplosion auf die Erwachsenenbildung und das lebenslange Lernen aller verschoben. Auch hier stellen sich angesichts des „Informations-Chaos" und der begrenzten Aufmerksamkeit der Menschen die Fragen: Was soll Thema einer Allgemeinbildung sein? Was vermittelt Verständnis für die komplexen Verflechtungen in einer globalisierten Welt? Mit welchen Inhalten sollten sich die Menschen lernend beschäftigen?

Eine Antwort auf den Wissenszuwachs und die wechselnden Anforderungen in Alltag und Beruf ist das selbst gesteuerte Lernen. Die Bildungsleiter löst sich dabei auf in vielfältige individuelle Pfade. Ein exemplarisches Erleben könnte aber ein zweiter Weg sein, der zu einer neuen Konzentration und Fokussierung beiträgt. Exemplarisches Erleben könnte die Menschen für relevante Themen erschließen und allgemeine Bildungswirkungen entfalten. Das thematische Lernen in Erlebniswelten kann damit als eine Antwort auf die immer größer werdende

> Zersplitterung des Wissens, eine Flut von Einzelinformationen und ein „Informations-Overflow" der Wissensträger aufgefasst werden. Im komplexen thematischen Erleben werden die auseinander strebenden Aspekte wieder zusammengebunden, scheinen Zusammenhänge auf, werden exemplarisch neue Horizonte verdeutlicht.

Nur wenige Menschen können heute beispielsweise Astronaut werden oder als Weltraumtouristen den Flug durchs All real erleben. In den inszenierten Erlebniswelten werden jedoch die physikalischen Kräfte der Beschleunigung und auch für kurze Momente die Schwerelosigkeit im freien Fall exemplarisch erlebbar. Die grundlegenden Phänomene, auch der hoch technisierten Welt, bleiben so zugänglich und nachvollziehbar. Auch andere Inszenierungen, die das „Entdecken" zu ihrem Kern machen (Afrika im Zoo Hannover), öffnen Menschen für eine Wirklichkeit, an der sie sonst keinen Anteil nehmen könnten. Anders als die Medien bieten die Erlebniswelten dabei einen positiven Fokus, sind nicht an individuellen oder gesellschaftlichen Katastrophen ausgerichtet. Sie kategorisieren und erschließen über eine emotional positiv stimmende Thematisierung. Das informelle Lernen im Freizeitpark kann entscheidender Auslöser und Anstoß sein, sich mit einem Thema vertiefend zu beschäftigen und sich Zugang zu Wissen zu verschaffen.

Der Umgang mit thematischen Simulationen könnte schließlich auch zur Kompetenzentwicklung auf einer Metaebene beitragen, die hier nur angedeutet werden soll: In dem Maße, in dem Simulationen unsere Berufswelt und auch die Institutionen des Bildungswesens durchziehen, scheint auch der lernende Umgang mit ihnen gefordert. Auch die Online-Lernplattform einer Hochschule, wie sie von der Hochschule Bremen gerade eingerichtet wird, erfordert ein Einlassen auf eine Simulation und ein Handeln in diesen virtuellen Welten. Möglicherweise könnten Erfahrungen im Freizeitpark auch zur Entwicklung von Kompetenzen im Umgang mit diesen simulierten Erfahrungsräumen beitragen. Das zunächst folgenlose Spiel hätte damit auf einer Metaebene durchaus positive Wirkungen.

4.3 Lernförderung in Erlebniswelten

Korrespondierend zur dargestellten Lernpyramide kann eine geschichtete Struktur von Lehr- und Lernformen in den Erlebniseinrichtungen angenommen werden. Sie reicht vom Lernarrangement (z.B. mit kontemplativen und interaktiven Zugängen) über die Information durch traditionelle und neue Medien sowie die informelle Beratung und Animation durch geschulte Betreuer bis hin zu formelleren Formen des freizeitorientierten Unterrichts (Führung, Workshop).

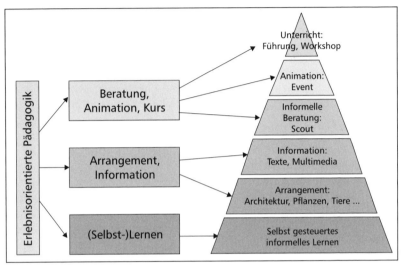

Abb. 6: Ebenen von Lehr- und Lernformen in Erlebniswelten

Die Vielfalt der möglichen Formen scheint in den bisherigen Erlebniseinrichtungen aber keinesfalls ausgeschöpft. Die Lernförderung im Rahmen von Erlebniswelten gilt es als eine neue Aufgabe zu verstehen und anzupacken. Hierbei kann an Traditionen der erlebnisorientierten Pädagogik in anderen Feldern (Museum, Outdoor-Education, Zoopädagogik, Lebenspädagogik) angeknüpft werden. Neue ganzheitliche Konzepte, die verschiedene Dimensionen der aktuellen Erlebniswelten (Konsum, Unterhaltung, Erlebnis) integrieren, gilt es zu entwickeln.

Auf die Möglichkeiten des informellen Lernens ist ein differenziertes Angebot an Lernhilfen auszurichten. Dafür zeichnet sich eine Tendenz zur Neustrukturierung des Pädagogischen über drei aufeinander aufbauende Ebenen ab (vgl. *Nahrstedt et al.* 2002b):

▶ **Selbst gesteuertes lebenslanges Lernen** jedes einzelnen Menschen stellt die Grundlage für jegliche Form des Lernens dar. Der Einzelne erhält volle Selbstverantwortung für seine eigene (Aus- und Weiter-)Bildung. Er wird zu seinem eigenen Pädagogen.

> **Lernfördernde Arrangements**, Inszenierungen, Installationen und Events in Museen, Science Centers, Zoos, Freizeit- und Erlebnisparks, Brandlands bieten Anregung und Unterstützung für die Intensivierung und Qualifizierung des selbst gesteuerten Lernens.

> **Sachkundige Experten werden zu „Lernhelfern"** (Giesecke) und bieten als „Scouts" (Universum Bremen, Zoo Hannover), Tierpfleger, Park-, Ausstellungs-, Museumsführer, Seminarleiter usw. durch Information, Beratung, Animation, Vorführungen, (Vogel-)Shows, kommentierte Tierfütterungen, erläuterte naturwissenschaftliche Experimente, Briefings, Kurse, Seminare Möglichkeiten intensivierter Lernförderung und des erweiterten Kompetenzerwerbs an.

4.4 Informelles Lernen in Erlebniswelten aus Besuchersicht

Insgesamt scheinen sich auch aus der Sicht der Besucher Möglichkeiten für ein informelles Lernen in den Erlebniswelten zu eröffnen. Es ist verwoben mit den Aspekten Unterhaltung und zum Teil auch mit dem Element Konsum.

Wie die Befragung in fünf ausgewählten Erlebniswelten im Rahmen des Projektes „Erlebnisorientierte Lernorte der Wissengesellschaft" gezeigt hat, sind die Einrichtungen auch aus Sicht eines erheblichen Teils der Besucher als „Orte für neue Eindrücke und Anregungen zum Nachdenken" anzusehen. Diese Operationalisierung von Lernprozessen im Rahmen der Befragung erscheint vielleicht weit gefasst. Doch ist ein wie immer geartetes Lernen schwer vorstellbar, ohne dass die Person mit etwas Neuem konfrontiert wird oder ein bewusstes Nachdenken in Gang kommt. Neue Erfahrungen mit sich selbst, im Umgang mit Besuchspartnern oder bezogen auf die angesprochen Themen und ausgestellten Objekte scheinen damit zumindest nicht ausgeschlossen. Sie sind zusammen mit Unterhaltungs- und Konsumelementen eingewoben in einen Prozess des informellen Lernens.

Vor allem ältere Besucher zeigen sich in den untersuchten Themenparks für „Lernaspekte" empfänglich. Bei den jüngeren Besuchern spielen Unterhaltung, Spaß und Vergnügen bzw. der Thrill-Faktor auf der Achterbahn eine wesentlich größere Rolle. Erstbesucher und Wiederholungsbesucher teilen weitestgehend die Auffassungen über das Einrich-

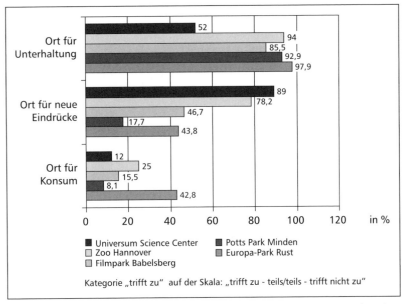

Abb. 7: Erlebniswelten aus Besuchersicht (Umfrage unter jeweils 200 Besuchern in den ausgewählten Erlebniswelten)

tungsprofil. Auch zwischen Männern und Frauen besteht kaum ein Unterschied in den Auffassungen. Besucher mit geringer und mittlerer Bildung sehen Themenparks dagegen etwas eher als Lernorte an als Menschen mit höheren formalen Bildungsabschlüssen. Sie stehen den derzeitigen Lernmöglichkeiten in diesen unterhaltungsorientierten Einrichtungen etwas skeptischer gegenüber.

5 Grenzen des informellen Lernens erkennen und erweitern

Erkennbar werden auch mögliche Grenzen des Lernortes Erlebniswelt. Sie gilt es im Zusammenspiel mit anderen Bildungsinstitutionen und durch eine Qualitätsoffensive für die informelle Bildung in den Einrichtungen zu erweitern. Dabei sind vor allem folgende Aspekte von Bedeutung.

5.1 Lernen als Qualitätsfaktor von Erlebniswelten anerkennen

Informelles Lernen muss sich als Qualitätsfaktor von Erlebniswelten erst entwickeln und durchsetzen. Zu Beginn des Projektes „Erlebnisorientierte Lernorte der Wissensgesellschaft" schien es so, dass der Faktor Lernen nur sehr zögerlich durch die Erlebniswelten aufgegriffen wird und sich aus Sicht der Betreiber nur bedingt in ein unterhaltungsorientiertes Konzept integrieren lässt. Die Betonung von Lernmöglichkeiten schien kontraproduktiv für das Marketing zu sein und bei der angestrebten jugendlichen Zielgruppe Erinnerungen an die negativ besetzte Schule zu wecken. Die offensive Bewerbung von Lernaspekten wurde gescheut. Der Begriff des informellen Lernens war neu, wenig gefüllt und nur in Ausnahmefällen in Konzepte integrierbar. Demgegenüber ist im Projektverlauf eine Veränderung in der Diskussion zu verzeichnen. Viel mehr wäre möglich. Lernen als Qualitätsfaktor für Erlebniswelten zu sehen und anzuerkennen, liegt im Trend. Dem Spaß-Faktor wird der Sinn-Faktor (oder Lern-Faktor) als ebenso wichtig an die Seite gegeben.

5.2 Qualität der Lernförderung steigern

Dabei gilt es, die Qualität der Lernförderung noch zu steigern. Die Zufriedenheit des Publikums und die Bereitschaft, noch einmal die jeweilige Freizeit-/Erlebniswelt zu besuchen, waren bisher die entscheidenden Faktoren für die Weiterentwicklung des Angebots. Intuition und Betriebserfahrung bestimmten die Investitionen der Betreiber. Über die Entwicklung von Kriterien zur Bewertung der Lernförderung sollte dagegen neu nachgedacht werden. Sie könnten in die Auswahl von Themen und ihre Aufbereitung einfließen. Eine didaktische Analyse für Lern-Erlebniswelten müsste sich z.B. folgende zentrale Fragen stellen:

- ▶ Welchen größeren allgemeinen Wissensbereich oder Sinnzusammenhang erschließt das thematisierte Erlebnis?
- ▶ Welche elementaren Aspekte des Wissens oder fundamentalen Phänomene lassen sich dabei exemplarisch erleben?
- ▶ Welche aktuelle Bedeutung hat das Erlebnis für die Besucher der Einrichtung (Gemeinschaftserlebnis, Spaß, Spannung, Flow-Erleben)?

▶ Welche Bedeutung könnte es für das zukünftige Erleben und Handeln bekommen (Öffnung für neue Fragen, Beschäftigung mit wichtigen gesellschaftlichen Zukunftsaufgaben, Förderung von sozialer Verbundenheit, persönliche Interessenentwicklung, neue berufliche Perspektiven)?

▶ Welche Struktur hat das thematische Erlebnis (Dynamik, Höhepunkte, emotionale Färbung, sinnliche Wahrnehmung, thematische Einzelaspekte)?

Lerngesichtspunkte gleichgewichtig schon bei der Planung zu berücksichtigen, könnte die Qualität der Lernförderung in Erlebniswelten erheblich verbessern und damit insgesamt zu einem anspruchsvollen, komplexen Angebot beitragen. Dies könnte durch Pilotprojekte und Begleitforschung genauer erkundet werden.

5.3 Lernmotivation schaffen und Lernerfolge bestätigen

Anerkannt werden muss auch, dass bei der großen Mehrheit der Besucher der Lernwunsch beim Besuch der Erlebniswelten nicht primär im Vordergrund steht. Die Besucher kommen zu ihrem Vergnügen, suchen allenfalls Anregungen und eine unterhaltsame Beschäftigung mit bestimmten Themen in geselliger Gemeinschaft. Vielleicht wollen sie auch einmal die Beschäftigung mit (Lern-)Problemen für eine Zeit vergessen und einfach nur einen schönen Tag haben. Dies stellt große Herausforderungen an die Gestaltung von lernanimativen und lernintensiven Arrangements in den Erlebniswelten, für die es noch keineswegs zufrieden stellende Modelle und Lösungen gibt. Die Besucher könnten leicht durch direktive Bildungsansprüche überfordert werden. Sie sind vielmehr für die Themen und die Beschäftigung mit den lernanregenden Aspekten erst zu gewinnen.

Lernmotivation muss daher vielfach in der Situation selbst generiert werden. Sie ist bestenfalls als spielerische Neugier vorauszusetzen. Gegenüber einer schnellen positiven Bestätigung durch „Spaß", sollte bei den Besuchern in diesem Sinne auch eine tief gehende subjektive Zufriedenheit und Freude über „neue Erfahrungen und Eindrücke" geweckt und unterstützt werden. Nichts motiviert bekanntlich mehr als Lob über eigene Lernerfolge. Hieran könnten innovative Konzepte des Edutainment im Lernort Erlebniswelt ansetzen.

5.4 Vom Lernimpuls zu Vertiefung und Reflexion

In fast allen Themen der Erlebniswelten kann ein allgemeiner Bildungsgehalt ausgemacht werden. Doch er kann ganz unterschiedlich entwickelt und präsentiert werden. Er kann überlagert sein von den Aspekten Konsum und Unterhaltung, zugedeckt und unerkannt bleiben. Darin liegt die Problematik der Verschmelzung von Lernaspekten mit den anderen Dimensionen von Erlebniswelten. Die Balance kann ungleich ausfallen oder auch mit selektiver Wahrnehmung durch das Publikum ganz unterschiedlich aufgenommen werden. Wer in einem komplexen Arrangement Lernanregungen sucht, wird sicher fündig. Wer seine Augen verschließt, wird überall wenig Neues entdecken.

Insgesamt handelt es sich bei den Eindrücken jedoch um kurzzeitige Lernimpulse. Für Reflexion über die Eindrücke bleibt angesichts der großen Angebotsfülle oft wenig Raum. Die vielen Eindrücke erschlagen sich womöglich gegenseitig, führen vielleicht auch zu Übersättigung, Überreizung und Überlagerung. Eine Vertiefung ist vor Ort zumeist nicht möglich und nach dem Besuch schon wieder nicht mehr interessant. Wiederholung, Übung, Rhythmus, alles das ist kaum angelegt. Wie sich sinnlich hoch intensive kurzzeitige Lernimpulse mit dem Alltagsleben verknüpfen lassen und was daraus werden kann, ist wenig erforscht.

Mit der Ausbreitung des Lernortes Erlebniswelt beginnt daher auch ein gesellschaftliches Experiment: Wie kann es gelingen diese emotional aktivierenden Orte in das lebenslange Lernen einzubinden? Wie lassen sich Primärerfahrungen in arrangierten Erlebniswelten in ein lebenslanges selbst gesteuertes Lernen einbauen? Wie werden Anschlüsse möglicher gemacht? Hier scheint ein kluges Zusammenspiel der Bildungsinstitutionen – genuin und nicht genuin – gefordert.

5.5 Verantwortung für informelle Bildung übernehmen

Erlebniswelten entwerfen sich in der Regel als positive Fantasiewelten, auch wenn gelegentlich das Erschrecken und Gruseln mit eingebaut ist. Sie wollen Geschichten erzählen, die zusammen mit Glück, Freude und Spaß in Erinnerung bleiben. Darin kann auch ein starkes Moment der Bejahung, der Affirmation von gesellschaftlichen Strukturen, Zusammenhängen und Mainstream-Sichtweisen liegen. Die kritischen Töne könnten bewusst oder unbewusst ausgeblendet bleiben: die dunkle Seite der Naturwissenschaft als Motor von Naturbeherrschung und Zerstörung, die

Folgen ungezügelter Automobilität für Mensch und Umwelt, die Armut und Unterentwicklung im heutigen Afrika als Folge von Entdeckung und Eroberung durch uns Europäer. Doch sind nicht auch kritisch aufrüttelnde Erlebniswelten denkbar? Ist das Gefühl der „Trauer", wie es ein Teilnehmer auf der Fachtagung „Lernen in Erlebniswelten" in Hannover formulierte, per se aus einem Erlebnisarrangement auszuschließen? Lässt sich die kritische Auseinandersetzung, die emanzipativ-demokratische Tradition des Bildungsbegriffs seit den 1960er-Jahren mit einbauen? Oder stehen die Erlebniswelten für politische „Ruhigstellung" durch Unterhaltungsstress, wie manche kulturpessimistische Beobachter vermuten?

In dem Maße, in dem Erlebniswelten bedeutsam werden für die informelle (Allgemein-)Bildung der Bevölkerung, müssen sie sich offenbar auch ihrer Verantwortung für die von ihnen vertretenen Bildungsziele, Lerninhalte und Lernformen bewusst werden. Durch die wirtschaftliche Dynamik der Erlebniswelten wird mit ihnen ein Bildungsraum geschaffen, der außerhalb der bisherigen gesellschaftlichen Kontrollmechanismen von Lehrplänen und staatlich anerkannten Bildungsinstitutionen liegt. Darin finden sich, wie aufgezeigt, viele Chancen für ein selbst gesteuertes Lernen in der Wissensgesellschaft. Darin ist aber auch ein Moment der „Medienmacht" enthalten, mit dem sowohl in wissensorientierten als auch in unterhaltungs- und marketingorientierten Arrangements sorgsam umgegangen werden sollte.

6 Fazit: Kristallisationspunkte für das informelle Lernen

Die Projektergebnisse des Vorhabens „Erlebnisorientierte Lernorte der Wissensgesellschaft" zeigen insgesamt: Erlebniswelten sind als Orte der informellen Bildung bzw. als „informelle Lernorte" zu kennzeichnen. Sie sind ein Schlüssel zum Bildungsraum der Wissensgesellschaft. Sie öffnen und erschließen die Menschen für die vielfältigen Wege des formellen und informellen Lernens und können als Startpunkt für die Entwicklung von Interessen angesehen werden.

Der Flügelschlag eines Schmetterlings, sagt man, kann einen Sturm auslösen. In diesem Sinne werden nicht nur beim Wetter, sondern auch in einer komplexen Wissensgesellschaft mit vielfältigen Zugängen zum weltweiten Wissen und multiplen Lernoptionen die Anfänge besonders interessant.

Der Freizeitpark als Lebenswelt – informelles Lernen als Erlebnis

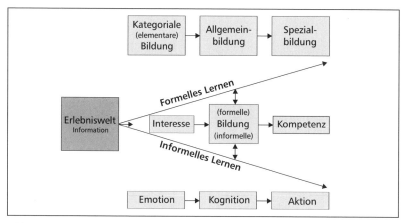

Abb. 8: Erlebniswelten als Schlüssel zum Bildungsraum der Wissensgesellschaft

Die Stärken von Erlebniswelten liegen in einer kategorialen bzw. elementaren Bildung und in einem emotional fundierten, exemplarischen Erleben. Sie erschließen die Menschen für eine Wirklichkeit und eröffnen individuelle Pfade des selbst gesteuerten Lernens von Emotion über Kognition zu Aktion sowie von elementaren Grundlagen zu breitem Allgemeinwissen und zur Spezialbildung. Gesellschaftlich relevantes Wissen bleibt so durch informelles Lernen präsent und wird gefestigt – wenn es gelingt, auf unterhaltsame Weise.

Informelles Lernen gilt es daher insgesamt als Qualitätsfaktor von Erlebniswelten anzuerkennen. Dies gilt für Bildungspolitik und Freizeitmanagement gleichermaßen. Frühzeitig sollte die Lernförderung mit in die Planung von Erlebniswelten einbezogen werden, und die Auswahl von bildungsrelevanten Themen und Inhalten ließe sich durch eine erlebnisweltbezogene didaktische Analyse unterstützen. Die spaßorientierte Grundmotivation der Besucher ist dabei anzuerkennen. Doch zugleich gilt es, aus der Situation selbst heraus Lerninteresse zu generieren, Neugier, Entdeckerfreude und Lust am Anderen aufzugreifen. Die emotional aktivierenden Impulse des Lernortes Erlebniswelt sollten dabei klug mit weiteren Bildungsangeboten, formellen wie informellen Lernstrukturen vernetzt werden. Verweise, Schnittstellen und Anschlüsse erscheinen wichtig und machen den Freizeitpark zu einem Teil eines Lernnetzwerkes der Lebenswelt. Nicht zuletzt ist ein verantwortungsvoller und kritischer Umgang mit den Möglichkeiten und Grenzen dieses neuen Bildungsraums außerhalb bisheriger Institutionen des organisierten Lernens anzuregen.

Literatur

Dilthey, W.: Das Erlebnis und die Dichtung. 1. Aufl. 1905, Göttingen 1970.

Dohmen, G.: Das informelle Lernen. Hrsg. v. BMBF. Bonn 2001.

Grötsch, K.: Emotionales Management und emotionales Lernen in Erlebniswelten. In: Nahrstedt, W. et al. (Hrsg.): Lernen in Erlebniswelten. Bielefeld 2002, S. 42–61.

Jensen, R.: The Dream Society. New York 1999.

Klafki, W.: Studien zur Bildungstheorie und Didaktik. Weinheim 1963.

Machens, K.: Erlebniswelten: Neue Art der Wissensvermittlung. In: Nahrstedt, W. et al. (Hrsg.): Lernen in Erlebniswelten. Bielefeld 2002a, S. 19–20.

Machens, K.: Erlebnis-Zoo Hannover. In: Nahrstedt, W. et al. (Hrsg.): Lernen in Erlebniswelten. Bielefeld 2002b, S. 166–181.

Nahrstedt, W./Brinkmann, D./Theile, H./Röcken, G. (Hrsg.): Lernen in Erlebniswelten. Perspektiven für Politik, Management und Wissenschaft. Bielefeld 2002a.

Nahrstedt, W./Brinkmann, D./Theile, H./Röcken, G. (Hrsg.): Lernort Erlebniswelt. Neue Formen informeller Bildung in der Wissensgesellschaft. Bielefeld 2002b.

O'Sullivan, E. L./Spangler, K. J.: Experience Marketing. Strategies for the New Millennium. State College 1999.

Pine, B. J./Gilmore J. H.: The Experience Economy. Boston 1999.

Schirrmeister, C.: Schein-Welten im Alltagsgrau. Über die soziale Konstruktion von Vergnügungswelten. Wiesbaden 2002.

Rifkin, J.: Access. Das Verschwinden des Eigentums. Frankfurt/M. 2002.

Schütz, A./Luckmann, T.: Strukturen der Lebenswelt. Neuwied 1975.

Seitter, W.: Zwischen Proliferation und Klassifikation. Lernorte und Lernkontexte in pädagogischen Feldern. In: Zeitschrift für Erziehungswissenschaft 2/2001, S. 225–238.

Universum Managementgesellschaft mbH Bremen (Hrsg.): Universum Science Center Bremen. Hingehen, Staunen, Entdecken. Katalog zur Ausstellung. Bremen 2000.

Pädagogische Weiten

Lernen ohne Lehren

von Rolf Arnold und Henning Pätzold

Lernen geschieht nicht nur dort, wo eine Lehrperson eine Lerngruppe unterrichtet. Vielmehr rücken mit Begriffen wie „informelles Lernen" und „selbst gesteuertes Lernen" auch solche Lernprozesse in den Blick, bei denen Lehrende, wenn es sie überhaupt gibt, eine fundamental andere Rolle einnehmen. In diesem Aufsatz wird nach der Klärung einiger Grundlagen der Frage nachgegangen, welche Lernenden in derartige Lernprozesse eintreten und welcher Kompetenzen sie dabei bedürfen. Weiterhin wird ein konstruktivistischer Blick auf solche Lernprozesse geworfen. Im abschließenden Kapitel wird danach gefragt, wie die Rollen zwischen Lehre und Lernen verteilt sein können, insbesondere, welche Aufgaben Lehrende übernehmen können.

1 Lernen ohne Lehren? 108
2 Wer lernt ohne Lehrer? 109
3 Welche Kompetenzen sind zukünftig gefragt? 113
4 Wie wird gelernt? 117
5 Wo bleiben die Lehrenden? 118
Literatur 123

1 Lernen ohne Lehren?

Unterricht und Lehre sind Veranstaltungen, die entscheidend mit einem Lehrer oder einer Lehrerin zusammenhängen. Durch die pädagogische Literatur hindurch finden sich immer wieder Hinweise auf die Bedeutung des Lehrens, auf das spezifische Verhältnis des Lehrenden zum Lernprozess oder auch auf den (wichtigen) Unterschied zwischen Lehrzielen der Lehrenden und davon abweichenden Handlungszielen der Lernenden (vgl. *Meyer* 1994, S. 90). Manchmal entsteht gar der Eindruck, Unterricht wäre im Wesentlichen eine Veranstaltung **für** Lehrerinnen und Lehrer, bei denen die Lernenden auf die Rolle eines Publikums reduziert sind, das die Lehrleistung durch Aufmerksamkeit statt durch Applaus goutiert.

Auf der anderen Seite gelangt in jüngster Zeit ein Phänomen in den Blick der Weiterbildung, das aus traditioneller Sicht etwas geradezu Unerhörtes darstellt. Es findet „informelles Lernen" (*Dohmen* 2001) statt, bei dem sich Lernende Kompetenzen aneignen, ganz ohne dass ihnen dabei Lehrende helfend zur Seite stehen.

Während dies aus der Perspektive emanzipatorischer Bildungsarbeit die viel versprechende Aussicht mit sich bringt, dass sich Erwachsene aus allgemein zugänglichen Quellen autonom und individuell weiterbilden, spielt aus der Perspektive betrieblicher Weiterbildung zweifellos auch die Vorstellung eine Rolle, man müsse doch diese informellen Lernprozesse so weit kanalisieren können, dass dieses „kostengünstige" Lernen des Einzelnen auch den Zielen des Betriebes zugute kommt.

Diese Beobachtung wirft eine Reihe von Fragen auf: **So möchte man zunächst wissen, wer diese „informell Lernenden" eigentlich sind.** Handelt es sich um die „ganz normale" Klientel der Erwachsenenbildung, also zu einem erheblichen Teil Menschen mit einer erfolgreichen Bildungskarriere im primären bis tertiären Sektor, an die sie nun nicht nur in Seminaren und Kursen, sondern auch selbst gesteuert anknüpfen; oder tut sich hier eine neue Zielgruppe auf, etwa die „Bildungsverlierer", von denen seit langem und zurecht beklagt wird, dass die Erwachsenenbildung sie nicht befriedigend erreichen würde; oder handelt es sich möglicherweise um eine Gruppe Lernender, die überhaupt noch nicht als Zielgruppe in den Fokus der Weiterbildung geraten ist?

Weiterhin wäre zu fragen, was **für Kompetenzen sich Lernende in solchen informellen Lernprozessen aneignen** und ob diese sich überhaupt in das überkommene Schema von („zweckfreier") Bildung oder

(„arbeitsplatzbezogener") Qualifikation einfügen lassen. Zwar birgt diese Unterscheidung bekanntlich ihre Tücken, kann doch eine zeitgemäße berufliche Weiterbildung kaum auf Inhalte verzichten, die ihrer Art nach der allgemeinen Bildung zugeschrieben würden (vgl. *Arnold* 1998). Andererseits ist der überkommene Dualismus zwischen Bildung und Qualifikation nicht das einzige Schema, nach dem sich Kompetenzen ordnen lassen. So bleibt als Frage im Raum stehen, ob etwa die Inhalte informellen Lernens eher problemorientiert angeeignet werden, ob es sich hier mehr um die Verfolgung von Interessen handelt, die sich abseits konkreter Problemzusammenhänge abspielt, oder – was wohl als wahrscheinlich angenommen werden darf – um eine Mischung von beidem.

Und schließlich liegt es nahe, das informelle Lernen als Vorgang selbst genauer in den Blick zu nehmen: Welche Art von (Auto-)Didaktik ist hier wirksam? Gibt es einen institutionellen Rahmen, in dem das Lernen stattfindet? Werden die Lernenden vielleicht doch irgendwie von Lehrenden unterstützt? Gibt es eine Lernerfolgskontrolle und wenn ja, wie sieht diese aus?

Nicht nur für Skeptiker, die sich Lernen kaum abseits des „klassischen" und international üblichen Arrangements eines oder weniger Lehrender und einer Gruppe von Lernerinnen und Lernern (vgl. *Arbeitsgruppe Bildungsbericht* 1994, S. 65) vorstellen können, stellen sich hier also einige Fragen, sondern auch jenen, die in der (vielfach unterschätzten) Selbstlernkompetenz (*Arnold et al.* 2001) ein Potenzial sehen, das für erwachsenenpädagogische Überlegungen erschlossen werden soll.

Die vorliegende Literatur zum selbst gesteuerten Lernen (von *Knowles* 1975 bis *Kraft* 2002), zum informellen Lernen (*Dohmen* 2001), zur Kompetenzentwicklung (vgl. z.B. *Vonken* 2001; *Arnold/Müller* 1999) und nicht zuletzt zum Wandel des Lernens selbst in den aufkommenden neuen Lernkulturen (vgl. z.B. *Arbeitsstab Forum Bildung* 2001; *Pätzold/Lang* 1999; *Arnold/Schüßler* 1998) kann hierauf noch keine umfassende Antwort geben. Dennoch sollen diese Fragen den Ausgangspunkt bilden für einige Überlegungen zur Zukunft des Lernens (und Lehrens) unter sich verändernden Bedingungen.

2 Wer lernt ohne Lehrer?

Bei dieser Frage offenbart sich ein Mangel an empirischer Forschung, wie er etwa im Forschungsmemorandum zur Erwachsenenbildung thematisiert worden ist (*Arnold et al.* 2000). Wir wissen immer noch zu wenig über außerinstitutionelle Lernprozesse, als dass präzise Aussagen darüber möglich sind, wer sich hier betätigt. Allerdings gibt es einige Erhebungen, die zumindest ahnen lassen, welche Klientel in mehr oder weniger großem Umfang außerhalb traditioneller Formen und Institutionen lernt. Leider sind diese Resultate nicht geeignet, die Hoffnung zu nähren, hier würde eine **neue Klientel** erreicht oder informelles Lernen und Ähnliches seien geeignet, die in der Weiterbildung traditionelle „sekundäre Privilegierung" zu überwinden, die Tatsache also, dass besonders diejenigen von Weiterbildungsangeboten erreicht werden, die bereits in ihrer „ersten" Bildungskarriere recht erfolgreich waren, insbesondere also Teilnehmerinnen und Teilnehmer mit akademischem Abschluss. So sprechen bisherige Untersuchungen zur Selbstlernkompetenz[1] (vgl. z.B. *Arnold et al.* 2002a, S. 24 ff.) dafür, dass vor allem diejenigen bereit und in der Lage sind, auch außerhalb der üblichen Arrangements zu lernen, die bereits über ein hohes Maß an Selbstlernkompetenz verfügen – welche ihnen jedoch auch in institutionalisierten Lernprozessen hilfreich ist.

Es scheint also wenig wahrscheinlich, dass außerinstitutionelles Lernen eine **Alternative** für eine institutionenferne Klientel darstellen würde, vielmehr ist anzunehmen, dass Lernen auf einem höheren Niveau vor allem jenen außerhalb von institutionalisierten Kontexten gelingt, die auch und oft parallel dazu innerhalb derartiger Kontexte erfolgreiche Lerner sind. Wenn die kompetenzorientierte Betrachtung nahe legt, dass nur eine kleinere Gruppe von relativ Bildungserfolgreichen in der Lage ist, informelle und auf Selbststeuerung beruhende Lernangebote[2] wahrzunehmen, so wäre zu erwarten, dass dieser Befund sich auch in den soziometrischen Merk-

---

1 Im Anschluss an die Diskussionen um Handlungskompetenz, selbst gesteuertes Lernen und Selbstlernen fragt Selbstlernkompetenz dannach, „welche Voraussetzungen und Fähigkeiten (...) bei einem Individuum vorliegen (müssen), damit es erfolgreich selbstgesteuert lernt" (*Arnold et al.* 2001, S. 18).

2 Die Begriffe „informelles Lernen" und „selbst gesteuertes Lernen" werden hier parallel verwendet, obwohl es sich zweifellos um unterschiedliche Phänomene und ebenso verschiedene Diskussionsstränge in der Pädagogik handelt. Informelles Lernen hebt stark auf Lernvorgänge außerhalb institutionalisierter Kontexte ab und versucht überdies, auch solche Vorgänge zu erfassen, die gleichsam unter der Wahrnehmungsschwelle traditioneller Lernbegriffe liegen. Selbst gesteuertes Lernen in all seiner definitorischen Vielfalt fokussiert noch stärker auf die Lernenden und ihre selbst gesteuerte Auseinandersetzung mit einem Lerngegenstand, die natürlich auch in hochformalisierten Kontexten stattfinden kann. Diese theoretisch notwendige Differenzierung wird jedoch in der empirischen Forschung nur zum Teil abgebildet, so dass es für unseren Gegenstand sinnvoll erscheint, beide Begriffe gemeinsam zu verwenden (vgl. auch die Erläuterungen zu den Daten aus *BMBF* 2001).

malen von „Teilnehmenden" an informellen Weiterbildungsmöglichkeiten widerspiegelt.

Ergebnisse hierzu finden sich im Berichtssystem Weiterbildung (Ausgabe VIII, *BMBF* 2001, S. 53 ff.), das bereits seit 1988 auch Aussagen zur informellen Bildung[3] erhebt. Die Zahlen stützen dabei die Vermutungen aus der Forschung zur Selbstlernkompetenz. Insgesamt werden informelle Weiterbildungsangebote in ähnlicher Weise genutzt wie traditionelle Weiterbildung, das heißt Lernende mit höheren Bildungsabschlüssen sind hier stark überrepräsentiert, während beispielsweise Lernende ohne allgemein bildenden Schulabschluss kaum zu finden sind (vgl. Abb. 1).

	TN-Quote	
	informell	formell
Berufsbildung		
keine Berufsausbildung	38	9
Lehre/Berufsfachschule	63	27
Meister, andere Fachschule	76	42
Hochschule	82	43
Berufsstatusgruppe		
Arbeiter	50	24
Angestellte	71	46
Beamte	82	60
Selbstständige	77	43

Abb 1: Informelles/formelles Lernen und Bildungs- bzw. Statushindergrund: Teilnahmequoten beruflicher Weiterbildung (Quelle: *BMBF* 2001, S. 55)

---

3 Unter informellem Lernen werden dabei Vorgänge gefasst, die einerseits lernrelevant sind, andererseits nicht der üblichen Form von Weiterbildung (durch Seminare etc.) entsprechen. In der aktuellen Ausgabe VIII des Berichtssystems sind das u.a. Messebesuche, einzelne Vorträge, die Lektüre von Fachliteratur und die Teilnahme an Qualitätszirkeln (vgl. *BMBF* 2001, S. 51 ff.). Im Anschluss daran wird im Berichtssystem das „Selbstlernen außerhalb formalisierter Weiterbildung" (ebd., S. 59) untersucht. Selbstlernen wird hier erhoben mit der Frage: „Haben Sie sich im letzten Jahr einmal selbst etwas beigebracht, außerhalb von Lehrgängen/Kursen oder Seminaren?" (ebd.). Hieran wird deutlich, dass die empirischen Daten nicht direkt mit der Theorie informellen und selbst gesteuerten Lernens kompatibel sind (worauf auch im Berichtssystem selbst ausdrücklich hingewiesen wird).

In informellen Lernprozessen verringert sich zwar der Abstand zwischen den beiden Gruppen mit der jeweils geringsten Bildungsbeteiligung, es findet sich aber keine neue Teilnehmerstruktur. Wie in der formellen Weiterbildung werden verstärkt diejenigen erreicht, die über Bildungsabschluss und beruflichen Status eine bisher erfolgreiche Bildungs- und Berufsbiografie dokumentieren. Die strukturelle Ähnlichkeit des Teilnehmerkreises lässt vermuten, dass informelle und formelle Weiterbildung sich beim Einzelnen stark überschneiden. Allerdings zeigen die Zahlen in Abbildung 1, dass die Reichweite informeller Bildungsprozesse deutlich höher ist als die der formalisierten Weiterbildung. Die Frage nach der Beziehung zwischen der Teilnahme an formellen Weiterbildungsangeboten einerseits und informellen und selbst gesteuerten Lernprozessen andererseits wurde im Berichtssystem noch weiter verfolgt, indem das Konstrukt des Selbstlernens untersucht wurde. Während sich auch hier die „übliche" Teilnehmerstruktur in der Weiterbildung widerspiegelt, ist es bemerkenswert, dass institutionalisierte Weiterbildung und Selbstlernen sich nicht allzu sehr überschneiden:

> „Inwieweit nehmen am Selbstlernen außerhalb von formalisierter Weiterbildung andere Personen teil als an formal-organisierter Weiterbildung? Etwa jeder zweite Teilnehmer an formal-organisierter Weiterbildung hat im Jahre 2000 außerdem auch etwas selbst außerhalb von Institutionen gelernt, während es von den Nichtteilnehmern etwa jeder dritte war. Der Überschneidungsbereich zwischen den beiden Sektoren ist also begrenzt" (*BMBF* 2001, S. 60).

Dabei ist zu berücksichtigen, dass die Quote derer, die angaben, sich selbst etwas beigebracht zu haben, nur knapp unter der formellen Weiterbildungsquote liegt.

Zusammenfassend ergibt sich hieraus eine Chance, wenn nicht ein Auftrag für die Weiterbildung: Es öffnet sich ein neuer Sektor von Weiterbildung, bei dem sich einerseits bereits die Gefahr abzeichnet, wiederum Strukturen der sekundären Privilegierung herauszubilden, aber auch, dass hier ein erheblicher Anteil an Klienten beteiligt ist, der in der organisierten Weiterbildung nicht anzutreffen ist. Soll dieser Klientel der Weg zur Bildungsbeteiligung geebnet werden (ohne das Feld des informellen Lernens zu „kolonisieren"), so sind verstärkte Bemühungen dahin gehend notwendig, dass Jugendliche wie Erwachsen Möglichkeiten finden, die dafür notwendigen Kompetenzen zu entwickeln (vgl. *Pätzold* 2002).

3 Welche Kompetenzen sind zukünftig gefragt?

Wenn Lernprozesse nicht mehr zwangsläufig in Form von Unterricht gedacht werden, so lässt sich unmittelbar folgern, dass Lernende mit zusätzlichen Aufgaben befasst sind. Sie müssen nicht nur die eigentliche Aneignungsleistung vollbringen, die mit einem bestimmten Inhalt verbunden ist, sondern überdies den eigenen Lernvorgang organisieren und gestalten. Viele Fragen, die ihnen bisher durch eine Kursleitung abgenommen wurden, müssen sie nun selbst beantworten; ausgehend vom klassischen Begriff der Didaktik als „Theorie des Lehrens und Lernens" (*Jank/Meyer* 1991, S. 17) wird hier also eine **Auto**didaktik im wörtlichen Sinne verlangt, eine dem Lernenden eigenen Theorie des Selbstlernens. Ein solches Begriffsverständnis verweist darauf, dass es hier nicht nur um das Beherrschen bestimmter Aneignungstechniken geht, wie sie in Anleitungen zum wissenschaftlichen Arbeiten oder auch in Lerntrainern zu finden sind und – mit gutem Grund – zum Gegenstand von Methodentrainings an Schulen und Hochschulen gemacht werden; vielmehr geht es um das immer wieder neue In-Gang-Setzen, Steuern und Auswerten eigener Lernprozesse.

Die Entwicklung geeigneter Selbstlernkompetenzen beleuchtet jedoch nur einen Teil der Frage nach relevanten Kompetenzen. Hinzu kommt die schon seit längerem geführte Diskussion um zukunftsbedeutsame Wissensformen auf der einen Seite und obsolete auf der anderen. Auch wenn man in Rechnung stellt, dass Lernende zukünftig darauf vorbereitet sein müssen, sich komplexe Inhaltsbereiche selbst zu erschließen, ist die Frage zu beantworten, um welche Inhaltsbereiche es sich dabei handeln kann.

Ein wichtiges Argument in diesem Zusammenhang ist der Befund der Wissensexplosion. Auch wenn es kaum möglich ist, in exakten Zahlen zu ermitteln, mit welcher Geschwindigkeit Wissensinhalte veralten, gibt es klare Hinweise darauf, dass der Umfang des gleichzeitig verfügbaren und aktuellen Wissens rapide wächst (vgl. *Williams/Clark* 1992). Das betrifft nicht nur Menschen, die in so genannten wissensintensiven Berufen – etwa im Bereich der neuen Technologien – tätig sind, sondern auch den Menschen als Staatsbürger, der sich beispielsweise innerhalb kurzer Zeit mit einem tief greifenden Wandel an ökonomischen und gesellschaftlichen Umweltbedingungen auseinander setzen muss, die Lernen erforderlich machen. Offenkundig gehört zu den hierzu passenden Kompetenzen die Fähigkeit, sich unter wandelnden Bedingungen zu orientieren. Aber es sind auch viele weitere Inhalte, die sich dem Lernenden zukünftig als Lernaufgaben stellen. Kaum jemand kann dabei seriöserweise behaupten, diese Kompetenzen präzise voraussagen zu können, aber es gibt aussichtsreiche Versuche, den Raum der möglichen Prognosen sinnvoll einzuschränken und zu strukturieren. Zu nennen wäre zunächst das (relativ alte) Modell der Handlungskompetenz aus Heinrich Roths pädagogischer Anthropologie (*Roth* 1971, 447 ff.), der hierzu bekanntlich Sach-, Sozial- und Selbstkompetenz zählt.

Dieses Modell lässt sich mit Blick auf heutige Lernprozesse sicher ergänzen. So wurde oben bereits die wachsende Bedeutung von Methoden angesprochen. Schon die realen Anforderungen, die sich selbst lernende Erwachsenen stellen – die Untersuchung von Selbstlernkompetenz wie auch zahlreiche Beobachtungen selbst gesteuerter Lernprozesse machen dies deutlich – sind erheblich und gehen vor allem weit über das hinaus, was an methodischer Kompetenz im Rahmen der Schulbildung gefördert wird. Die „elementaren Kulturtechniken" – Lesen, Schreiben und Rechnen – bilden keine hinreichende Basis zum Umgang mit den Lernanforderungen des Erwachsenendaseins.

Auch in Schulleistungsvergleichen wurde das erkannt. Wenn heute, wie bei PISA, Lernende aus verschiedenen Ländern vergleichend untersucht werden, geht es nicht um das Beherrschen bestimmter, im Lehrplan der jeweiligen Länder vorgesehener Inhalte, sondern um Bestandteile eines allgemeinen Bildungskonzeptes, das unter der Bezeichnung „Literacy" bereichsspezifische Basiskompetenzen zusammenfasst, die zur Bewältigung allgemeiner Aufgaben erforderlich sind. So beinhaltet Lesekompetenz den Umgang mit verschiedenen Formen von Texten, wozu auch Tabellen und Ähnliches gehören. Literacy bedeutet also in erheblichem Maße Methodenkompetenz, wird doch damit genau das geprüft, was in **Methodentrainings** an Schulen (noch zu selten) geübt wird. Entscheidend ist, dass Defizite in diesen Bereichen ausgeglichen werden müssen, bevor jemand in einen selbst gesteuerten Lernprozess eintreten kann; „Die Ergebnisse von PISA machen deutlich, dass eine solide Wissensbasis im Hinblick auf Lernstrategien eine zentrale Voraussetzung für erfolgreiches selbstreguliertes Lernen ist" (*Artelt et al.* 2001, S. 297). Methodenkompetenz hat also eine Wichtigkeit erlangt, die es angemessen erscheinen lässt, ihr in einem Kompetenzmodell einen eigenen Platz zuzuweisen – zumal sie kaum in den von *Roth* genannten Kompetenzen aufgeht.

Weiterhin spielt – bezogen auf Lernen – eine wichtige Rolle, dass Wissen heute in vielleicht noch höherem Ausmaß als früher die Form ausgehandelter und jederzeit zur Disposition stehender Ergebnisse kommunikativen Handelns darstellt.[4] Die „soziale Konstruktion von Wirklichkeit" (*Berger/ Luckmann* 1980) ist inzwischen zum Gemeinplatz geworden. Wissen wird kommuniziert und gleichzeitig entsteht Wissen in und durch Kommunikation. Das bedeutet, dass nur derjenige Wissen lernend verarbeiten kann, der in der Lage ist, sich an dieser Kommunikation zu beteiligen. Die eingangs erwähnte Studie von *Williams und Clark* (1992) macht deutlich, in welchem Maße Wissen und Lernen von kommunikativen Vorgängen abhängig ist und zeigt damit, dass – auch bezogen auf Lernen – **kommunikative Kompetenz** einen Grundbestand eines Kompetenzkataloges darstellt.

Zuletzt soll ein Blick auf den Aspekt der **Emotion** im Lernen geworfen werden. Die Fähigkeit etwa, eigene Emotionen einschätzen zu können, erweist sich als unerlässlich, wenn es darum geht, den eigenen Lernprozess zu beurteilen. Stellt man sich beispielsweise jemanden vor, der sich aus eigenem Wunsch einer bestimmten Lernaufgabe zuwendet und nun mit Schwierigkeiten konfrontiert wird. Es ist für den weiteren Lernvorgang außerordentlich wichtig, worauf diese Schwierigkeiten beruhen und nicht selten drücken sie einen emotionalen Widerstand aus (etwa weil der Lernende vorher einmal bei einer vergleichbaren Lernaufgabe erheblichem Druck ausgesetzt war). Wenn emotionaler Widerstand als solcher erkannt wird, steigt die Wahrscheinlichkeit, dass er entsprechend bearbeitet wird und nicht beispielsweise der ganze Lernprozess verworfen wird, um seinen „emotionalen Nebenwirkungen" zu entgehen.

Es muss an dieser Stelle betont werden, dass es nicht darum geht, Emotionen „unter Kontrolle" zu bringen – eine grundsätzliche Vorherrschaft des Verstandes über die Emotionen ist nicht möglich und der dauerhafte Versuch derselben würde zweifellos eine erhebliche Gefährdung der Persönlichkeit mit sich bringen. Vielmehr geht es um einen bewussteren Umgang mit Emotionen, also zum Beispiel darum, diese wahrnehmen und artikulieren zu können. Die Bedeutung, die Emotionen insbesondere im

---

4 Damit ist nicht gemeint, dass es Wissen von unterschiedlichem ontologischen Status gäbe, wie es in der Unterscheidung zwischen Natur-„Gesetzen" und sozialen „Gegebenheiten" zum Ausdruck käme. Was sich im Laufe der Geschichte geändert hat, ist nicht die Tatsache, dass intersubjektiv geteiltes Wissen immer einem kommunikativen Zugriff unterliegt, sondern dass dieser heute in viel höherem Umfang stattfinden kann. Das geozentrische Weltbild des Mittelalters etwa war, obschon wissenschaftlich nicht viabel, eine „stabilere Wahrheit" als manche der heute anerkannten Aussagen, weil es dem (außeruniversitären) Diskurs entzogen, also nicht „verhandelbar" war.

Zusammenhang mit Lernprozessen zukommt, spricht dafür, ihnen im Rahmen eines Kompetenzmodells einen eigenen Platz zuzuweisen.

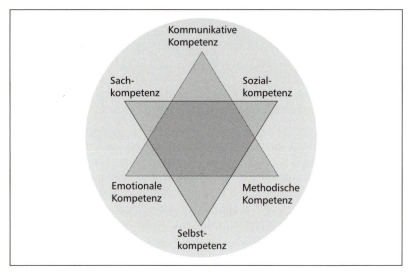

Abb. 2: Kompetenzmodell mit Bezug auf Lernen (Quelle: *Arnold et al.* 2001, S. 27)

Legt man also *Roths* Handlungskompetenzmodell zugrunde und erweitert es um die Dimensionen der methodischen, kommunikativen und emotionalen Kompetenz, so gewinnt man ein sechsfaches Kompetenzmodell (vgl. Abb. 2). Damit ist zunächst ein **Rahmen** abgesteckt, innerhalb dessen eine weitere Differenzierung stattfinden kann.

Angesichts der thematischen „Verzettelung" vieler Curricula (nicht nur im Schulbereich, sondern auch bei vielen Maßnahmen der Erwachsenenbildung) ist die Versuchung groß, bereits auf dieser Ebene anzusetzen und die entscheidenden Kompetenzen in Inhalte zu transformieren, die den traditionellen Fachinhalten gegenüber gestellt werden. Dabei bestünde jedoch die Gefahr, wiederum binnen kurzem einen unüberschaubaren Katalog von Einzelzielen zu produzieren, die alle „wichtig" sind.[5] Stattdessen sei, um zumindest einen kleinen Schritt der Konkretisierung zu gehen, auf *Mertens* Schlüsselqualifikationen verwiesen (*Mertens* 1974), die – obschon

---

5 Derartiges geschieht etwa, wenn man, wie in manchen bildungspolitischen Äußerungen, aus dem Bedarf nach Entwicklung kommunikativer Kompetenz sogleich undifferenziert die Forderung nach einer Ausweitung fremdsprachlichen Unterrichts ableitet.

bekanntlich nicht neu – einen wegweisenden Katalog in Bezug auf **beruflich** notwendige Kompetenzen darstellen.

Auch wenn niemand für sich in Anspruch nehmen kann zu wissen, welche Kompetenzen zukünftig gefordert sind, soll mit dem dargestellten sechsfachen Modell ein Raster vorgeschlagen werden, innerhalb dessen vor jeweils konkreten Hintergründen entsprechende Teilkompetenzen positiv bestimmt werden können.

4 Wie wird gelernt?

Paradoxerweise hat die Frage, wie gelernt wird, in der Pädagogik lange Zeit nur eine untergeordnete Rolle gespielt. Die **Lehr**methodik dominierte die Diskussion, Lernen war demgegenüber stärker eine Domäne der Psychologie. Auch wenn der Zusammenhang zwischen Lernen und Lehren untersucht wurde – wie etwa in der viel zitierten Untersuchung von *Düker* und *Tausch* (1957) –, geschah dies unter der Perspektive, ob bestimmte Lehrbedingungen das Lernen fördern können, aber nicht, wie der Lernvorgang aus der Perspektive seiner Akteure aussieht. In der neueren pädagogischen Diskussion hat sich dies geändert, die Frage nach der Aneignung und der systematische Unterschied zwischen Aneignen und Vermitteln (vgl. *Kade* 1997) spielen eine größere Rolle. Dabei ist eine systemisch-konstruktivistische Sicht auf den Lernprozess sicher eine der wesentlichen Triebkräfte gewesen. Hiernach erweist sich „als didaktisch entscheidende Problemstellung (...) die Frage nach der Möglichkeit des Konstruierens von Wirklichkeit und die Fähigkeit zum Zulassen verschiedener Wirklichkeitskonstruktionen" (*Arnold und Pätzold* 2003, S. 80.

Die Beiträge sowohl der klassischen wie der neueren Lerntheorien aus der Psychologie haben dabei eine erhebliche Bedeutung. Sie liefern vielfach geeignete Modelle, um Lernvorgänge ihren Prinzipien nach zu erklären. So verweist die oben erwähnte Untersuchung auf die **grundsätzliche** Bedeutung von Anschauung in pädagogischen Prozessen; sie unterliegt jedoch wie viele empirische Studien den Einschränkungen, die sich etwa aus der Laborsituation und aus der Auswahl der Stichprobe ergeben.[6] Hier hat allerdings bereits *Roth* (1971, S. 18) zurecht darauf hingewiesen, dass pädagogische Theoriebildung sich nicht nur in den engen Grenzen dessen

---

6 *Langenfeld* (2001) hat in einem Aufsatz rekonstruiert, wie diese Einschränkungen in der Rezeptionsgeschichte der genannten Untersuchung immer wieder verloren gegangen sind.

bewegen dürfe, was bereits empirisch untersucht ist, und auch das „,Fortschreiben' fündiger Gedankengänge" (ebd.) empfohlen. Dennoch gibt es nur wenig Entwürfe eines pädagogischen Lernbegriffs. Eines der aussichtsreichsten Konzepte stellt dabei wohl der Konstruktivismus dar, obwohl es sich hierbei nicht um eine Lerntheorie im engeren Sinne handelt. Aber auch wenn man den Konstruktivismus aus seinem erkenntnistheoretischen Ursprung heraus auf die Pädagogik bezieht, werden Konturen eines Konzeptes des Lernens sichtbar, die mindestens ebenso konkret sind wie die Konsequenzen anderer Lernparadigmen – sofern sie nicht trivialisiert werden. Für den Konstruktivismus spricht dabei nicht zuletzt seine dauerhafte pädagogische Rezeption (vgl. z.b. *Siebert* 2001, S. 119 ff.), ebenso die Tatsache, dass sich konstruktivistische Theoretiker wie *Ernst von Glasersfeld* (z.b. 1997) deutlich zu Fragen des Lernens im Allgemeinen und auch des Unterrichts im Besonderen geäußert haben.

Für das Verhältnis zwischen den Lehrenden einerseits und dem Vorgang des Lernens andererseits bildet der Konstruktivismus eine viel versprechende Hintergrundtheorie. Bislang oft eher programmatisch formulierte Empfehlungen im Bereich des Lernkulturwandels (etwa vom Belehren zum Beraten) erfahren hiermit eine erkenntnistheoretische Fundierung, die nicht zuletzt das instruktionsorientierte Lehren ebenso wie zurückhaltende Beratungsaktivität im Rahmen von Lernprozessen als unterschiedliche Ausprägungen einer „Lehrintervention" auf einem didaktischen Kontinuum erscheinen lassen.

5 Wo bleiben die Lehrenden?

Es gibt also unleugbar ein Lernen ohne Lehrende; was allerdings nicht bedeuten muss, dass diese und andere Lernvorgänge nicht von einer Beteiligung durch professionalisiertes Personal profitieren können. Dass Lernende sich auf einen informellen Lernprozess einlassen, kann bekanntlich verschiedenste Gründe haben, und der ausdrückliche Wunsch, ohne professionelle Unterstützung zu lernen, ist sicher nur einer davon. So kann die in der Überschrift gestellte Frage neu formuliert werden: Welchen Aufgaben sollen sich Lehrende zukünftig im Rahmen pluralisierter Lernprozesse zuwenden und worin besteht hierfür eine professionelle Grundlage? Auch hier sind bisher lediglich skizzenhafte Konzepte zu verzeichnen. Es darf jedoch angenommen werden, dass Lernen zukünftig jedenfalls weniger mit der Verabreichung elaborierter Einheitskost zu tun hat, als mit dem Hinspüren auf konkrete biografische und kompetenzbezogene

Situationen, in denen Lernende sich mit einer „Lernproblematik" (*Holzkamp* 1993, S. 182) konfrontiert sehen. Zunächst bedeutet dies einen Wechsel des Beobachterstandpunktes. Klassische Unterrichtsmodelle folgen in weiten Teilen einer Vorstellung, die der naturwissenschaftlichen Logik des 19. Jahrhunderts entspricht, d.h. der Lehrende wird – obschon an der Interaktion beteiligt – nicht als Teil der Lerngruppe gesehen. Dies drückt sich in der frontalunterrichtlichen Sitzordnung ebenso aus wie in lehrerzentrierten und oft wenig interaktiven Unterrichtsmethoden (wie dem gelenkten Unterrichtsgespräch). Aus diesem Prozess sollen die Lernenden (durch das Gelernte) verändert, der Lehrende aber unverändert hervorgehen. Eine solche Sichtweise führt jedoch dort, wo intensive und bedeutende Einflüsse auf den Unterricht durch die Lernenden erfolgen, zu Komplikationen; und oft werden diese gerade dadurch abgewendet, dass die Lehrenden „ihren Unterricht" durch besonders statische Interaktionsformen vor solchen Einflüssen schützen.

Aus einer systemischen Perspektive hingegen ist der Lehrende ein Teil des Systems, in das er interveniert, und kann nicht beanspruchen, hierzu eine größere Distanz oder eine „höhere Warte" einzunehmen. Sicher wird sich seine Wahrnehmung des Systems von denen der Lernenden unterscheiden (und zwar auch in struktureller Hinsicht, d.h. es gibt typische Muster, wie Lehrende Lernprozesse im Unterschied zu den Lernenden wahrnehmen), seine Sichtweise ist dabei jedoch keineswegs richtiger. Begreift sich der Lehrende solcherart als Teil des Systems, so wird er nicht versuchen, komplexe systemische Phänomene durch das Verhalten Einzelner (sein eigenes Handeln oder das einzelner Lernender) zu erklären, sondern sie in den Gesamtzusammenhang des Systems stellen. Ein vermeintliches Fehlverhalten, eine Lernblockade, ein Widerstand oder Ähnliches nehmen aus systemischer Sicht eine andere Gestalt an.

Diese Sicht muss keineswegs immer neu sein. Viele bekannte Aussagen aus der Pädagogik (sowohl aus reformpädagogischen Strömungen als auch von heutigen Autorinnen und Autoren) geben wieder, was als richtig erkannt wurde;[7] eine systemische Sicht macht es allerdings zum Teil erst möglich, diese Betrachtungen aus dem Stand der Einzelbeobachtung zu heben und in einen theoretischen Zusammenhang einzubetten. Eine professionelle pädagogische Beobachtung darf in gewisser Weise gar nicht davon ausgehen, dass es „Einzelhandlungen" gibt.

---

7 Beispielsweise die Sicht auf Disziplinprobleme von *Grell* und *Grell* (1996) oder die Einsicht in die Fähigkeit Verantwortung zu übernehmen bei *Neill* (1971).

Traditionell ist die pädagogische Beobachtung mehr oder weniger unreflektiert den Vorannahmen des Beobachters unterworfen und besteht „im wesentlichen aus verschiedenen Gewohnheiten, den Strom der Erfahrungen so zu interpunktieren, dass er die eine oder andere Art der Kohärenz oder Bedeutung annimmt" (*Bateson* 1985, S. 224); eine systemische Sichtweise bedeutet hingegen, „dass an die Stelle der Suche nach Ursachen die Beschreibung von Mustern tritt, innerhalb derer keiner Größe eine determinierende Stellung zugeordnet werden kann" (*Schlippe/Schweitzer* 2002, S. 91). Es wird also nicht geleugnet, dass der Beobachter mit seinen Beobachtungsmustern bzw. Interpunktionen beobachtet (ihm bleibt gar nichts anderes übrig), aber diese werden zum einen nicht von vornherein als richtig oder überlegen angenommen, und zum anderen stellen auch sie selbst Gegenstände der Beobachtung dar, die mit dem Prozess zu tun haben und nicht außerhalb von ihm angesiedelt sind.

Lernen findet in diesem Sinne auch nicht ohne Lehrende statt, aber diese sind in jeglicher Hinsicht Teil der Lerngruppe. Dass sie dabei über einen Kompetenzvorsprung hinsichtlich der für die Lernproblematik als wichtig erachteten Gebiete verfügt, macht sie für den Lernprozess wichtig, gibt ihnen aber keine besondere Stellung. Insbesondere besteht die Möglichkeit, dass der Lernprozess die Richtung ändert, und andere Gegenstände als wichtig erachtet werden. In systemisch angelegten Arrangements führt dies nicht dazu, dass die Lehrenden einen erneuten Richtungswechsel herbeiführen (um weiterhin an „ihren Themen" zu arbeiten, vielmehr können sie entweder als Lernende an dem Prozess beteiligt bleiben oder sich gegebenenfalls daraus zurückziehen).

Lernen in systemischer Sicht bedeutet eine Reihe von Veränderungen in Lernprozessen und bringt damit auch eine erheblich Verunsicherung mit sich. Insbesondere erweist sich das überkommene Rollengefüge in dieser Sichtweise als nicht mehr adäquat. Lehrende können sich nicht darauf verlassen, dass eine Reinszenierung dessen, was sie selbst als Lehre kennen gelernt haben, für die Lernenden hilfreich ist. Dies gilt umso mehr, wenn wir es mit Lernvorgängen zu tun haben, wie sie oben angesprochen worden sind – also beispielsweise den vielfältigen Formen des informellen Lernens. Wir wissen aus der Professionalisierungsforschung (vgl. z.B. *Wahl* 1991), dass Lehrende insbesondere in Drucksituationen auf verfestigte (wenngleich nicht unbedingt bewährte) Handlungsmuster zurückgreifen, solche Situationen gleichsam mit einer „Pädagogik des Bauches" (*Arnold et al.* 2002b, S. 362) zu bewältigen versuchen. Demgegenüber ist eine systemische Sichtweise nicht leicht zu verwirklichen und erfordert einen tief greifenden Umlernprozess.

Dennoch erscheinen neue Formen des Lernens kaum auf andere Weise handhabbar, sei es, dass ein Lehrender aufgrund einer unangemessenen Sichtweise auf inadäquate Verhaltensweisen zurückgreift, sei es, dass er oder sie sich schlicht für nicht zuständig erklären, sobald Lernvorgänge nicht in den engen Rahmen tradierter Muster hineinpassen. Zum Abschluss sollen deshalb zehn Aspekte genannt werden, die in einer systemischen Sicht auf ermöglichungsdidaktisches Lehren (*Arnold* 1996) als wichtig anzusehen sind (vgl. Abb. 3).

Wenn Lernen in den beschriebenen Formen stattfindet und Lehrende sich daran beteiligen, fällt ihnen die Rolle eines Ermöglichers zu. Zu dieser Rolle gehört Irrtumsoffenheit, also das Wissen, dass das eigenen Verständnis der Vorgänge von der Persönlichkeit abhängig und damit möglicherweise Irrtümern unterworfen ist. Allerdings besteht Professionalität nicht darin, solche Irrtümer um jeden Preis möglichst früh aufzudecken oder ganz zu vermeiden – vielmehr geht es darum, die notwendigerweise vorkommenden Unterschiede in den Deutungen aushalten zu können, ohne sich vorschnell in Scheinkompromisse zu ergehen, um eine gemeinsam Sichtweise verbindlich zu machen. In diesem Sinne ist es dann erforderlich, zur Veränderung der Sichtweisen fähig zu sein, wenn sich eine Einschätzung als nicht viabel erweist.

Ermöglichungsdidaktik bedeutet auch, Lernende bei der Implementierung **ihrer** Lernprozesse zu unterstützen, was heißt, ihnen bei der Entwicklung von Methoden zu helfen, mit denen sie selbst lernen können. Dies geschieht zum einen, indem Lehrende den Raum schaffen, in welchem Methoden durch die Lernenden angewandt werden können (und dabei auch aushalten, wenn Lernende Umwege gehen, die oft nur aus der Sicht der Lehrenden wirklich Umwege sind). Zum anderen können Lehrende eine hilfreiche Funktion darin finden, dass sie gezielt Methoden vermitteln, mit denen Selbsterschließung einfacher wird.

Wie bereits angesprochen beinhaltet dies für Lehrende ein erhebliches Maß an Unsicherheit. In informellen und selbst gesteuerten Lernprozessen wird nicht über standardisierte Curricula festgelegt, was „drankommen" muss, auch kann der Lehrende als Teil des Systems nicht das gleiche Maß an Überblick beanspruchen, was traditionelle Lernarrangements zumindest vorspielen. Deshalb ist es wichtig anzuerkennen, dass gerade Phasen der Unsicherheit eine Dynamik bergen, auf die in komplexen Lernprozessen

Pädagogische Weiten

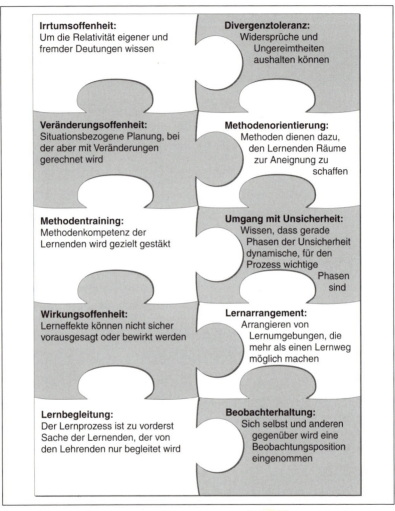

Abb. 3: Funktionsbeschreibungen der Lehre in ermöglichungsdidaktischen Arrangements

nicht verzichtet werden kann. Es ist nicht möglich, bei einem Lehr-/Lernprozess mit Individuen vorauszusagen, welche Ergebnisse der Prozess haben wird, und es wäre ein verschwenderischer Umgang mit dem Engagement der Lernenden, wenn nur die Ergebnisse berücksichtigt werden, die vom Lehrenden antizipiert worden sind.

Ermöglichungsdidaktisches Lehren und Lernen bedeutet, Ergebnisse zuzulassen, wie sie sich einstellen. Dabei geht es nicht um völlige Beliebigkeit – die ist jedoch auch gar nicht zu erwarten, wenn Lehrende und Lernende gleichermaßen Verantwortung für den Umgang mit einer Lernproblematik übernehmen. Wüssten jedoch Beteiligte bereits von Anfang an um die „richtigen" Lösungen für die jeweilige Problematik, so könnte kaum wirklich von einem Lernprozess gesprochen werden.

Deshalb erfolgt Lernen in dieser Weise nicht entlang eines vorgegebenen und standardisierten Lernweges, sondern erlaubt verschiedene Wege zu verschiedenen Zielen in einem offenen Arrangement. Einen „Königsweg" gibt es dabei nicht, d.h. der jeweils gewählte Weg hängt zuvorderst nicht vom Lehrenden und auch nicht von der Lernproblematik ab, sondern von dem Individuum, das ihn geht, und von seinem Platz im System. Die Funktion des Lehrenden, das sollte aus dem Gesagten bereits deutlich geworden sein, ist also eher die eines Lernbegleiters oder Lernberaters (*Pätzold* 2001), der Lernende unterstützt und – um in der Metapher zu bleiben – Wege mitgeht, um dabei auch selbst Neues zu entdecken.

Abschließend ist noch einmal auf die spezifische Beobachtungshaltung hinzuweisen, die alle Beteiligten in einem systemisch angelegten Lernprozess einnehmen. Weder kann es sinnvoll sein, dass einer herausgehobenen Person die Deutungshoheit über alle Vorgänge zukommt, noch darf erwartet werden, dass alle sich über die Deutung von Vorgängen einig sein werden. Erst wenn sowohl die Vorgänge selbst als auch deren Beobachtung reflektiert werden, ist es möglich, im Lernprozess unterschiedliche Meinungen nebeneinander bestehen zu lassen und auch aus Unsicherheiten Dynamik für die Weiterentwicklung zu schöpfen.

Literatur

Arbeitsgruppe Bildungsbericht am Max-Planck-Institut für Bildungsforschung: Das Bildungswesen in der Bundesrepublik Deutschland. Strukturen und Entwicklungen im Überblick. Reinbek 1994.

Arbeitsstab Forum Bildung (Hrsg.): Neue Lehr- und Lernkultur. Vorläufige Empfehlungen und Expertenbericht, Bd. 10 der Materialien des Forum Bildung. Bonn 2001.

Arnold, R.: Weiterbildung. Ermöglichungsdidaktische Grundlagen. München 1996.

Arnold, R.: Zum Verhältnis von Allgemeiner Erziehungswissenschaft und Berufspädagogik. In: Zeitschrift für Erziehungswissenschaft, 2, 1998, S. 223–238.

Arnold, R./Faulstich, P./Mader, W./Nuissl von Rein, E./Schlutz, E.: Forschungsmemorandum für die Erwachsenen- und Weiterbildung. Frankfurt/M. 2000.

Arnold, R./Gómez Tutor, C./Kammerer, J.: Selbstlernkompetenzen. Arbeitspapier 1 des Forschungsprojektes „Selbstlernfähigkeit, pädagogische Professionalität und Lernkulturwandel". Nr. 12 der Pädagogische Materialien der Universität Kaiserslautern. Kaiserslautern 2001.

Arnold, R./Gómez Tutor, C./Kammerer, J.: Selbstlernkompetenzen auf dem Prüfstand. Eine empirische Untersuchung zur Bedeutung unterschiedlicher Kompetenzen für das selbstgesteuerte Lernen. Arbeitspapier 1 des Forschungsprojektes „Selbstlernfähigkeit, pädagogische Professionalität und Lernkulturwandel". Nr. 14 in Pädagogische Materialien der Universität Kaiserslautern. Kaiserslautern 2002a.

Arnold, R./Müller, H.-J. (Hrsg.): Kompetenzentwicklung durch Schlüsselqualifizierung. Baltmannsweiler 1999.

Arnold, R./Müller, H.-J./Pätzold, H./Schüßler, I.: Wohin geht die Reise? Thesen zur pädagogischen Reformierung der Lehrerausbildung. In: PÄDForum, 5, 2002b, S. 359–363.

Arnold, R./Pätzold, H.: Systemtheoretische und konstruktivistische Spuren in der Erwachsenenbildung. In: Ansichten zur Lerngesellschaft. Festschrift für Josef Olbrich, herausgegeben von R. Brödel; H. Siebert, Baltmannsweiler 2003.

Arnold, R./Schüßler, I.: Wandel der Lernkulturen. Darmstadt 1998.

Artelt, C./Demmrich, A./Baumert, J.: Selbstreguliertes Lernen. In: PISA 2000. Basiskompetenzen von Schülerinnen und Schülern im Internationalen Vergleich, herausgegeben von J. Baumert/E. Klieme/M. Neubrand/M. Prenzel/U. Schiefele/W. Schneider/P. Stanat/K.-J. Tillmann/M. Weis. Opladen 2001, S. 271–298.

Bateson, G.: Sozialplanung und der Begriff des Deutero-Lernens. In: Ökologie des Geistes. Anthropologische, psychologische, biologische und epistemologische Perspektiven. Frankfurt/M. 1985, S. 219–240.

Berger, P. L./Luckmann, T.: Die gesellschaftliche Konstruktion von Wirklichkeit. Eine Theorie der Wissenssoziologie. Frankfurt/M. 1980.

Bundesministerium für Bildung und Forschung (Hrsg.): Berichtssystem Weiterbildung. Erste Ergebnisse der Repräsentativbefragung zur Weiterbildungssituation in Deutschland. Bonn 2001.

Dohmen, G.: Das informelle Lernen. Die internationale Erschließung einer bisher vernachlässigten Grundform menschlichen Lernens für das lebenslange Lernen aller. Bonn 2001.

Düker, H.; Tausch, R.: Über die Wirkung der Veranschaulichung von Unterrichtsstoffen auf das Behalten. In: Zeitschrift für experimentelle und angewandte Psychologie, 4(25), 1957, S. 384–400.

Glasersfeld, E. von: Wege des Wissens. Konstruktivistische Erkundungen durch unser Denken. Heidelberg 1997.

Grell, J./Grell, M.: Unterrichtsrezepte. Weinheim, 11. Aufl., 1996.

Holzkamp, K.: Lernen. Eine subjektwissenschaftliche Grundlegung. Frankfurt/M. 1993.

Jank, W./Meyer, H.: Didaktische Modelle. Berlin 1991.

Kade, J.: Vermittelbar/nicht-vermittelbar: Vermitteln: Aneignen. Im Prozess der Systembildung des Pädagogischen. In: Bildung und Weiterbildung im Erziehungssystem. Lebenslauf und Humanontogenese als Medium und Form, herausgegeben von D. Lenzen/ N. Luhmann. Frankfurt/M. 1997, S. 30–70.

Knowles, M.: Self-directed learning. A guide for learners and teachers. New York 1975.

Kraft, S. (Hrsg.): Selbstgesteuertes Lernen in der Weiterbildung. Baltmannsweiler 2002.

Langenfeld, H.-P.: „Stille Post" – Oder: Die Rezeptionsgeschichte der unterrichtlich bedeutsamen Untersuchungen von Düker und Tausch (1957). Über die Wirkung der Veranschaulichung von Unterrichtsstoff auf das Behalten. In: Unterrichtswissenschaft, 2, 2001, S. 98–107.

Mertens, D.: Schlüsselqualifikationen. Thesen zur Schulung für eine moderne Gesellschaft. In: Mitteilungen aus der Arbeitsmarkt- und Berufsforschung, 7, 1974, S. 36–43.

Meyer, H.: Unterrichtsmethoden I: Theorieband. Frankfurt/M., 6. Aufl., 1994.

Neill, A.: Theorie und Praxis der antiautoritären Erziehung: das Beispiel Summerhill. Reinbek b. Hamburg 1971.

Pätzold, G./Lang, M.: Lernkulturen im Wandel. Bielefeld 1999.

Pätzold, H.: Lernberatung und selbstgesteuertes Lernen. In: PÄDForum, 2, 2001, S. 144–148.

Pätzold, H.: PISA – Konsequenzen für die Erwachsenenbildung. In: PÄDForum, 3, 2002, S. 209–213.

Roth, H.: Entwicklung und Erziehung. Grundlagen einer Entwicklungspsychologie, Bd. 2 von Pädagogische Anthropologie. Hannover 1971.

Schlippe, A./Schweitzer, J.: Lehrbuch der systemischen Therapie und Beratung. Göttingen, 8. Aufl., 2002.

Siebert, H.: Selbstgesteuertes Lernen und Lernberatung. Neue Lernkulturen in Zeiten der Postmoderne. Neuwied, Kriftel 2001.

Vonken, M.: Von der Bildung zur Kompetenz. In: Zeitschrift für Berufs- und Wirtschaftspädagogik, 97(4), 2001, S. 504–522.

Wahl, D.: Handeln unter Druck. Der weite Weg vom Wissen zum Handeln bei Lehrern, Hochschullehrern und Erwachsenenbildnern. Weinheim 1991.

Williams, J./Clark, J.: The Information Explosion: Fact or Myth? In: IEEE Transactions on Engeneering Management, 39(1), 1992, S. 79–83.

Alle lernen alles –
die Kolonisierung der Lebenswelt durchs Lernen

von Karlheinz A. Geißler

Die Politiker, die Manager in den Betrieben und Spitzenverbänden und auch die Wissenschaftler, sie alle beschwören die „Ressource Geist". „Wissen" so ihre These, die als Tatsache vorgetragen wird, sei „der wichtigste Rohstoff der Zukunft". Der Weg führe geradewegs in eine „Informations- und Wissensgesellschaft" und Lernen sei der vielfach nutzbringende Schlüssel für diese. „Lernen" war in diesem Sinne schon der beliebteste und am stärksten akzeptierte Glaube des ausgehenden 20. Jahrhunderts. Er wird dies noch mehr im gerade begonnenen 21. Jahrhundert sein. Wird Lernen zum zentralen Instrument der Zukunftsgestaltung? Und wenn – was heißt das für die Gesellschaft und für die Bildungslandschaft? Auf jeden Fall werden mit neuen Lernmöglichkeiten auch neue Lernzwänge auf uns zukommen. Die wachsende Freiheit, unser Leben durch Lernen immer wieder neu organisieren zu können, geht einher mit dem Zwang dies permanent tun zu müssen. Deshalb ist das lebenslange Lernen auch ein lebenslängliches Lernen.

---

1 Ein kleiner Anlauf zum Thema 128

2 Aus aktuellem Anlass 129

3 Ohne Bildung keine Chance 130

4 Macht Bildung frei? 135

5 Des Kaisers neue Kleider 138

Literatur zum Weiterlesen 141

1 Ein kleiner Anlauf zum Thema

Was ist informelles Lernen? Ich gestehe es freimütig, ich weiß es nicht. Ich kenne zwar vieles von dem, was über informelles Lernen geschrieben wurde, dieses Wissen aber hat mich mehr verwirrt als aufgeklärt. Derzeit bin ich mir nicht sicher, ob es sich beim informellen Lernen überhaupt um ein sinnvolles und brauchbares Konzept handelt, fruchtbar sowohl für die Wissenschaft von der Erwachsenenbildung als auch für die Praxis der Gestaltung von Bildungsprozessen. Nahe liegender scheint es zurzeit, das informelle Lernen als einen weiteren Schritt in eine Gesellschaft zu interpretieren, die sich zunehmend vom Ordnungsmodell „Arbeit" verabschiedet, um das Ordnungsmodell „Lernen" an dessen Stelle treten zu lassen.

Eine Gesellschaft, die, wie die heutige, sich immer weniger über Arbeit zu definieren und zu regulieren fähig ist, braucht ein neues, zumindest ein zweites Integrationsmedium. Dieses ist das (lebenslange) Lernen.

Das Ansehen eines Bürgers als ein „ordentlicher Bürger" ist nicht mehr länger allein an den Sachverhalt geknüpft, dass dieser auch ordentlich arbeitet. Heute muss er, wenn er schon keine ordentliche Arbeit bekommt, wenigstens ordentlich nach einer ordentlichen Arbeit suchen. Und das zeigt er am besten dadurch, dass er fleißig lernt. So fällt dem Lernen immer mehr jene gesellschaftliche Ordnungsfunktionen zu, deren Monopol ehemals die Arbeit hatte. Die Statistiken zeigen es: Die Arbeitszeiten sind kürzer geworden, die Lernzeiten länger. Die Anwesenheit von Schülern und Schülerinnen in den schulischen Bildungsanstalten haben im 20. Jahrhundert (so Zahlen aus der Schweiz) um 24 Prozent zugenommen und die von Erwachsenen in Lernprozessen um dreistellige Prozentsätze. In unserer Gesellschaft steigt der Anteil der Lebenszeit, der fürs Lernen aufgebracht wird, massiv gegenüber jenem, der fürs Arbeiten genutzt wird. Wir schlittern von einer Arbeits- in eine Weiterbildungsgesellschaft. Deren dominante und attraktive Kommunikationsmedien heißen „Lernen" und „Beraten-werden".

Nur wer ordentlich lernt, also häufig Aus- und Weiterbildungsveranstaltungen besucht, sich selbst etwas beibringt oder sich beraten lässt, kann damit rechnen, gesellschaftlich als ein „guter" und ein „ordentlicher" Bürger anerkannt zu werden. Denn, so der analytische Blick des Kabarettisten Gerhard Polt, „heutzutage gilt nicht mehr, was einer kann, sondern was er gelernt hat." Das Arbeitsamt hat bereits die Konsequenz gezogen,

Alle lernen alles – die Kolonisierung der Lebenswelt durchs Lernen

es ist zum „Lernamt" geworden, denn die Vermittlung der Arbeit Suchenden in Bildungsmaßnahmen ist inzwischen zu dessen Haupttätigkeit geworden. Lernen wird zur Arbeit, Arbeit zum Lernen und das lebenslange Lernen zum Beruf bzw. zu dessen Ersatz.

Das Bundesministerium für Bildung und Forschung liefert diesbezüglich einige Indizien. Dort plädiert man – ich zitiere – für die „Erschließung von Warteräumen, Zugabteilen und Sonderzügen als Lernorte sowie, den Ausbau von Lerngelegenheiten bei realen und virtuellen Studienreisen, zusätzlich noch den flexiblen Einsatz von Lernbussen und Technologiebussen, die Einrichtung von Bildungsparks, Wissenschaftsparks und das Anlegen von Bildungsrouten für Wochenendtouren". Dies alles soll zu einer – ich zitiere wieder – „bürgerlich-solidarischen Lernbewegung" führen *(Dohmen 1999)* Und auch die EU-Programmatik schlägt in die gleiche Kerbe. Lernzentren sollen geschaffen werden, und zwar dort, wo die Menschen täglich zusammenkommen, z.B. in Kirchen, Parks, Bahnhöfen, Werkskantinen, Freizeitzentren. Schlafzimmer werden (glücklicherweise) nicht erwähnt. Wie lange lässt man uns noch ruhig schlafen? Eine Frage, die auch nach den folgenden systematischen Ausführungen unbeantwortet bleibt.

2 Aus aktuellem Anlass

Wenns ums Lernen geht, kann man dieser Tage viel lernen. Besonders viel lernen lässt sich nach dem 11. September 2001. Bis zu diesem Zeitpunkt haben wir das Lernen als jenes Mittel propagiert, das uns zu neuen Freiheiten, zu erhofften Wachstumsraten unserer Volkswirtschaft und zur Lösung unserer lästigen Alltagsprobleme verhilft. Das Lernen war bisher für uns die Schnellstraße zu einem quasi-paradiesischen Zustand, den wir neuerdings gerne mit dem Etikett der „Wissensgesellschaft" ausstatten. Dieses Denkgebäude ist in New York, zusammen mit zwei anderen Wolkenkratzern, eingestürzt. Jetzt müssen auch die lernen, die uns zum Lernen angetrieben haben. Jetzt weiß man, dass Lernen uns nicht notwendigerweise weiterbringt. Jetzt haben wir erfahren, dass das Lernen nicht nur Probleme löst, sondern diese auch schafft. Wer viel lernt, kann mit dem Gelernten auch vieles zerstören. Das ist eine der Lektionen, die es aus den furchtbaren Ereignissen in den USA zu begreifen gilt. Sie heißt: Lernen, lernen und nochmals lernen – unabhängig von zu lernenden Inhalten und Werten, speziell im Hinblick auf die Anwendung des Gelernten, ist hochriskant. Konkret: Jene, die lernen ein Flugzeug zu steuern, können nicht mehr länger mit einer Unschuldsvermutung rechnen. Lernen ist gefährlich. Das hatten wir vergessen. Auf brutale Art und Weise sind wir daran erinnert worden.

3 Ohne Bildung keine Chance

Am 9. August 2001 brachte die Deutsche Post AG eine Sonderbriefmarke zum lebenslangen Lernen heraus. Das ist konsequent und liegt im Trend. Auch Briefmarken sind dazu da, etwas zu lernen, und sei es den erwünschten Sachverhalt, dass wir lebenslang lernen sollen. Aber eine **Briefmarke** als Lernereignis, das ist schon auch etwas Besonderes. Eine Briefmarke hat – wie viele Dinge, Ereignisse und Erfahrungen im Leben – zwei Seiten. Sie hat eine informative und eine klebrige Seite. So eindeutig, so beabsichtigt wie bei der Briefmarke aber ist die klebrige Seite selten im Leben. Was die Post da macht, ist sehr sehr ehrlich. Die bunte Seite nennen wir üblicherweise „vorne", die klebrige „hinten". Da für den Halt, die Festigkeit zumindest der Briefmarke, die hintere Seite verantwortlich ist, interessiert mich diese ganz besonders. Also – Sie können sich schon denken, wo das hinführt – ich werde Ihnen einen Spaziergang über den etwas klebrigen Hinterhof des lebenslangen Lernens anbieten. Die bunte Schauseite bekommen Sie überall in dieser Gesellschaft offeriert – auch bei der Post, für 0,55 Euro.

„Die vielen Hochschulprogramme und Angebote der Erwachsenenbildung, die ich ewig in meinem Briefkasten finde, beweisen mir, dass ich in einer Spezialadressenkartei für Schulversager stehen muss." Es lohnt sich, über diesen zitierten Satz hinaus in *Woody Allens* kleiner Satire über die amerikanische Erwachsenenbildungsszene weiterzulesen. Denn die dort treffend karikierte Situation trifft auch für unseren Bildungsmarkt mit jenem Grad an Realitätsgehalt zu, der der Satire ihre Überzeugungskraft verleiht.

Bildung, speziell die so genannte Weiterbildung, wird bei uns immer wichtiger, sie nimmt immer mehr Raum ein – in den Briefkästen, aber auch in den Lebens- und Erwerbsbiografien. Bildung wird im überall lauthals geforderten lebenslangen Lernen zum zentralen Fortschrittsprogramm. Und wenn sie – wie dies in einer Wettbewerbsgesellschaft nur allzu konsequent ist – dem „freien Spiel des Marktes" überlassen wird, dann wird sie immer mehr auch zum gefragten Konsumgut. Entsprechend wird sie an- und feilgeboten. So gehört es inzwischen auch in Mitteleuropa zur Alltagserfahrung, in den täglichen Postsendungen neben Drucksachen, die die Zukunftsvorsorge durch allerlei Versicherungsangebote versprechen,

Alle lernen alles – die Kolonisierung der Lebenswelt durchs Lernen

immer häufiger Hinweise zu finden, die für den gleichen Zweck „Bildungsmaßnahmen" offerieren. Ganz im Gegensatz zur Entwicklung in der Natur um uns herum, nimmt der Artenreichtum bei diesen „Druck"-Sachen sichtbar zu. Desgleichen findet man im Werbe- und Annoncenteil der Tages- und Wochenzeitungen zunehmend „Bildung" im Angebot. Die Programme der Bildungsanbieter werden umfangreicher und auch in den Unternehmen geht nichts mehr ohne Weiterbildung, keine Anpassung an neue Techniken, kein Karriereschritt und auch keine Organisationsveränderung. Die Arbeitsgesellschaft wird zur allzeit lernenden Gesellschaft – so die allerorten wirksame Einbildung.

Inzwischen lernen alle, nicht nur Individuen. Es lernen Organisationen, Verwaltungen, ja, man glaubt es kaum, es lernen Schulen und auch Universitäten spekulieren neuerdings damit. Bald werden wir – das ist erwartbar – den lernenden Verkehr, zumindest den auf der Straße, erwarten dürfen. Dass die Zukunft nur durch Lernen, und zwar durch permanentes Lernen, überhaupt eine Chance hat, das behaupten inzwischen alle Kreissparkassendirektoren und auch alle Bildungspolitiker.

Die Anforderungen zum unentwegten Lernen bedrängen uns; und wir „Kunden" mit unserer anerzogenen Neigung zum Statusgewinn lassen uns auch gerne drängen. „Ohne Lernen", so die Drohung, „keine Chance." Das wissen inzwischen alle. Es müssen ja auch alle wissen. „Wer aufhört zu Lernen, hört auf zu Leben" – behauptet nämlich die Münchner Volkshochschule und plakatiert dies großformatig in der ganzen Stadt, um noch mehr TeilnehmerInnen von sich zu überzeugen. Lernen erscheint als das universelle Entwicklungs- und Veränderungsmodell. Die ökonomischen und die gesellschaftlichen Einredungen scharen sich derzeit auffällig häufig um Bildungs- und Lernbegriffe. Die Politiker, die Manager in den Betrieben und Spitzenverbänden und auch die Wissenschaftler, sie beschwören die „Ressource Geist". „Wissen", so ihre Behauptung, „sei der wichtigste Rohstoff der Zukunft." Dabei führt uns der Weg in eine „Wissensgesellschaft" und Lernen soll der vielfach nutzbringende Schlüssel für diese sein! Wir sind unterwegs auf dem „Qualification-Highway" und transportieren dort den „Rohstoff Geist" im immer dichter werdenden „Berufsverkehr" von einem Stau in den nächsten. Immer währendes Lernen – das ist angesagt. Ein Entkommen davon scheint es nicht zu geben. Nur mehr der Tod befreit uns davon. Doch meist nur, wenn man vorher eines dieser Seminare (erfolgreich?) besucht hat, in denen man das Sterben lernen kann. Lernen, also nicht nur lebenslang, sondern auch lebenslänglich.

„Bildung total" ist das politische Programm, das von einer Bildungspolitik konterkariert wird, die nicht viel mehr zu bieten hat als eben diese vollmundige Rhetorik. Warum aber dieser sprachliche Aufwand? Warum diese unübersehbare Fülle von Appellen? Warum die Drohung, dass ohne lebenslange Bildungsbemühungen „nichts mehr läuft", weder die Wirtschaft noch die Wohlstandsmehrung und erst recht nicht die ersehnte, aber immer unwahrscheinlichere Karriere? Die Antwort ist einfach. Unser Zukunft, so die Botschaft, die gerne mit dem Gespenst einer zunehmend beschleunigten Verfallszeit des Wissens operiert, liegt in unserer Hand (oder besser: in unseren Köpfen). Es soll, um des ökonomischen Wachstums willen, mehr aus uns Menschen gemacht werden, und zwar durch stetige Selbstverbesserung. Nur dann gehts weiter, wenn es mit uns selbst weitergeht. Nicht die Politik, wir selbst stehen unter Zugzwang. Eine seltsame Arbeitsteilung. Für das ständig schlechte Gewissen, zu wenig gelernt zu haben, und für die Angst, morgen von gestern sein zu können, dafür sorgen unsere Politiker; alles andere haben wir selbst zu erledigen. Ist das die Bildung, die wir uns von ihr erwarten? Ist das die Freiheit, die wir durch und mit Bildung zu vermehren hoffen? Bezweifelt werden darf und muss dies, wenn man sich die neu geschaffenen Lernlandschaften anschaut.

Sie sind, wie unsere übrige Landschaft auch, vom Dauerinnovationsdruck gezeichnet. Die Lernwege in diesen Lernlandschaften wurden zu Hochgeschwindigkeitsstrecken ausgebaut.

Unsere Weiterbildung gleicht mehr und mehr den Fast-Food-Errungenschaften unserer „Esskultur". Gezwungen und zwanghaft verschlingen wir die Lehr- und Lernstoffe. IBM etwa proklamierte jüngst die „Just-in-Time-Weiterbildung". Das ist jene Bildung, die nur noch für den aktuellen Moment ihres Einsatzes mit hohem Verderblichkeitsrisiko bestimmt ist. So wird das Lernen ein zentraler Teil unserer Beschleunigungsgesellschaft, in der die Individuen ruhelos ihrer eigenen, immer schneller verfallenden Brauchbarkeit hinterher rennen (müssen).Eine „Rund-um-die-Uhr-Produktion" produziert ein „Rund-um-die-Uhr-Lernen" und das ist nicht etwa die große Freiheit, sondern die lebensumfassende Globalisierung der Lernzumutung. Wer aufmerksam beobachtet und mit kritischem Geist die Lernaufforderungen analysiert, merkt, dass Lernen nicht mehr, wie ehemals, eine Wahlmöglichkeit von vielen ist, sondern zu einer Notwendigkeit wurde, die nicht selten von einer Nötigung nicht mehr zu unterscheiden ist.

Alle lernen alles – die Kolonisierung der Lebenswelt durchs Lernen

Im Konzept des lebenslangen Lernens, wie es uns heute angepriesen wird, ist der Anspruch auf Reife und Sicherheit, aufs Erwachsensein, aufgegeben. Man wird nie mehr erwachsen, muss sich aber ein Leben lang darum bemühen – und jede Bildungsveranstaltung dementiert, dass man es vielleicht bereits sein könnte. Wir werden nicht mehr fertig (eher schon fertig gemacht), wir werden permanent als defizitär definiert; und das heißt, wir können uns immer seltener als souverän erleben und verstehen. Das staatssubventionierte Programm des lebenslangen Lernens ist, so gesehen, die Verurteilung zu lebenslanger Dummheit, sowie der endlose, weil aussichtslose Kampf dagegen. Um den Preis einer durchs System aufgezwungenen Infantilität werden wir von unserer Unwissenheit befreit und damit lebenslang dem Wettbewerbsprinzip als Scheinselbstständige ausgeliefert. Wenn wir immerzu lernen müssen, wird das gesamte Leben zur Schule. Dann sind wir – mit einem Ausdruck von *Habermas* – „Dauer-Adoleszenten". So gesehen produziert das lebenslange Lernen eine infantil-orale Lebensauffassung. Lernsituationen haben nämlich ein strukturelles Herrschaftsgefälle. Es besteht eine Hierarchie zwischen Lehrenden und Lernenden und zwischen dem „Gelernthaben" und dem „Immer-weiter-lernen-Müssen": Einen festen Platz finden wir nicht mehr. Als Lern-Nomaden, im schlechteren Fall als ewig wandernde Baustellen, müssen wir unser Leben fristen. Das ganze Leben wird zur Vorbereitung auf das Leben.

Bildungspolitisch wurde in den letzten Jahren ein grundlegender Perspektivenwechsel vollzogen. Hieß das Bildungsprogramm früher: „durch Abhängigkeit zur Selbstständigkeit", so verlagert das Konzept des „lebenslangen Lernens" die erhoffte Selbstständigkeit in die Zeit nach dem Ende des lebenslangen Lernens. Indem man alles tut, um über Bildung autonomer zu werden, gerät man immer mehr in deren Abhängigkeit. Dies ist die neue Paradoxie der alten Dialektik der Aufklärung. Wobei dieses nicht zuletzt deshalb so gut funktioniert, weil ein lebenslanges Lernen unserer Neigung entgegenkommt, das Altern und den Tod zu verdrängen. In der inzwischen ziemlich aufgedunsenen Life-Style-Vokabel vom „lebenslangen Lernen" hat sich der Geist der Aufklärung, und d.h. die Idee, sich aus der selbstverschuldeten Unmündigkeit via Lernen befreien zu können, aufgelöst. In der täglichen Nötigung, den Bildungszug ja nicht zu verpassen, hat sich die immer schon etwas überzogene Erwartung an eine gelinde Selbstverwirklichung verflüchtigt. Die tägliche Dosis Weiterbildung klärt nicht mehr über die Realität und die Realitäten auf. Vielmehr produziert sie selbst eine Realität, die vom Schein der Aufklärung lebt.

Die Glücksversprechen – auch die der Aufklärung – werden in einer Marktgesellschaft ja gerade nicht erfüllt, da in ihr an den Illusionen der Konsumenten und nicht an der Einlösung dieser Illusionen verdient wird. Solche Illusionen sind letztlich notwendig. Sie sind nicht zu vermeiden. „Denn erst der Schein macht das Leben berechenbar" (*Bolz*). Nur durch und mit Illusionen lebt das Leben. Wirkliche Aufklärung würde allzuviel zerstören. Die Gesellschaft und deren Wirtschaftssystem wären in Gefahr.

Im Folgenden die vier wichtigsten Illusionen, ohne die das Weiterbildungssystem nicht so funktionieren würde, wie es funktioniert. Sie machen die Weiterbildung neben dem Fernsehen zur größten Illusionsveranstaltung in unserer Republik. Damit wir uns recht verstehen – beide sind produktive Illusionen. Sie sind notwendig, wenn wir auf dem Weg der Wohlstandsmehrung weitergehen wollen.

1) Die Illusion, dass man durch Lernen klug wird. Diese Illusion verkleidet sich vielfältig und bunt. Beispielsweise in der Illusion, durch Bildungsmaßnahmen so viel Stabilität und Orientierung zu finden, dass man nicht gleich danach wieder Stabilität und Orientierung finden müsste. Ein Beispiel: Seit 500 Jahren wissen wir, dass sich die Erde um die Sonne dreht, und doch geht weiterhin jeden Tag die Sonne, nicht die Erde, für uns auf und unter. Anscheinend brauchen wir diese Dummheit, um uns in unserer Alltagswelt zu orientieren. Und siehe da – alle machen mit – obgleich sie es besser wissen.

2) Die Illusion, dass man durch den Besuch von Bildungsveranstaltungen unabhängiger würde. Das lebenslange Lernen, das den Menschen lebenslang als lernbedürftig definiert, zeigt, dass das Gegenteil der Fall ist. Man ist und bleibt ewig Schüler/Schülerin.

3) Die Illusion, dass man durch Weiterbildung sozial aufsteigen könne. In dem Moment, wo Bildung Massenphänomen wird, erfüllt sich diese Hoffnung weniger denn je. Es gibt nämlich hierdurch mehr Anwärter für eine nicht größer gewordene Zahl attraktiver Plätze in dieser Gesellschaft.

4) Die Illusion, dass man durch mehr Bildung Arbeit bekommt. Eine Illusion, die der Staat im eigenen Interesse – zwecks Individualisierung von Problemlagen – massiv fördert. Die Realität zeigt, dass dies, wie nie zuvor, eine uneingelöste Hoffnung ist.

Nun ist es ein Leichtes im Einzelfall nachzuweisen, dass dies keine Illusionen, sondern Realitäten sind. Aber eben nur im Einzelfall und genau diese

Einzelfälle braucht es, um die Illusion generell wirksam werden zu lassen. Die allergrößte und höchstwirksame Illusion aber ist es zu erwarten, dass Bildung frei macht. Dazu einige Anmerkungen:

4 Macht Bildung frei?

Es gibt keine Zweifel mehr, wir lernen heute mehr als je zuvor, wir sind flexibler geworden, und dies insbesondere auch bei unseren vielfältigen Lernaktivitäten. Immer weniger fühlen wir uns durch autoritäre Vorgaben, durch Traditionen und rigide Normen eingeschränkt. Es wachsen das Gefühl und die Meinung, unsere Freiheit habe zugenommen – speziell durchs Lernen und die Vielzahl der Möglichkeiten dazu.

Wie realistisch ist die Freiheit und deren vermeintliche Zunahme? Ein kurzer Blick auf die Dialektik des Fortschritts ist für eine Antwort auf diese Frage unverzichtbar.

Die Ablösung unseres Alltagslebens von den Vorgaben natürlicher und überirdischer (göttlicher) Mächte, die wir als „Freiheit", als Befreiung von einschränkenden Bedingungen erleben, bindet uns heute an jene technischen Mittel und Medien, mit deren Hilfe wir uns von Gott und der Natur lösten. Dieser Prozess macht uns notwendigerweise zu lernenden Menschen, und zwar zu solchen, die zum Lernen verdammt sind. Denn die Ablösung von Gott und der Natur nötigt uns, die Maße der Orientierung in dieser Welt selbst zu entwickeln. Dies aber geht nur durch Lernen. Weil nämlich die Maße der Veränderung selbst der Dynamik der Veränderung ausgesetzt sind (während die Maße der Natur weitgehend statisch sind). Wir sind gezwungen, unser Leben immer wieder neu zu normalisieren, weil wir die Normalität des Vorgegebenen nicht (mehr) anerkennen. Lernen ist Sinn- und Ordnungsproduktion in einer zunehmend sinnlosen und unordentlichen Welt.

In jenem Ausmaß, wie wir uns von der Disziplinierung durch äußere Bedingungen (Natur, Kosmos, göttliche und soziale Instanzen) befreien, müssen wir lernen, uns selbst zu disziplinieren.

Weder das soziale Milieu noch die staatlichen Institutionen entlasten uns, wie früher, von Entscheidungen. Bei ihnen finden wir heute keine Stütze mehr. Die Freiheiten, von diesen staatlichen Institutionen weitgehend unabhängig zu sein, haben wir mit dem Zwang getauscht, permanent entscheiden zu müssen und diese Entscheidungen auch selbst verantworten zu müssen. *Norbert Elias* hat das zum Thema zu seiner Zivilisationsgeschichte gemacht. Eine Reise auf der Landstraße, so sein Hinweis, ist heute nicht weniger gefährlich als vor 500 Jahren. Ehemals musste man sich vor Räubern, Tieren und besonders vor dem Unbill des Wetters hüten. Für den heutigen Autofahrer ist so etwas belanglos, da dies alles keine Gefahr mehr darstellt. Dafür aber ist dieser gezwungen, sich immer wieder selbst zu bezwingen und zu kontrollieren, indem er sich z.B. durch Sicherheitsgurte in seiner Bewegungsfähigkeit massiv einschränkt, indem er sich und das Automobil permanent kontrolliert, alle Unaufmerksamkeit und Ablenkung bekämpft und seine Wahrnehmung der wechselnden Geschwindigkeit anpasst. Die Gefahr, die früher von außen kam, geht jetzt vom Menschen selbst aus. Von „menschlichem Versagen" spricht die Polizei, wenn ein Autofahrer gegen drei Uhr nachts wegen Übermüdung einen folgenschweren Unfall baut. Das Auto ist nur ein Beispiel von vielen möglichen für unsere so beliebten Zwangsapparaturen mit ihrem freiheitlichem Outfit.

Insbesondere von dieser hier nur beispielhaft dargestellten Notwendigkeit der Selbstkontrolle leben die vielen Bildungs- und Beratungsinstitutionen. Und sie leben, wie man sieht, sehr gut damit. Neuerdings besonders jene, die uns schnelle multimediale Lernwelten offerieren. Das Tele-Learning befreit uns von den häufig unbequemen Schulbänken und auch zum Teil von fremdbestimmten Zeitvorgaben. Die Zwänge des richtigen Sitzens, besonders aber jene des Lernens zum richtigen Zeitpunkt, die müssen wir uns jetzt selbst antun. Von Belastungen werden wir nicht befreit. Im Gegenteil, sie werden eher größer, weil wir ja auch weiterhin lernen müssen und dieses Lernen zusätzlich auch noch zu organisieren haben. Nicht mehr Trainern und Trainerinnen, Dozenten und Dozentinnen gilt es mehr oder weniger brav zu folgen, wir haben uns selbst zu gehorchen. Nicht mehr von anderen (z.B. Lehrenden) müssen wir bewacht und kontrolliert werden, wir tun dies inzwischen selbst viel besser. Manchmal reicht ja schon ein funktionierender Wecker dazu. Heute zwingen wir uns zu vielerlei freiwilligen Handlungen. Das haben wir gut gelernt, und gelernt haben wir auch, dieses als eine Botschaft der Befreiung zu verstehen.

Foucault hat diesen Prozess auf die einprägsame Formel gebracht: „Natürlich konnte man die Individuen nicht befreien, ohne sie zu dressieren" und er konnte sich dabei, wenn er gewollt hätte, auf Rousseau berufen. Der nämlich hat gemeint: „Es gibt keine vollkommenere Unterwerfung als die, der man den Schein der Freiheit zugesteht." Zumindest haben wir gelernt, so manchen Zwang als Freiheit zu sehen. Nie war die Dressur,

Alle lernen alles – die Kolonisierung der Lebenswelt durchs Lernen

speziell jene, die wir uns selbst antun, so umfassend wie heute und nie hat sie uns so gut wie heute gefallen. Auch das ein Zeichen ihres Erfolges. Warum? Weil wir eine entscheidende Differenz übersehen: Wir machen keinen Unterschied zwischen dem Wachsen der Freiheit und dem Größerwerden der Freiheiten. Niemals zuvor in der Geschichte gab es so viele Möglichkeiten zum Lernen. Niemals zuvor waren die Wahlmöglichkeiten, sich zwischen unterschiedlichen Bildungsveranstaltungen entscheiden zu können, so groß wie heute. Die Freiheiten haben sich zweifelsohne vergrößert. Aber was ist mit der Freiheit geschehen? Noch nie war der Druck, der Zwang auf Erwachsene in unserer Gesellschaft so groß, Lernveranstaltungen aufsuchen zu müssen, wie gegenwärtig. Zum Lernen gibt es keine Alternative mehr, beim Lernen dafür mehr als je zuvor. Kein Ort mehr in dieser Welt, der nicht als Lernort definiert werden könnte. Dank neuer Lerntechnologien muss/darf jetzt auch im Garten, am Strand, beim Auto- und beim Zugfahren gelernt werden. Hitzefrei, die schönsten Tage des Schullebens, gibt es in der Weiterbildung nicht. Dafür umso mehr Ermahnungen von Seiten der Vorgesetzten und der Politiker, doch „endlich seine Hausaufgaben zu machen". Und wer nicht lernen will, der muss an den Folgen seines Nichtlernens lernen, so wie jene, die in unserer Mobilitätsgesellschaft nicht fahren wollen, weggefahren werden.

Zum Lernen gibt es wie auch zum permanenten Unterwegssein keine Alternative, letztlich weil beides auf stete Mobilität zielt. Eine Episode, die der frühere Stuttgarter Oberbürgermeister Manfred Rommel weitererzählt hat, ist dafür bezeichnend: Auf Gleis 2 des Stuttgarter Hauptbahnhofs hatte der Fahrdienstleiter gerade den Zug nach Karlsruhe zur Abfahrt freigegeben, als plötzlich drei Männer mit Koffern herbeieilten. Der Bedienstete wirft die Koffer in den anfahrenden Zug, packt zwei Männer, schiebt sie in einen Waggon und sagt zum dritten: „Schade, bei Ihnen hat es mir nicht mehr gereicht." Daraufhin der Dritte: „Eigentlich wollte bloß ich verreisen, die anderen haben mich nur zum Bahnhof gebracht."

So etwas kann einem auch beim Lernen passieren. Plötzlich sitzt man in einer Lernveranstaltung und wollte sich doch nur erkundigen, wie ein Computer funktioniert. Inzwischen gleicht die Weiterbildungsszene einem Käfig, der sich auf die Suche nach einem Vogel macht. Seitdem die Menschen so viele Uhren haben, haben sie keine Zeit mehr, und seitdem sie so viele Lernmöglichkeiten haben, dürfen sie nicht mehr dumm bleiben.

5 Des Kaisers neue Kleider

Mehr Freiheiten sind durch die Expansion der Weiterbildung und durch das Anwachsen der Lernangebote ohne Zweifel entstanden, mehr Freiheit und mehr Gerechtigkeit jedoch nicht. Das erfahren wir ja auch sonst in diesem sich zunehmend schneller modernisierenden Leben. Als Hotelgast beispielsweise erlebt man ganz Ähnliches am morgendlichen Frühstücksbüfett: Dort sind die Wahlmöglichkeiten gewachsen, das Frühstück wurde aber dadurch nicht unbedingt besser. Die Freiheit zwischen fünf Teebeuteln entscheiden zu dürfen ist durch den Nachteil erkauft, den Tee nicht mehr serviert zu bekommen und zusätzlich noch eine Auswahl an Teebeutelofferten treffen zu müssen. Zwar trägt der Kaiser neue Kleider, neuerdings besonders gerne die der schillernden Pluralität und die der farbenfreudigen Flexibilität, aber – das sollte man nicht vergessen – auch in neuen Kleidern bleibt er immer noch der Kaiser.

Durch die gravierende Ausweitung der Bildungsbeteiligung der Erwachsenen haben sich die gesellschaftlichen Strukturen nicht grundsätzlich geändert. So hat sich die Verteilung des Produktivvermögens kaum verändert. Nicht das Einkommen wird durch Bildungsbeteiligung neu verteilt, sondern nur die Möglichkeiten, über Bildungsmaßnahmen zu mehr Einkommen zu gelangen. Dies hat unter anderem den Effekt, dass die gesellschaftlichen Problemlagen den Individuen aufgebürdet werden. Lernangebote sind dafür das erfolgreichste und problemloseste Mittel. Die Ungleichheiten, die Ungerechtigkeiten werden ertragen, weil die Verheißung durch den Besuch von Bildungsveranstaltungen mitgeliefert wird, dass sich diese durch Lernen verringern würden. Immer mehr Menschen glauben an die Lebenslagen verändernde Kraft der Weiterbildung. Immer mehr Menschen knüpfen damit an die relativ unrealistischen Verwertungsperspektiven von Bildung an, speziell an jene, dass über Wissen und Können, Freiheit und Macht zu erlangen sei. Mobilität und Flexibilität, die Imperative der Erfolgreichen, werden schließlich so zur lebensgestaltenden Perspektive (und nur zur Perspektive) der Nicht-Erfolgreichen und das sichert den Erfolgreichen weiter den Erfolg.

Anders ausgedrückt, die Möglichkeiten, immerzu lernen zu können, sollen die Ungerechtigkeiten in der Gesellschaft und die in der Arbeitswelt verdecken und damit entschärfen. Es wird so getan, als wären die Ungerechtigkeiten der Arbeitswelt Lerndefizite, die dem Einzelnen anzulasten sind. Das wohlbekannte und politisch auch immer wieder erfolgreiche Muster, die Opfer gesellschaftlicher Problemlagen zu Tätern ihrer Problemsituation zu machen, lässt sich über Appelle zu Lernanstrengungen besonders erfolgreich durchsetzen. So werden gesellschaftliche Verlierer zu individuellen Lernversagern und zur Lernunwilligen gestempelt. Nicht mehr länger ist es die Faulheit, die Unwilligkeit zur Arbeit, die denjenigen als moralisches Defizit angelastet wird, die an den Rand der Gesellschaft gedrückt werden. Es ist heutzutage die vermutete Weigerung bzw. die zugeschriebene Unfähigkeit, das zu lernen, was den Erfolg garantiert. Nicht mehr durchs Beten und seit einigen Jahren auch nicht mehr durchs Arbeiten lässt sich das Heil auf Erden finden, nur wer lernt, kann auf Erlösung hoffen.

Und beim Hoffen bleibts dann auch.

Italo Svevo hatte das bereits geahnt. Vor 100 Jahren hat er uns diese Illusion, dass wir durchs Lernen zu mehr Wohlstand kommen, mit einer kleinen Erzählung zerstört.

„Der Liebe Gott war eines Tages guter Laune und sagte: ‚Ich will die so genannten Entrechteten befreien. Von Stund an sollen jene, die nichts besitzen, Verstand haben, die Besitzenden dagegen einen gänzlich leeren Kopf. Dann wird der Besitz wenigstens zum Teil ohne Zweifel bald in andere Hände übergehen.' Nach einer Generation erlebte der alte Herr eine große Überraschung. Diejenigen, denen er den Verstand geschenkt hatte, waren ärmer als je zuvor, und die, denen er ihn genommen hatte, waren immer noch reicher geworden."

Svevo konnte damals nicht erahnen, dass sich hundert Jahre später die Weiterbildner in all ihren unterschiedlichen Ausprägungen, ob als Trainer, als Dozenten, als Kursleiter, als Teamer – oder wie sie alle heißen und noch heißen werden – angetreten sind, Gott bei dieser Arbeit zu unterstützen.

Es sieht so aus, dass auch Sie nicht erfolgreicher als Gott sein werden. Etwas bescheidener also. Lernen? Ja, was sonst. Aber bitte ohne die überzogene Heilserwartungen, die heutzutage daran geknüpft werden. Dass ich heute lernen muss, was Seperatorenfleisch, was ein Ozonloch oder ein Kollateralschaden ist, das ist doch nicht Zeichen meiner Macht, sondern meiner Ohnmacht. *Eugenio Montale* hat in seiner Nobelpreis-Rede darauf hingewiesen: „Welch ein Abgrund an Ignoranz und gemeinem Egoismus verbirgt sich in dem, der behauptet, der Mensch sei sein eigener Gott und seine Zukunft könne nur herrlich sein." Relativ häufig hat man heute den Eindruck, wir würden zu dieser Ignoranz aufgefordert, so z.B. wenn das „Forum Bildung" proklamiert: „Wissen schafft Zukunft."

Es tut mir Leid, Ihnen keine allzu hoffnungsfrohe Botschaft überbringen zu können. Das wäre auch sehr widersprüchlich, da ich Ihnen ja zu zeigen versuchte, dass mit Lernen, Bildung und Wissen die Menschen eher an das Seil der Hoffnung angebunden, als von diesem befreit werden. Und das nicht erst seit heute. Seit heute aber geschieht dies lebenslang – oder besser: lebenslänglich. An solcher sanfter Vormundschaft haben wir mehrheitlich Gefallen gefunden. Trotzdem dürfte es meines Erachtens etwas mehr sein. Träumen wir wenigstens von einem Zustand, in dem die Subjekte es ablehnen, sich den machtstabilisierenden Verführungen des Lernens zu unterwerfen. Träumen wir von einer Lernkultur, in der die Lernenden nicht mehr zu der sie mit endloser Hetze belastenden Aufgabe verurteilt werden, ihrem immer rascher verfallenden Marktwert hinterherzulaufen. Trost findet man bei *Ludwig Börne*. Er stimmt uns hoffnungsfroh, da er feststellte: „Es ist ein großes Glück, dass die Pädagogen die Kraft und den Mut nicht haben, ihre Grundsätze völlig in Ausübung zu bringen; sonst würden sie das Menschengeschlecht gar bald zugrunde richten."

Zu lernen wäre also zuallererst, vom Lernen als Problemlöser Nummer eins wieder loszukommen, und zu lernen wäre, dass Lernen nicht der Königsweg zur Freiheit ist, aber möglicherweise ein Weg, um den Königsweg zu finden. Manchmal sollte man sich auf eigene Gefahr auf die eigene Erfahrung einlassen. Dann, so *Michel Serres*, ein französischer Philosoph, „winkt Ihnen ein Vergnügen, das nur die Abwesenheit des Pädagogen zu bieten vermag". Dieses Vergnügen werden wir immer seltener haben, wenn wir so viel lernen.

Wo ist die Zukunft zu finden die wir uns wünschen, erhoffen und erwarten? Meines Erachtens nicht in den Lehrsälen, nicht bei Vorträgen, nicht in Lehrbüchern und auch nicht bei elektronischen Lernmedien und beim informellen Lernen, sondern in der Wirklichkeit des gelebten Alltags. Dorthin lassen Sie uns jetzt zurückkehren.

Und damit das gelingt, mache ich jetzt Schluss!

Alle lernen alles – die Kolonisierung der Lebenswelt durchs Lernen

(Beschriftete Serviette, die der Autor auf einem Lufthansaflug erhielt)

Literatur zum Weiterlesen

Dohmen, G.: Weiterbildungsinstitutionen, Medien, Lernumwelten. Bonn 1999 (BMBF).

Geißler Kh. A./Orthey F. M.: Der große Zwang zur kleinen Freiheit. Berufliche Bildung im Modernisierungsprozeß. Stuttgart 1998.

Geißler Kh. A.: Wart mal schnell – Minima Temporalia. Stuttgart/Leipzig 2001.

Empirische Befunde

Informelles Lernen – der Königsweg zum lebenslangen Lernen?

von Christiane Schiersmann und Hans Christoph Strauß

Während sich das Selbstverständnis der Weiterbildung in den letzten zwanzig Jahren weitgehend auf die formalisierte und institutionalisierte Weiterbildung konzentrierte, wird angesichts der gestiegenen Bedeutung von lebenslangem Lernen informellen Lernprozessen eine größere Bedeutung zugemessen. Gleichzeitig ist der Wechsel vom Bildungs- zum Lernbegriff zu beobachten. Begründet wird dies u.a. mit einer zunehmenden Dynamisierung der Arbeitsorganisation und der Auflösung tradierter Arbeitsstrukturen. Bildung und Weiterbildung wird für alle Beteiligten immer weniger planbar und braucht eine Kontinuisierung von Lernprozessen. Während die aktuelle wissenschaftliche und bildungspolitische Diskussion diese Veränderungen mit guten Argumenten skizziert, sind die empirischen Belege bislang eher dünn. Unklar ist insbesondere, wie die Individuen diese Veränderungen wahrnehmen und wie sie diese im Hinblick auf ihre Weiterbildungsaspiration und ihr Weiterbildungsverhalten bewerten bzw. darauf reagieren. Diesen Fragen sind wir in einer bundesweit durchgeführten repräsentativen Befragung der deutsch sprechenden Bevölkerung im Alter von 19 bis 64 Jahren nachgegangen, aus der hier ausschnitthaft Ergebnisse verwendet werden.

1 Problemaufriss 146
2 Lernerfahrungen in unterschiedlich institutionalisierten Lernkontexten 149
3 Selbststeuerung von Lernprozessen 155
4 Kontinuisierung von Lernprozessen 157
    4.1 Zukünftiger Weiterbildungsbedarf 157
    4.2 Weiterbildungsbarrieren 158
    4.3 Persönliche Assoziation zum Begriff Weiterbildung 160
5 Lernertypen 161
6 Fazit 165
Literatur 166

Empirische Befunde

1 Problemaufriss

Seit den 1990er-Jahren vollzieht sich ein tief greifender gesellschaftlicher Strukturwandel, der häufig mit dem Etikett des Übergangs in eine Lern- bzw. Wissensgesellschaft beschrieben wird. Die verstärkte Durchdringung aller gesellschaftlichen Bereiche mit neuen Technologien, die Globalisierung der Wirtschaftsaktivitäten, die Veränderung von Arbeits- und Betriebsorganisation sowie die Ausdifferenzierung von Erwerbsbiografien und privaten Lebensläufen spielen dabei eine sich wechselseitig beeinflussende zentrale Rolle und wirken sich auf alle Lebensbereiche aus. Hinzu kommt eine zunehmende Beschleunigung von Veränderungsprozessen. Diese Entwicklungen fordern Individuen und Institutionen gleichermaßen zu einer permanenten aktiven Auseinandersetzung mit dem gesellschaftlichen Wandel heraus. In diesem gesellschaftlichen Kontext erhält Lernen bzw. Bildung eine neue Bedeutung. Diese lässt sich schlaglichtartig anhand der folgenden drei Entwicklungstendenzen charakterisieren:

▶ **Erweiterung des Lern- bzw. Bildungsbegriffs**

Während sich das Selbstverständnis der Weiterbildung in den letzten zwanzig Jahren weitgehend auf die formalisierte und institutionalisierte Weiterbildung konzentrierte, wird angesichts der gestiegenen Bedeutung von lebenslangem Lernen informellen Lernprozessen eine größere Bedeutung zugemessen. Gleichzeitig ist der Wechsel vom Bildungs- zum Lernbegriff zu beobachten. Für diesen Wandel lassen sich mehrere Begründungen anführen:

Die Formen der Arbeits- und Betriebsorganisation haben sich nachhaltig, und zwar von einer funktions- und berufsbezogenen zu einer prozessorientierten Arbeitsorganisation verändert (vgl. *Baethge/Baethge-Kinsky* 1998). Dabei spielen eine zunehmende Dynamisierung der Arbeitsorganisation, Dezentralisierung von Aufgaben und Verantwortung sowie die Stärkung von Gruppenarbeit und querfunktionaler Kooperation eine verstärkte Rolle. Auf diese Veränderungen muss auch die (berufliche) Weiterbildung reagieren, sie verändert sich in Richtung einer prozessorientierten Weiterbildung (vgl. *Baethge/Schiersmann* 1998). Dieser Trend legt eine engere Verzahnung von Weiterbildung mit den je situativen Arbeitsabläufen nahe, die Betriebe streben einen höheren Praxisbezug bzw. Transfer des Gelernten, höhere Flexibilität der Lernprozesse an. Diese Entwicklung stärkt arbeitsbegleitende und damit wenig formalisierte Lernprozesse.

Angesichts der schwierigen Konjunkturlage wird auch darauf gesetzt, dass arbeitsplatznahe Lernformen kostengünstiger sind als der Besuch von externen Kursen und Seminaren.

Die Diskussion um eine Stärkung informeller Lernprozesse wurde schließlich durch die Erfahrung in den neuen Bundesländern im Zuge des Transformationsprozesses stark unterstützt. In dieser Zeit wurden schlechte Erfahrungen mit der institutionalisierten Weiterbildung gemacht (vgl. *Staudt/Kriegesmann* 2000). Allerdings wäre noch näher zu prüfen, ob letztere tatsächlich auf die Formalisierung der Lernprozesse oder eher auf einen unreflektierten Transfer westlicher Inhalte in die neuen Bundesländer zurückzuführen ist.

▶ **Selbststeuerung von Lernprozessen**

Die in Bezug auf die Betriebs- und Arbeitsorganisation skizzierte Entwicklung führt zur Auflösung berufstypischer Aufgabenprofile und erhöht die Anforderungen an Flexibilität, Selbstständigkeit, Selbstorganisation sowie an Koordinierungs- und Kommunikationsfähigkeit erheblich (vgl. *Baethge/Baethge-Kinsky* 1998). Mit dem betrieblich-arbeitsorganisatorischen Wandel geht eine Auflösung tradierter Strukturen des Arbeitsmarktes einher (vgl. *Baethge/Baethge-Kinsky* 2002). Damit schwinden die Möglichkeiten, die individuellen Bildungs- und Berufsbiografien an herkömmlichen Berufs- und Karrieremustern zu orientieren, und damit auch die Chance, Weiterbildung verlässlich in Bezug auf diese zu planen. Die Individualisierung von Berufsbiografien führt zu der Notwendigkeit, je individuelle Kompetenzprofile zu entwickeln. Mit diesen Entwicklungstendenzen steigt zugleich die Verantwortung der Personen für die Gestaltung ihrer je spezifischen Weiterbildungsbiografie. In diesem Zusammenhang kommt der Selbststeuerung von Lernprozessen zukünftig eine zentrale Bedeutung zu.

▶ **Kontinuisierung von Lernprozessen**

Um angemessen auf diesen Wandel reagieren und ihn aktiv mitgestalten zu können und sich in der Privatsphäre, auf dem Arbeitsmarkt sowie als aktives Mitglied der Gesellschaft entfalten zu können, ist es erforderlich, die im Laufe des Lebens erworbenen Kenntnisse und Fähigkeiten immer wieder zu aktualisieren und zu erweitern bzw. neue Kompetenzen zu erwerben: Lebenslanges Lernen wird zum selbstverständlichen Bestandteil der Biografie und der gesellschaftlichen Entwicklung, während Weiterbildung früher eher eine punktuelle Funktion hatte. Der Kollege Karl-Heinz Geißler (1999) hat diese Entwicklung ja bereits vor mehreren Jahren als „Zwang zum lebenslangen Lernen" bzw. mit dem Begriff des lebenslänglichen Lernens charakterisiert.

Die aktuelle wissenschaftliche und bildungspolitische Diskussion geht mit guten Argumenten von dem skizzierten Wandel der Funktion und Ausgestaltung von Weiterbildung aus. Allerdings sind die empirischen Belege für diesen Funktionswandel bislang eher dünn und insbesondere ist unklar, wie die Individuen diese Veränderungen wahrnehmen und wie sie diese im Hinblick auf ihre Weiterbildungsaspiration und ihr Weiterbildungsverhalten bewerten bzw. darauf reagieren.

Dieser Frage gingen wir in einer bundesweit durchgeführten repräsentativen Befragung der deutsch sprechenden Bevölkerung im Alter von 19 bis 64 Jahren nach. Wenn ich von „wir" spreche, so meint dies einen Forschungsverbund bestehend aus dem Soziologischen Forschungsinstitut in Göttingen, einer Forschergruppe des Brandenburg-Berliner Instituts für Sozialwissenschaftliche Studien und des Lehrstuhls für Weiterbildung an der Universität Heidelberg. In Heidelberg haben wir uns auf die Auswertung der Einstellungen und Verhaltensweisen in Bezug auf die Weiterbildung im engeren Sinne konzentriert. Welcher Einfluss dabei den Arbeitserfahrungen zugeschrieben werden kann, haben die Göttinger Kollegen genauer untersucht und die Berliner Gruppe hat Spezifika in der ostdeutschen Bevölkerung eruiert.[1]

Durchgeführt wurde die Erhebung von Infratest Burke als computergestützte mündliche Befragung. Die Nettostichprobe betrug 4.052.

Wir stützen unsere folgenden Ausführungen auf die Ergebnisse dieser Untersuchung, soweit sie vom Heidelberger Team erarbeitet wurden. Wir legten bei unseren Auswertungen eine reduzierte Stichprobe von 3.246 Personen zugrunde.[2]

---

[1] Gefördert wurde die Untersuchung vom Bundesministerium für Bildung und Wissenschaft.

[2] Dabei haben wir den Kreis der Personen, die in den letzten fünf Jahren nicht erwerbstätig waren, ausgegrenzt, weil von diesem Personenkreis aufgrund der zeitlich langen Distanz zur Arbeitswelt kaum verlässliche Bewertungen zur berufsbezogenen Weiterbildung zu erwarten waren.

2 Lernerfahrungen in unterschiedlich institutionalisierten Lernkontexten

In Bezug auf die einleitend skizzierte aktuelle Debatte um informelles Lernen ist anzumerken, dass die Begriffe „informell" oder „wenig formalisiert" häufig unreflektiert und ohne theoretische Explikation benutzt werden. Im Rahmen der deutschen Bildungsforschung wurde informellen Lernprozessen – im Gegensatz zum angloamerikanischen Sprachraum – bis vor kurzem noch relativ wenig Aufmerksamkeit gewidmet. Sie fanden bestenfalls als Restkategorie gegenüber formalem Lernen an Schulen, Hochschulen und Weiterbildungseinrichtungen Beachtung (vgl. *Overwien* 1999). Wir können an dieser Stelle nicht auf die vielfältigen unterschiedlichen Definitionsansätze im wissenschaftlichen als auch im bildungspolitischen Kontext eingehen (vgl. dazu *Schiersmann/Remmele* 2002). Wir beschränken uns auf die Erläuterung der von uns für die empirische Erhebung gewählten Klassifikation.

Wir haben aus dem aktuellen Diskussionsstand die folgenden Konsequenzen gezogen:

▶ Naheliegenderweise können in einer repräsentativen, notwendigerweise fast vollständig standardisierten Befragung nur **bewusste Lernprozesse** erfasst werden – während die Definitionen von informellem Lernen teilweise auch nicht-bewusste Lernprozesse mit umfassen (vgl. *Schiersmann/Remmele* 2002).

▶ Wir legten für diese Untersuchung nicht die in der internationalen Diskussion häufig anzutreffende Unterscheidung zwischen drei oder auch vier Graden der Institutionalisierung zugrunde (formales, non-formales, informelles und inzidentelles Lernen oder vergleichbare Begrifflichkeiten), sondern entschieden uns für eine **Zweiteilung zwischen formalisierten und informellen Lernprozessen**. Hierfür war unter anderem die Einschätzung ausschlaggebend, dass der Anteil staatlich zertifizierter Weiterbildung, die häufig – z.B. im Memorandum der Europäischen Union (vgl. *Kommission* 2000) – die Kategorie „formal" ausmacht, in Deutschland nicht sehr groß und zudem eher im Schwinden begriffen ist. Wir fassten daher unter die Kategorie „Formale Lernkontexte" alle Weiterbildungsangebote, die in Kursen, Seminaren etc. durchgeführt werden.

▶ Aufgrund der geringen Spezifität des Begriffs des informellen Lernens und um diese häufig pauschal dargestellten Lernformen präziser erfas-

sen zu können, differenzierten wir diesen Bereich noch einmal aus in die folgenden Subkategorien:
- Arbeitsbegleitendes Lernen
- Lernen im privaten und gesellschaftlichen Umfeld
- Lernen mit traditionellen Medien
- Lernen mit den neuen Medien, d.h. in computergestützten bzw. netzbasierten Lernkontexten

Im Hinblick auf den Formalisierungsgrad liegen dabei die Kategorien „Lernen mit traditionellen Medien" und „Lernen mit den neuen Medien" in der Mitte. Diese Lernkontexte sind zwar nicht in dem Sinne formalisiert, dass es einen vorgegebenen Rahmen im Sinne eines fest definierten Lernsettings gäbe, aber sie weisen doch einen vergleichsweise hohen Grad an Intentionalität und Strukturiertheit auf.

▶ In Anlehnung an *Straka* (2000) sprechen wir nicht von informellen oder formalen Lernprozessen, sondern von Lernprozessen in informellen oder formalen Lernkontexten, denn nicht die Lernprozesse der Individuen – im lernpsychologischen Sinn – sind verschieden, sondern der Rahmen oder das Arrangement, in dem diese stattfinden.

Die Befragten wurden gebeten, recht allgemein zu benennen, in welchen Lernkontexten sie nach ihrer subjektiven Einschätzung für ihre berufliche Entwicklung viel bzw. wenig gelernt haben.

Als Ergebnis ist hervorzuheben, dass das **arbeitsbegleitende** Lernen von Erwerbspersonen als der **wichtigste Lernkontext** für ihre berufliche Entwicklung angesehen wird (52 % der Befragten äußerten sich dahin gehend). Es folgen Lernen mit traditionellen Medien (16 %) und Lernen im privaten und gesellschaftlichen Umfeld (15 %). 13 % der Befragten gaben an, in formalen Lernkontexten am meisten gelernt zu haben. Lernen mit neuen Medien, d.h. am Computer bzw. im Internet, stellt für 5 % den wichtigsten Lernkontext dar und erwies sich damit (noch) als eine Randerscheinung.

Dichotomisiert man die Lernerfahrungen nach formalen und informellen Lernkontexten, so ergibt sich, dass 87 % der Befragten aussagten, in informellen Lernkontexten am meisten gelernt zu haben gegenüber 13 %, die diese Bewertung den formalen Lernkontexten zuwiesen.

Wir haben unsere Ergebnisse jeweils nach den soziodemographischen Kriterien Ausbildungsniveau, Erwerbsstatus, Alter und Geschlecht diffe-

Informelles Lernen – der Königsweg zum lebenslangen Lernen?

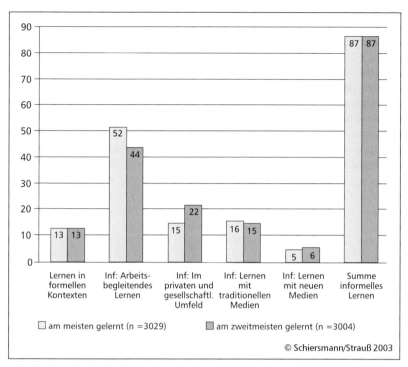

Abb. 1: Wichtigster Lernkontext

renziert und präsentieren in unserem Bericht nur solche Ergebnisse, die auf einem hohen Niveau signifikant sind. Wir gehen im Folgenden exemplarisch auf einige Ergebnisse bezüglich des Ausbildungsniveaus und des Erwerbsstatus ein, da diese Kriterien sich als am aussagekräftigsten erwiesen haben.

Bei einer Gruppierung nach dem **Ausbildungsniveau** zeigen sich in Bezug auf den bedeutendsten Lernkontext folgende Zusammenhänge: **Formales Lernen** hat für Erwerbspersonen **ohne qualifizierten Ausbildungsabschluss** mit 7 % der Nennungen die geringste Bedeutung. Demgegenüber nennen Erwerbspersonen mit Meister-, Techniker- oder einem vergleichbaren Abschluss formale Lernarrangements mit ca. 20 % häufiger als der Durchschnitt. Umgekehrt hat **arbeitsbegleitendes Lernen** für Erwerbspersonen mit **(Fach-)Hochschulabschluss** mit 42 % eine eher unterdurchschnittliche Bedeutung.

Erwerbspersonen mit (Fach-)Hochschulabschluss weisen dem **Lernen mit traditionellen Medien** eine **überdurchschnittliche Bedeutung** (28 %) zu im Gegensatz zu den Erwerbstätigen ohne qualifizierten Ausbildungsabschluss (9 %).

Lernen im privaten und gesellschaftlichen Umfeld wird von **Erwerbspersonen ohne qualifizierten Ausbildungsabschluss** deutlich überdurchschnittlich (25 %) als wichtigster beruflicher Lernkontext genannt. Eher unterdurchschnittlich sind die entsprechenden Häufigkeitsaussagen für die Gruppen der Meister, Techniker (6 %) und der Erwerbspersonen mit (Fach-) Hochschulabschluss (9 %).

Mit dem Merkmal „häufigste Gelegenheit der Weiterbildung in den letzten drei Jahren" wurde neben der subjektiven Einschätzung der eigenen Lern-

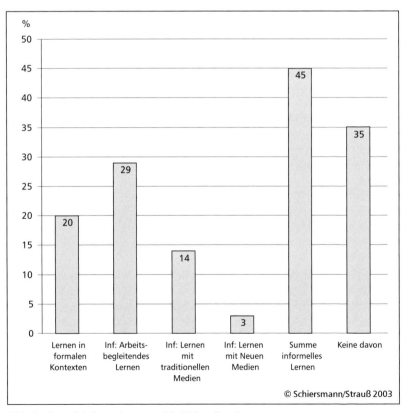

Abb. 2: Lernaktivitäten in unterschiedlichen Lernkontexten

erfahrungen die reale Weiterbildungsbeteiligung summarisch erfasst. Dabei wurde wiederum nach formalen Lernkontexten, arbeitsbegleitenden Lernformen, Lernen mit traditionellen und neuen Medien gefragt. Allerdings wurde das informelle Lernen im privaten und gesellschaftlichen Bereich bei der Frage zu dieser Variable nicht erfasst, weil der berufliche Bezug im Mittelpunkt stand.

Wenn man die Gruppe derjenigen ausklammert, die angaben, nicht über Erfahrungen in berufsbezogener Weiterbildung – oder jeweils nicht mit den von uns aufgelisteten Formen – zu verfügen, dann wird das arbeitsbegleitende Lernen als häufigste faktische Lerngelegenheit benannt, gefolgt vom formalisierten Lernen und dem Lernen mit traditionellen Medien. Schlusslicht ist wiederum das Lernen mit neuen Medien.

Bei der Gruppierung nach dem **Ausbildungsniveau** bestätigen sich die Tendenzen, die bereits in Bezug auf die subjektiv wahrgenommenen Lernerfahrungen benannt wurden.

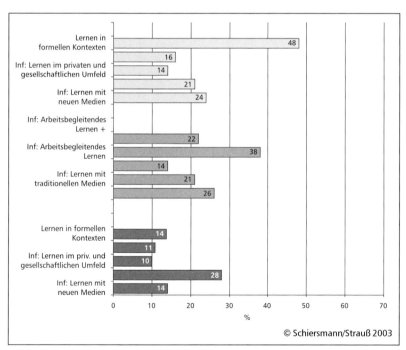

Abb. 3: Zusammenhang zwischen wichtigstem beruflichen Lernkontext und häufigster Gelegenheit der Weiterbildung (n = 2.993) Teil I

Empirische Befunde

Es war zu erwarten, dass ein enger Zusammenhang besteht zwischen dem Lernkontext mit intensivster Lernerfahrung („am meisten gelernt") und der realen Weiterbildungserfahrung („häufigste Gelegenheit zur Weiterbildung in den letzten drei Jahren"), da die subjektive Bewertung der Bedeutung bestimmter Lernkontexte nur auf der Folie realer Erfahrungen erfolgen kann. Dementsprechend zeigt sich, dass die Gruppe derjenigen, die einem bestimmten Lernkontext eine hohe Bedeutung zuweist, in diesem Setting auch am häufigsten reale Weiterbildungserfahrungen aufweist (s. Abb. 3 und 4).

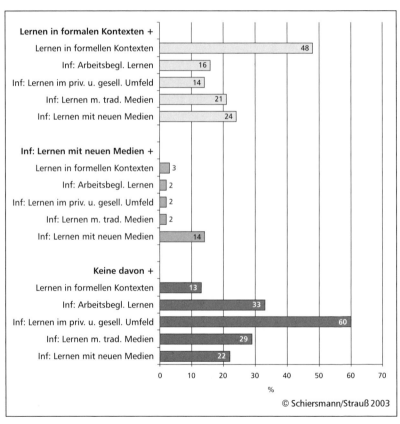

Abb. 4: Zusammenhang zwischen wichtigstem beruflichen Lernkontext und häufigster Gelegenheit der Weiterbildung (n = 2.993) Teil II

Diese Ergebnisse relativieren den hohen Stellenwert informeller Weiterbildung: Diejenigen, die lediglich an informeller Weiterbildung teilgenommen haben, können naheliegenderweise formale Lernkontexte nicht als für ihr Lernbewusstsein wichtiges Lernarrangement identifizieren.

3 Selbststeuerung von Lernprozessen

Eine zentrale Metapher, welche die aktuelle Diskussion um das lebenslange Lernen begleitet, ist die der Selbststeuerung. Diese Chiffre hat sich in den vergangenen Jahren zunehmend zu einem Modebegriff entwickelt, der sehr diffus und unterschiedlich verwandt wird. Begründet wird die Notwendigkeit der Selbststeuerung von Lernprozessen mit den eingangs beschriebenen Veränderungen in der Arbeitswelt, dem beschleunigten Wandel und insbesondere der rascheren Wissensveralterung oder der Globalisierung. Die Perspektive der Selbststeuerung von Lernprozessen liegt u.a. darin, den Individuen die Verantwortung für das (erfolgreiche) Lernen stärker aufzubürden. Es wird – ausgedrückt auch in dem Begriff der „employability" (Beschäftigungsfähigkeit) – zur individuellen Aufgabe, sich permanent um die Anpassung seiner Qualifikationen und Kompetenzen zu bemühen. Dies kann auf der einen Seite als positive Stärkung der Selbstverantwortung im Sinne der Persönlichkeitsbildung interpretiert werden, aber auf der anderen Seite auch zu einer Überforderung der Individuen führen, zumal auch die Verantwortung für den eigenen Misserfolg übernommen werden muss.

Die auf einer allgemeinen Ebene zu beobachtende hohe Übereinstimmung in Bezug auf die Betonung der Notwendigkeit von Selbststeuerung verdeckt, dass im Einzelnen häufig nicht klar ist, was genau damit gemeint ist. Die Begriffe „selbst gesteuertes", „selbst organisiertes", „autonomes", „selbst reguliertes", "eigenverantwortliches", „selbst initiiertes" Lernen, „Selbstlernen", „self-directed", „self-regulated", „self-guided-learning" u.Ä. werden häufig synonym gebraucht, teilweise aber auch voneinander abgegrenzt. Wir verwenden durchgehend den Begriff der Selbststeuerung. Es hat bislang keine theoriebezogene Verständigung über diese Begrifflichkeit stattgefunden (vgl. *Schiersmann* 2002).

Wir haben das Konstrukt der Selbststeuerung im Kontext der divergenten Diskussion für den Zusammenhang dieser empirischen Untersuchung im Sinne einer personenbezogenen kognitiven Dimension anhand der Merkmale Selbstkonzept, Motivation und kognitive Steuerung konzipiert (vgl. *Schiersmann* 2002). Dazu wurden auf der Basis einer Faktorenanalyse sieben Items aus den elf in der Befragung erhobenen ausgewählt und zu Indizes verrechnet. Dabei ergibt sich das folgende Bild.:

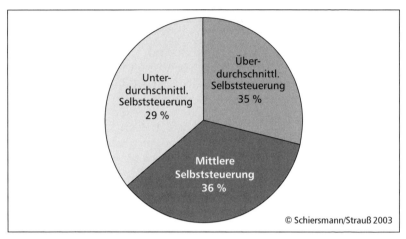

Abb. 5: Ausprägung der Selbststeuerung (n = 3.169)

Etwa zwei Drittel der Erwerbspersonen charakterisieren ihre Lernprozesse als selbst gesteuert. Damit schätzt ein Drittel der Befragten die eigenen Lernprozesse als wenig oder nicht selbst gesteuert ein. Bei der Interpretation dieser Ergebnisse muss berücksichtigt werden, dass es für die Befragten vermutlich schwer war, die Einschätzung, nicht selbst gesteuert zu lernen, in ihr Selbstbild zu integrieren.

Die Besetzung der Kategorie überdurchschnittliche Selbststeuerung steigt mit dem **Ausbildungsniveau** an. Diese Kategorie ist bei den **Erwerbstätigen** mit 40 % im Vergleich zur Erwartung häufiger besetzt. Bei den **Arbeitslosen** ist sie mit 20 % im Vergleich **seltener** besetzt, ebenso bei der Gruppe **Stille Reserve** (25 %). Die Kategorie unterdurchschnittliche Selbststeuerung zeigt einen gegenläufigen Trend.

Differenziert nach dem **wichtigsten Lernkontext** zeigt sich, dass diejenigen mit überdurchschnittlicher Selbststeuerung dem formalen Lernen sowie dem Lernen mit traditionellen Medien eine überdurchschnittlich hohe Bedeutung zuweisen, die Personen mit einer mittleren bzw. unterdurchschnittlichen Selbststeuerung demgegenüber dem arbeitsbegleitenden Lernen. Ebenso sagen die Personen, die sich eine unterdurchschnittliche Selbststeuerung ihrer Lernprozesse zuschreiben, deutlich häufiger, dass das Lernen im privaten und gesellschaftlichen Umfeld für sie den wichtigsten

Informelles Lernen – der Königsweg zum lebenslangen Lernen?

Lernkontext bildet. Bei einer Betrachtung der **häufigsten Gelegenheit** der Weiterbildung ergibt sich im Wesentlichen das gleiche Bild. Diese Ergebnisse zeigen nachdrücklich, dass der Faktor der Selbststeuerung einen zentralen Einfluss auf die Wahrnehmung von Lernerfahrungen sowie die realen Weiterbildungsaktivitäten aufweist.

4 Kontinuisierung von Lernprozessen

4.1 Zukünftiger Weiterbildungsbedarf

Neben der Erhebung der bedeutsamsten Lernkontexte und der realen Weiterbildungserfahrungen interessierte uns vor dem einleitend skizzierten theoretischen Hintergrund, der lebenslange Lernprozesse postuliert, wie die Befragten ihren zukünftigen Weiterbildungsbedarf einschätzen.

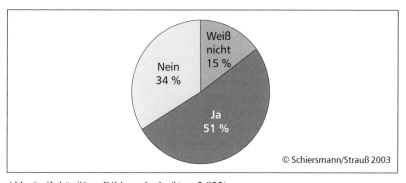

Abb. 6: Zukünftiger Bildungsbedarf (n = 2.822)

Dabei zeigt sich, dass die Hälfte der Erwerbspersonen (51 %) in den nächsten Jahren einen Weiterbildungsbedarf für sich sieht, während ein Drittel (34 %) dies dezidiert verneint und 15 % die Kategorie „weiß nicht" ankreuzten. Dabei ist davon auszugehen, dass die Befragten angesichts des tradierten Verständnisses von Weiterbildung an dieser Stelle eher formalisierte Weiterbildungsgelegenheiten assoziiert haben. Die Prozente des artikulierten Weiterbildungsbedarfs lassen sich gut mit den bekannten Zahlen der Weiterbildungsbeteiligung in Verbindung bringen, wie sie im Berichtssystem Weiterbildung (vgl. *Bundesministerium für Bildung und Wissenschaft* 2002) für die gegenwärtige Weiterbildungsbeteiligung erhoben werden, da diesem zufolge ca. die Hälfte der Bevölkerung für 2001 angab, sich im letzten Jahr vor der Befragung weitergebildet zu haben. Dieses

Ergebnis ist insofern interessant, als die Daten keinen für die Zukunft steigenden Weiterbildungsbedarf nahe legen. Der Blick in die Zukunft wirft damit die Frage auf, ob wir auf einem Plateau der Weiterbildungsbeteiligung angekommen sind, nachdem auch die jüngsten Erhebungen des Berichtssystems Weiterbildung, des Mikrozensus sowie des Instituts der deutschen Wirtschaft einen leichten Rückgang der Weiterbildungsbeteiligung konstatieren. Vielleicht müssen wir uns von der Vorstellung verabschieden, dass immer mehr Menschen immer mehr Weiterbildung benötigen oder intendieren.

Eine Differenzierung des Weiterbildungsbedarfs nach **Ausbildungsniveau** bekräftigt die bekannten Segmentierungen in der beruflichen Weiterbildung: Während ca. zwei Drittel der Personen mit einem Meister-, Technikerabschluss (65 %) und mit (Fach-)Hochschulabschluss (69 %) einen Weiterbildungsbedarf für sich sehen, gilt dies nur für knapp die Hälfte (48 %) derjenigen mit einem Ausbildungsabschluss und nur für ein Drittel (36 %) der Personen ohne qualifizierte Berufsausbildung.

Fragt man, welcher Zusammenhang zwischen der Formulierung eines **Weiterbildungsbedarfs** für die nächsten Jahre und der Ausprägung der **Selbststeuerung** besteht, so zeigt sich folgender, sehr eindeutiger Zusammenhang: Von denjenigen Personen, die sich als überdurchschnittlich selbst gesteuert einstufen, artikulieren 69 % einen Weiterbildungsbedarf für die nächsten Jahre gegenüber nur 28 % derjenigen, die eine unterdurchschnittliche Selbststeuerung aufweisen (Durchschnitt der Stichprobe: 51 %).

4.2 Weiterbildungsbarrieren

Die Tatsache, dass auch zukünftig nur von ca. der Hälfte der Bevölkerung ein Weiterbildungsbedarf formuliert wird, legt die Frage nach den Weiterbildungsbarrieren nahe: Was hindert die Befragten, Weiterbildung in Anspruch zu nehmen? Dabei haben wir aus einer Item-Batterie immer den persönlich wichtigsten Grund in die Auswertung einbezogen.

Es zeigt sich, dass für die Gesamtgruppe die hohe (zeitliche) Belastung (37 %) den wichtigsten Faktor darstellt, der an der Beteiligung an Weiterbildung hindert, dicht gefolgt vom Faktor „fehlender Nutzen" (30 %). Die übrigen Daten, die uns zur Verfügung stehen, lassen darauf schließen, dass wir es hier mit zwei separaten Gruppen zu tun haben: Die mangelnde Zeit wird als Hinderungsgrund für die Beteiligung an Weiterbildung vor allem von denjenigen genannt, die sich bereits aktiv an Weiterbildung be-

Informelles Lernen – der Königsweg zum lebenslangen Lernen?

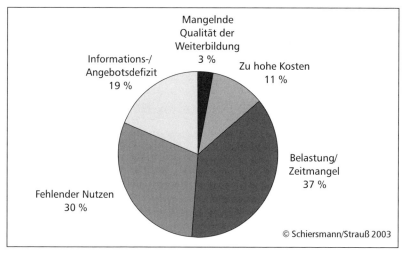

Abb. 7: Weiterbildungsbarrieren (n = 2.421)

teiligen. Bei der Gruppe, die den fehlenden Nutzen von Weiterbildung als zentralen Hinderungsgrund benennt, handelt es sich um die Gruppe, die sich so gut wie nicht an formaler Weiterbildung und unterdurchschnittlich an arbeitsbegleitendem Lernen beteiligt. Dass diese Gruppe auch zukünftig keinen Weiterbildungsbedarf formuliert, stützt die These, dass keine Automatisierung in Richtung einer steigenden Weiterbildungsbeteiligung zu erwarten ist.

Differenziert man die wahrgenommenen Weiterbildungsbarrieren nach **aktuellem Erwerbsstatus**, so zeigen sich folgende Zusammenhänge: Der fehlende Nutzen von Weiterbildung wird überproportional häufig von Arbeitslosen beklagt. Dies könnte als Indiz für die vielfach in der Öffentlichkeit beklagte mangelnde Passgenauigkeit von Weiterbildungsmaßnahmen für diese Gruppe interpretiert werden. Interessant ist die Tatsache, dass der fehlende Nutzen demgegenüber unterproportional häufig von der Stillen Reserve als Grund für die Nichtbeteiligung an Weiterbildung benannt wird. Offenbar hat diese Gruppe ein beachtliches Vertrauen darin, dass die Beteiligung an Weiterbildung ihre Wiedereingliederungschancen erhöht.

Die zu hohe Belastung und bestehender Zeitmangel werden erstaunlicherweise überproportional häufig von der Stillen Reserve als Weiterbildungsbarriere benannt, erwartungsgemäß selten demgegenüber von den Arbeitslosen.

Von den Personen mit hoher Beteiligung an formaler Weiterbildung beklagen überdurchschnittlich viele zu hohe Kosten der Weiterbildung sowie ein Informations- und Angebotsdefizit. Auch die Gruppen der Arbeitslosen und der Stillen Reserve verweisen überproportional häufig auf hohe Kosten der Weiterbildung.

4.3 Persönliche Assoziation zum Begriff Weiterbildung

Um die allgemeine Einstellung zur Weiterbildung noch einmal summarisch zu erfassen, baten wir die Befragten um eine spontane Äußerung zu ihrer **„persönlichen Empfindung beim Wort Weiterbildung"**.

50 % antworteten „Muss ich machen, um beruflich fit zu bleiben", 13 % „Habe genug gelernt", 11 % „Bringt ja doch nichts", 19 % kreuzten die Kategorie an „Endlich was, das Spaß macht". Dieses Ergebnis lässt sich dahin gehend interpretieren, dass die Hälfte der befragten Erwerbspersonen Weiterbildung eher als (notwendiges) Übel ansieht, etwa ein Viertel sich durch eine deutliche Weiterbildungsdistanz charakterisieren lässt und knapp 20 % eine ausdrücklich positive und spaßbetonte Einstellung zur Weiterbildung aufweisen.

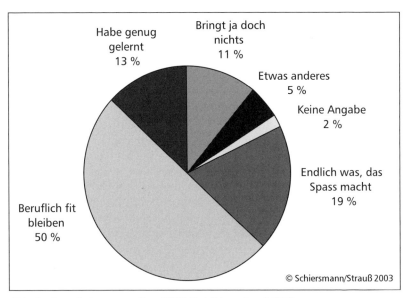

Abb. 8: Assoziationen zum Begriff Weiterbildung (n = 3.246)

Informelles Lernen – der Königsweg zum lebenslangen Lernen?

Differenziert man diesen Befund hinsichtlich des **Erwerbsstatus**, so ist hervorzuheben, dass Arbeitslose und die Stille Reserve Weiterbildung seltener als der Durchschnitt für notwendig halten, um beruflich fit zu bleiben. Besonders groß ist die Gruppe der Arbeitslosen mit 34 %, die der Überzeugung ist, Weiterbildung bringe ja doch nichts (Durchschnitt 12 %), während die Gruppe der Stillen Reserve diese Einschätzung nicht teilt (nur 8 % dieser Gruppe sind dieser Auffassung). Die negative Einstellung der Arbeitslosen bestätigt die übrigen Ergebnisse für diese Gruppe.

Unterstrichen wird die positive Einstellung derjenigen zur Weiterbildung, die angeben, am meisten in **formalen Lernkontexten** gelernt zu haben: Von ihnen halten 69 % Weiterbildung für notwendig, um beruflich fit zu bleiben. Die große Gruppe, die arbeitsbegleitendes Lernen als wichtigsten Lernkontext benannt hat, bewegt sich auf der Ebene des Durchschnitts der Befragten.

In bereits gewohnter Weise wirkt auch der Faktor der **Selbststeuerung**: Diejenigen, die eine hohe bzw. eine mittlere Selbststeuerung aufweisen, halten überdurchschnittlich häufig Weiterbildung für erforderlich, um beruflich fit zu bleiben. Diejenigen mit hoher Selbststeuerung sind extrem selten der Auffassung, dass sie genug gelernt hätten oder Weiterbildung nichts bringe. Schließlich stimmten überdurchschnittlich viele Personen der Gruppe, die sich eine hohe Selbststeuerung zuschreibt, dem Statement zu, das Weiterbildung etwas sei, dass Spaß mache.

5 Lernertypen

Mittels einer Clusteranalyse haben wir die Ergebnisse weiter verdichtet. Für diese weiter gehende Analyse interessiert insbesondere der Zusammenhang zwischen positiv konnotierten Lernkontexten und Selbststeuerung sowie den Einstellungen zur Weiterbildung. Diese Analyse führt zu Lernertypen, welche im Folgenden dargestellt werden.

Aus methodologischer Sicht ist eine Clusteranalyse zur Analyse von Bewusstseinskonstrukten besonders geeignet, weil sie nicht von Abhängigkeiten der Variablen ausgeht, sondern Mitglieder der Stichprobe auf der Basis von mathematisch bestimmten Ähnlichkeiten der erhobenen Variablen zu Typen gruppiert. Die Clusteranalyse erfolgt auf der Grundlage von Indices, welche nach entsprechenden Faktorenanalysen aus Items zu Lerngelegenheiten und Vorstellungen zum Lernen bzw. zur Wahrnehmung von Veränderungsprozessen in der Weiterbildung gebildet wurden.[3] Mit Hilfe der Clusteranalyse konnten wir drei Lernertypen identifizieren, die ich im Folgenden nur grob skizzieren kann, und zwar

▶ einen distanzierten Lernertyp,
▶ einen aktiv selbst gesteuerten Lernertyp und
▶ einen aktiven Lernertyp.[4]

Die Lernertypen lassen sich vergleichend über die gebildeten Indizes verorten und werden vorab tabellarisch dargestellt.

---

3 Vorgehensweise bei der Clusteranalyse:

1) Extremwertnormalisierung aller Index-Variablen (vgl. *Bacher* 2002).

2) Durchführung einer hierarchischen Clusteranalyse mit einer 50 %-Zufallsstichprobe aus der Cluster-Auswertungsstichprobe (n = 1787).

3) Durchführung des Clusterbestimmungsverfahrens nach *Bacher* (2001). Dabei dienen die Clustermittelwerte aus der hierarchischen Analyse als Startwerte für die wegen der hohen Fallzahl erforderlichen Clusterzentrenanalyse (Quickcluster).

4) Durchführung von Stabilitätsprüfungen mittels Vergleich von präferierten Drei- und Vier-Cluster-Quickcluster-Lösungen unter der Bedingung unterschiedlicher Startwerte aus der hierarchischen Analyse, aus den Systemsetzungen, bzw. von willkürlich manipulierten Startwerten.

Die Kriterien nach *Bacher* legen eine Drei- oder Vier-Cluster-Lösung nahe, wobei die Drei-Cluster-Analyse 33 % der Varianz aufklärt und die Vier-Cluster-Lösung 39 %. Weil die Drei-Cluster-Lösung „stabiler" erscheint, haben wir uns für diese entschieden. Dabei ergeben sich nur geringe Abweichungen (0 Fälle, 7 Fälle, 7 Fälle) in der Clusterzuordnung für diese Lösung, wenn sie in der beschriebenen Weise geprüft wird. Außerdem ist die Drei-Cluster-Lösung gut interpretierbar und inhaltlich valide, was die im Text beschriebenen Auswertungen deutlich belegen.

4 Es ist vor allem bei dieser Zusammenfassung zu beachten, dass es sich um Wahrscheinlichkeitsaussagen handelt. Deshalb wird oft die Formulierung „häufiger" bzw. „seltener" verwendet.

Informelles Lernen – der Königsweg zum lebenslangen Lernen?

Indices zur Beschreibung der Cluster	Distanzierter Lernertyp	Aktiver Lernertyp	Aktiv selbst gesteuerter Lernertyp
Formales Lernen	–	+	++
Arbeitsbegleitendes Lernen	–	+	+
Privates Lernen	–	+	+
Mediales Lernen	–	+	++
Selbststeuerung	–	+/–	++
Wahrnehmung der Eigenverantwortung zur Planung der Weiterbildung	–	+/–	++
Wahrnehmung der Veränderung der betrieblichen Weiterbildung	–	+	++
Persönlicher Beitrag zur Weiterbildung	–	–	+

Abb. 9: Zusammenfassende Darstellung der drei Lernertypen

Die im Folgenden dargestellten weiterführenden Beschreibungen resultieren aus Kreuztabellierungen der gefundenen Lernertypen/Cluster mit den bereits beschriebenen Befragungsmerkmalen und validieren diese gleichzeitig inhaltlich.

Der **distanzierte Lernertyp** ...

▶ gehört häufiger zur Gruppe der Älteren,
▶ ist häufiger arbeitslos,
▶ weist deutlich häufiger keinen qualifizierten Ausbildungsabschluss auf,
▶ nennt seltener formale Lernkontexte als wichtigsten Lernkontext,
▶ weist dem arbeitsbegleitenden Lernen eine hohe Bedeutung zu,
▶ legt weniger Wert auf das Lernen mit traditionellen Medien,
▶ lernt viel „informell im privaten und gesellschaftlichen Umfeld",
▶ wird häufiger von Kollegen zu Weiterbildungsaktivitäten motiviert,
▶ schätzt die eigene Lernaktivität häufiger als „gering und mittel" und seltener als „hoch" ein,
▶ sieht sich seltener bei der Weiterbildung durch Familie, Arbeit oder freie Zeit belastet,

Empirische Befunde

- sieht seltener einen Bedarf für Weiterbildung,
- sieht häufiger einen fehlenden persönlichen oder beruflichen Nutzen,
- verbindet Weiterbildung seltener mit Spaß und personaler Zufriedenheit,
- sieht seltener eine berufliche Verpflichtung zur Weiterbildung,
- findet häufiger, dass „es reicht" und er „genug gelernt" hat und
- ist häufiger der Meinung, dass Weiterbildung „doch nichts bringt".

Den **aktiv selbst gesteuerten Lernertyp** charakterisieren im Vergleich mit den anderen Lernertypen zusammenfassend Merkmale, die meist im Gegensatz zu denen des distanzierten Lernertyps stehen:

Der **aktiv selbst gesteuerte Lernertyp** ...

- ist seltener in der Gruppe der Älteren,
- ist seltener arbeitslos,
- hat deutlich häufiger einen höherwertigen Ausbildungsabschluss,
- weist formalen Lernkontexte eine hohe Bedeutung zu,
- hält das arbeitsbegleitende Lernen für weniger bedeutsam,
- legt Wert auf das Lernen mit traditionellen Medien,
- lernt eher wenig „im privaten und gesellschaftlichen Umfeld",
- wird seltener von Kollegen zu Weiterbildungsaktivitäten motiviert, sondern entscheidet selbst über seine Lernaktivitäten,
- schätzt die eigene Lernaktivität häufiger als „hoch" und seltener als „gering" und „mittel" ein,
- wird seltener von Vorgesetzten auf Weiterbildungsaktivitäten hingewiesen,
- bildet sich häufiger aus eigenem Antrieb weiter,
- beklagt die hohen Weiterbildungskosten,
- sieht häufiger einen Bedarf für Weiterbildung,
- sieht häufiger persönlichen oder beruflichen Nutzen für Weiterbildung,
- verbindet Weiterbildung häufiger mit Spaß und personaler Zufriedenheit,
- findet seltener, dass „es reicht" und er „genug gelernt hat" und
- ist seltener der Meinung, dass Weiterbildung „doch nichts bringt".

Der **aktive Lernertyp** liegt im Mittel zwischen den beiden anderen Typen, er ist zwar weiterbildungsaktiv in verschiedenen Kontexten, aber nicht im gleichen Maße wie der aktiv selbst gesteuerte Lernertyp.

Die Identifikation dieser Lernertypen legt nahe, dass die als wichtigsten Lernkontexte identifizierten Lernsituationen weniger individuelle Präferenzen markieren, sondern Konsequenzen aus der Lern- und Berufsbiografie, die mehr oder weniger stark durch formale oder informelle Lernkontexte geprägt ist und den Zugang zu den unterschiedlichen Lernmöglichkeiten beeinflusst.

6 Fazit

▶ Wie die Ergebnisse unserer repräsentativen empirischen Studie gezeigt haben, stellen informelle Lernkontexte für eine große Gruppe der Erwerbspersonen den einzigen bzw. wichtigsten Lernkontext dar. Dies bedeutet, dass die Qualität und die konkrete Ausgestaltung dieser Lernkontexte genauer untersucht werden müssen, um insbesondere auch die Lernchancen dieser Gruppen zu erhöhen.

▶ Die nachgewiesene hohe Bedeutung informeller Lernprozesse kann allerdings nicht in dem Sinne interpretiert werden, dass die Wahl dieser Lernform eindeutig auf einer hohen subjektive Wertschätzung dieser Lernform hindeutet. Sie muss vielmehr vor dem Hintergrund realer Weiterbildungserfahrungen interpretiert werden: Wer nur Erfahrungen mit informellen Lernkontexten aufweist, kann formale Lernkontexte naheliegenderweise nicht als subjektiv bedeutsame Lernerfahrungen benennen. Dies relativiert den Stellenwert informeller Weiterbildung.

▶ Der variable Selbststeuerung kommt ein hoher Erklärungswert für die Einstellungen zur Weiterbildung, das faktische Weiterbildungsverhalten und die Weiterbildungsdispositionen zu. Die Gruppe von Personen, die sich eine hohe Selbststeuerung ihrer Lernprozesse attestiert, weist eine außerordentlich positive Einstellung zur Weiterbildung und hohe Weiterbildungsaktivitäten auf. Geht man von der einleitend erläuterten plausiblen Annahme aus, dass in Zukunft für die individuelle Gestaltung der Weiterbildungsbiografie Selbststeuerung von großer Bedeutung sein wird, dann wird deutlich, dass die Gruppe (ca. ein Drittel der Erwerbspersonen), die sich eine geringe Selbststeuerung zuschreibt, eine Problemgruppe darstellt. Hinzu kommt, dass die Selbststeuerung keineswegs voraussetzungslos ist, sondern eine Reihe von – insbeson-

▶ dere metakognitiver – Fähigkeiten impliziert, die bereits in der Kindheit entwickelt werden müssen. Dies stellt neue Anforderungen an die allgemein bildenden Schulen.

▶ In Bezug auf die Frage, inwieweit sich ein Verständnis davon durchgesetzt hat, dass Lernen im Erwachsenenalter kontinuierlich angelegt sein sollte, ergibt sich ein ambivalentes Ergebnis: Auf der einen Seite sprechen einige Indizien dafür, dass die zunehmende Bedeutung von Weiterbildung in der Bevölkerung wahrgenommen wird. Auf der anderen Seite wird sie von vielen eher als „notwendiges Übel" angesehen. Aufwand und Nutzen werden sehr kritisch gegeneinander abgewogen. Letzteres gilt für die Gruppe von Personen, die ein niedriges Bildungsniveau aufweisen und eher informellen Lernkontexten eine hohe Bedeutung für ihre Lernerfahrungen zuweisen.

▶ Von den drei Lernertypen, die mittels einer Clusteranalyse herausgearbeitet wurden, kristallisiert sich der distanzierte Lernertyp als eine Problemgruppe heraus. Deutlich wird an der genaueren Beschreibung dieses Lernertyps auch, dass schlichte Motivierungsstrategien wahrscheinlich zu kurz greifen, solange keine konkreten Verwertungsmöglichkeiten für das Gelernte gesehen werden.

Literatur

Bacher, J.: Clusteranalyse. Anwendungsorientierte Einführung. München/Wien 2002.

Bacher, J.: Teststatistiken zur Bestimmung der Clusterzahl für Quick Cluster. In: ZA-Information 48, 2001, S. 71–92.

Baethge, M./Baethge-Kinsky, V.: Arbeit – die zweite Chance. Zum Verhältnis von Arbeitserfahrung und lebenslangen Lernen. In: Arbeitsgemeinschaft Qualifikations-Entwicklungs-Management Berlin (Hrsg.): Kompetenzentwicklung 2002. Münster 2002, S. 69–140.

Baethge, M./Baethge-Kinsky, V.: Jenseits von Beruf und Beruflichkeit? – Neue Formen von Arbeitsorganisation und Beschäftigung und ihre Bedeutung für eine zentrale Kategorie gesellschaftlicher Integration. In: Mitteilungen aus der Arbeitsmarkt- und Berufsforschung, 1998, 3, S. 461-472.

Baethge, M./Schiersmann, Ch. (1998): Prozeßorientierte Weiterbildung – Perspektiven und Probleme eines neuen Paradigmas der Kompetenzentwicklung für die Arbeitswelt der Zukunft. In: Arbeitsgemeinschaft Qualifikations-Entwicklungs-Management Berlin (Hrsg.): Kompetenzentwicklung 1998. Münster 1998, S. 15–87.

Bundesministerium für Bildung und Forschung (BMBF): Berichtssystem Weiterbildung VIII: Erste Ergebnisse der Repräsentativbefragung zur Weiterbildungssituation in den alten und neuen Bundesländern. Bonn 2002.

Geißler. Kh. A./Orthey, F.: Lernen lebenslänglich. Der Zwang zur kleinen Freiheit. In: Impuls, 3, 1999, S. 54–58.

Kommission der Europäischen Gemeinschaften: Memorandum über Lebenslanges Lernen. Brüssel, 2000.

Overwien, B. (1999): Informelles Lernen, eine Herausforderung an die internationale Bildungsforschung. In: Dehnbostel, P./Markert, W./Novak, H. (Hrsg.): Erfahrungslernen in der beruflichen Bildung – Beiträge zu einem kontroversen Konzept. Neusäß 1999, Link: www.tu-berlin.de/fb2/as3/as3w/il3w.html.

Schiersmann, Christiane/Remmele, Heide: Neue Lernarrangements in Betrieben. Theoretische Fundierung Einsatzfelder – Verbreitung. QUEM-Report, H. 75. Berlin, 2002.

Schiersmann, Ch.: Lernwege der Zukunft. In: Ministerium für Bildung, Kultur und Wissenschaft (Hrsg.): Neue Herausforderungen an die Weiterbildung. Saarbrücken, 2002, S. 15–25.

Staudt, E./Kriegesmann, B.: Weiterbildung: Ein Mythos zerbricht. In: Berufsbildung in Wissenschaft und Praxis. Berlin, 2000, 1, S. 174–177.

Straka, G. (2000): Lernen unter informellen Bedingungen (informelles Lernen) – Begriffsbestimmung, Diskussion in Deutschland, Evaluation und Desiderate. In: Arbeitsgemeinschaft Qualifikations-Entwicklungs-Management Berlin (Hrsg.): Kompetenzentwicklung 2000. Münster, 2000, S. 15–70.

Erfassung und Anerkennung informell erworbener Kompetenzen – Entwicklung und Perspektiven in Deutschland und in ausgewählten europäischen Ländern

von Irmgard Frank

> *„Wenn aber die stolze Flotte der Bildungsträger und die immer größer werdende Armada der lernenden Unternehmen nicht stärker auf die gewaltigen Eisberge achten, die da in Gestalt des informellen Lernens auf sie zukommen, kann es einem Teil von ihnen wie der Titanic gehen, die längst auf dem Meeresboden ruht."*
>
> *(David W. Livingstone)*

Viele Länder der EU versuchen seit einiger Zeit Verfahren zur Dokumentation, Bewertung und Anerkennung informell erworbener Kompetenzen zu entwickeln und in der Praxis zu verankern. In Deutschland waren diese Bemühungen in der Vergangenheit wenig ausgeprägt. In den folgenden Ausführungen werden die Gründe dafür aufgezeigt, Entwicklungslinien nachgezeichnet und der Charakter und die Merkmale des informellen Lernens verdeutlicht. Die Anforderungen für die Entwicklung von Verfahren und Methoden zur Dokumentation, Erfassung und Anerkennung informell erworbener Kompetenzen werden erläutert und es wird dargelegt, welche Schritte zu unternehmen sind, um eine institutionelle Verankerung als wesentliche Voraussetzung für die Akzeptanz und Nutzung zu erreichen. In den weiteren Abschnitten werden Ansätze, Verfahren und Projekte zur Bewertung von Kompetenzen aus Deutschland geschildert. Der Aufsatz wird abgerundet durch die Darstellung von Verfahren zur Dokumentation und Anerkennung informell erworbener Kompetenzen aus Frankreich, der Schweiz und Norwegen.

Erfassung und Anerkennung informell erworbener Kompetenzen

1 Einführende Bemerkungen 170
2 Das System der Anerkennung beruflicher
  Qualifikationen in Deutschland 171
3 Informelles Lernen und seine Facetten 175
4 Anforderungen an Verfahren und Instrumente
  zur Erfassung und Dokumentation informell
  erworbener Kompetenzen 180
5 Stand und Entwicklung der Anerkennung informell
  erworbener Kompetenzen in Deutschland 183
  5.1 Entwicklungen im berufsbildenden Bereich, in der
      Aus- und Weiterbildung 184
  5.2 Entwicklungen auf betrieblicher Ebene 188
6 Stand und Entwicklung der Anerkennung informell
  erworbener Kompetenzen in Europa am Beispiel von
  Frankreich, der Schweiz und Norwegen 189
  6.1 Anerkennungsregelungen in Frankreich 190
  6.2 Anerkennungsregelungen in der Schweiz 193
  6.3 Anerkennungsregelungen in Norwegen 197

Literatur 206

Empirische Befunde

1 Einführende Bemerkungen

In der bildungspolitischen Diskussion auf nationaler als auch auf internationaler Ebene gewinnt das informelle Lernen zunehmend an Bedeutung. Mit dem „Europäischen Jahr des lebensbegleitenden Lernens" begann in der zweiten Hälfte der 1990er-Jahre die Entwicklung eines Leitbildes zum „Lebenslangen Lernen" (vgl. dazu: *Deutsche UNESCO-Kommission* 1997; *Kommission der Europäischen Gemeinschaften* 2000) u.a. mit dem Ziel, das informelle Lernen, das außerhalb von anerkannten Bildungsinstitutionen stattfindet, stärker ins allgemeine Bewusstsein zu rufen, neue und umfassende Konzepte zur Lernbewertung zu entwickeln, und Wege zu deren gleichberechtigter Anerkennung aufzuzeigen.

Vorliegende Untersuchungen und Einschätzungen belegen, dass informell erworbene Kompetenzen eine entscheidende Rolle für eine kontinuierliche Anpassung der beruflichen Kompetenzen an die sich ständig ändernden Anforderungen der Arbeitswelt spielen, für die Entwicklung von Expertentum und den Aufbau von Expertise von zentraler Bedeutung sind und einen nicht zu unterschätzenden Beitrag zur Sicherung der individuellen Beschäftigungsfähigkeit leisten. Nach Expertenschätzungen werden bis zu 70 Prozent der berufsrelevanten Kompetenzen informell, d.h. außerhalb von Bildungsinstitutionen, erworben (*Laur-Ernst* 1999, S. 45; *Baethge/ Baethge-Kinsky* 2003).

Im Zusammenhang mit der Diskussion über Ziele und Inhalte des lebenslangen Lernens zeichnet sich auch in Deutschland eine verstärkte Auseinandersetzung mit dem Themenkomplex ab (vgl. dazu: *BMBF-Aktionsprogramm* 2001, *BLK-Kommission* 2001; *Bundesinstitut für Berufsbildung* 2001, 2002). Hauptlinien der Entwicklungen und Diskussionen liegen darin, das informelle Lernen als eigenständige Lernform wahr- und ernst zu nehmen, es in seinen Dimensionen und charakteristischen Merkmalen zu erfassen, Wege zu deren Dokumentation und Anerkennung aufzuzeigen und Pfade zur Verknüpfung der unterschiedlichen Lernformen[1] deutlich zu machen, um damit zu einem ganzheitlicherem Verständnis von Lernen zu gelangen.

Auch in Deutschland setzt sich zunehmend der Gedanke durch „dass letztlich nur die Verbindung (und die wechselseitige Anerkennung) von formalisierten Qualifizierungsprozessen nach festgelegten und allseits anerkannten Standards und der individuell gestaltete, informelle Kompetenzerwerb in unterschiedlichsten Lebens- und Arbeitssituationen die tragfähige und zugleich flexible Basis schafft, um den Herausforderungen der sich rasch wandelnden Wissensgesellschaft erfolgreich begegnen und sie aktiv (...) mitgestalten zu können" (*Laur-Ernst* 2001, S. 111). Instrumente und Verfahren zur Erfassung, Dokumentation und Anerkennung dieser informell erworbenen Kompetenzen gelten als notwendige Instrumente zur Erschließung dieser neuen Wege.

2 Das System der Anerkennung beruflicher Qualifikationen in Deutschland

Anders als z.B. in vielen europäischen und außereuropäischen Ländern (vgl. Abschnitt 3) war das Thema der Erfassung, Dokumentation und Anerkennung informell erworbener Kompetenzen und der Entwicklung darauf abgestimmter Verfahren und Instrumente in der Vergangenheit in Deutschland nur von untergeordneter Bedeutung.

Fragt man nach den Gründen, so lassen sich Erklärungsansätze erkennen, die insbesondere auf das formalisierte, vorgabe- bzw. inputorientierte duale

---

[1] Formales Lernen findet in anerkannten Bildungsinstitutionen (Bildungs- und Ausbildungseinrichtungen) statt, wird nach planmäßig strukturierten Curricula durchgeführt und führt zu anerkannten Abschlüssen mit der Vergabe von Zeugnissen bzw. Zertifikaten. Non-formales bzw. informelles Lernen geschieht außerhalb dieser Hauptsysteme der allgemeinen und beruflichen Bildung und ist nicht mit anerkannten Abschlüssen und Zertifikaten verbunden. Das Lernen am Arbeitsplatz kann ebenso dazu gehören wie der Kompetenzerwerb im Zusammenhang mit ehrenamtlichen Tätigkeiten in Organisationen und Vereinen (Jugendorganisationen, Gewerkschaften, Kurse jeglicher Art etc.). Schwierigkeiten ergeben sich insbesondere daraus, dass das, was unter den verschiedenen Lernformen verstanden wird, weder im nationalen noch im internationalen Sprachgebrauch identisch ist. Während das „non-formale" Lernen im angelsächsischen Sprachraum verwandt wird, findet er in Deutschland kaum Verwendung. Hier werden die Lernformen des non-formalen und informellen Lernens unter der Rubrik des informellen Lernens zusammengefasst. Ich schließe mich in meinen Ausführungen dieser Regelung an.

Empirische Befunde

System der beruflichen Bildung, der damit verbundenen Schneidung der Berufe verweisen und in deren starke Verankerung im geltenden Lohn- und Gehaltstarifsystem. Dabei sind nicht nur die relevanten Inhalte beschrieben und vorgegeben, sondern auch die Wege (vgl. Abb. 1), die zum Erwerb der anerkannten Qualifikationen führen, sind markiert und eng begrenzt. Leistungs- bzw. ergebnisorientierte Systeme, die den Fokus darauf richten, was gelernt wurde und weniger darauf, wie und wo die Kompetenzen erworben wurden und die eine Anerkennung der Kompetenzen unabhängig von den dazu beschrittenen Wegen ermöglichen, haben kaum eine Tradition.

▶ Das Berufskonzept ist der Eckpfeiler des dualen Ausbildungssystems in Deutschland. Berufe strukturieren die arbeitsbedeutsamen Kompetenzbündel in einer von allen relevanten sozialen Gruppen getragenen einvernehmlichen Weise. Sie stellen damit die Gesamtheit von beruflichen Fertigkeiten, Kenntnissen und Fähigkeiten einschließlich der Orientierungen dar, die in einem curricular geordneten, formalen und mehrjährigen Lernprozess erworben werden.

▶ Der Beruf umfasst dabei mehr als nur einen bestimmten Arbeitsplatz oder eine bestimmte Tätigkeit, er beinhaltet vielmehr eine mehr oder weniger breite zusammenhängende Einheit von Arbeitstätigkeiten, die sich in ihrer Komplexität unterscheiden können. Die Befähigung zur Ausübung des Berufs erfolgt durch eine festgelegte Abschlussprüfung und ein entsprechendes Zeugnis durch eine dafür autorisierte Stelle (im Allgemeinen die Kammern).

▶ Das Bildungs- und Ausbildungssystem ist primär auf die formalisierte Ausbildung ausgerichtet. Das duale System mit seiner Fokussierung auf Ergebnisse und die dafür vorgegebenen Qualifizierungswege haben eine überragende Bedeutung. Zwei Drittel eines Altersjahrgangs absolvieren eine Berufsausbildung in den 345 anerkannten Ausbildungsberufen als Vorbereitung auf eine Tätigkeit in der Arbeitswelt. Alternative Lernwege, außerhalb des formalen Systems, haben bisher keine Tradition.

▶ Die duale Berufsausbildung, bestehend aus einer Kombination aus betrieblichem und schulischem Lernen, beinhaltet durch das erfahrungsbezogene Lernen am Arbeitsplatz Aspekte des informellen Kompetenzerwerbs, der allerdings didaktisch gestaltet und strukturiert vorgegeben wird. Eine weitergehende Bewertung wird deshalb als wenig notwendig erachtet.

> ▶ Die Berufsprofile (formuliert in Verordnungen und Rahmenlehrplänen) sind die Basis für die Ausbildung im dualen System; sie enthalten genaue Vorgaben zu den Lerninhalten und -methoden bezogen auf die verschiedenen Lernorte. Sie formulieren die Rahmenbedingungen und bilden das Fundament des staatlichen, institutionellen Systems; sie sind damit dem Charakter nach „vorgabe- bzw. angebotsorientiert". Auch hier ist der vorgeschriebene Ausbildungsweg der „Königsweg", alternative, außerhalb des formalen Bildungsgangs liegende Lernwege werden faktisch ausgeschlossen.[2]
>
> ▶ Formale Nachweise haben für den Zugang zum Arbeitsmarkt in der Bundesrepublik traditionell eine überragende Bedeutung. Sie haben für Absolventen der einschlägigen Bildungsgänge grundsätzlich eine hohe Bedeutung für die Sicherung der individuellen Arbeitsmarkt- und Beschäftigungsfähigkeit. Die formalen Qualifikationen haben einen zentralen Stellenwert für die Eingruppierung in geltende Tarif- und Entlohnungssysteme.[3] Sie haben damit eine hohe sozial-integrative Funktion, reduzieren in der Tendenz zugleich den Wettbewerb auf dem Arbeitsmarkt und führen in ihrem Geltungsbereich zu einer Reduzierung der sozialen Unterschiede.

Abb. 1: Merkmale des formalen Bildungssystems

Auf betrieblicher Ebene gab es bisher kaum einen Bedarf, informell erworbene Kompetenzen anzuerkennen. In offiziellen Verlautbarungen der Industrie wird auch heute noch die Bedeutung der formalen Qualifikationen (Abschlüsse, Ausbildungsprofile und Noten) für die Gestaltung der betrieblichen Karrierewege hervorgehoben; sie sind wegweisend und entscheidend für die Personalrekrutierung, insbesondere bei Berufsanfängern. Quereinsteiger, so Industrievertreter, die alternative Lern- und Lebenswege und eine „Patchwork-Biografie" aufweisen, haben danach in erster

---

2 Allerdings findet auch in diesem formalisierten, curricular geplanten und institutionellen Lernen eine informelle Kompetenzentwicklung statt. So ist unbestritten, dass neben dem intendierten Lernen auch immer noch etwas anderes gelernt wird (sog. heimliche Lehrplan). Der informelle Kompetenzerwerb ist individuell unterschiedlich und enthält gemessen an den curricularen Vorstellungen des formalen Unterrichtes Faktoren, die nicht geplant, beabsichtigt und gegebenenfalls nicht bewusst sind.

3 In Deutschland gibt es in vielen Tarifverträgen eine enge Bindung zwischen der anerkannten Ausbildung im dualen System und deren Bewertung in der Eingruppierung entsprechender Entgeltsysteme. Das bedeutet häufig auch, dass Beschäftigte nach einer erfolgreichen Teilnahme an einer Qualifizierungsmaßnahme einen Anspruch auf eine entgeldmäßig höhere Einstufung haben.

Empirische Befunde

Linie eine Chance, wenn andere „traditionell ausgebildete" Bewerber fehlen. Außerberuflich erworbene Kompetenzen, z.b. durch ehrenamtliche Aktivitäten und Engagement in Vereinen, in sozialen Einrichtungen etc., werden insbesondere von Führungskräften erwartet (*Weiß* 2002, S. 64), ein entsprechendes Engagement wird als Indikator für Führungskompetenz gewertet. Unternehmen verlassen sich nach diesen Einschätzungen bei der Personalauswahl und bei betrieblichen Personalentwicklungen nur bedingt auf Zeugnisse, Zertifikate oder sonstige Kompetenznachweise von Externen, sie setzen vielmehr auf eigene Auswahl-, Bewertungs- und Personalentwicklungsverfahren (z.b. Assessment-Verfahren, differenzierte Verfahren der Potenzialbeurteilung und dialogische Beurteilungsinstrumente). Auf diese Weise können Kompetenzprofile umfassend erstellt werden. Damit, so die Auffassung, ist eine weitergehende Anerkennung von Kompetenzen nicht erforderlich.[4]

Diese Auffassung klingt seltsam starr vor dem Hintergrund der im Zusammenhang mit der zunehmenden Globalisierung stattfindenden radikalen Restrukturierungsanstrengungen und weitgehenden arbeitsorganisatorischen Veränderungen in weiten Teilen der Industrie – ein Wandel, der sich bezeichnen lässt als ein Weg von einer eher funktions- zu einer prozessbezogenen Arbeitsorganisation, in deren Folge es auch zu einem Neuzuschnitt der Zuordnung von beruflichen (traditionellen) Qualifikationen zu Arbeitsfunktionen kommt, und der oftmals verbunden ist mit erhöhten Anforderungen an die Beschäftigten, insbesondere in Hinblick auf die sozialen und personalen Handlungsfähigkeiten. Analog zu diesem Strukturwandel lässt sich ein enormer Bedeutungsgewinn der betrieblichen Weiterbildung feststellen, sie übernimmt eine Schlüsselfunktion im Zusammenhang mit der Bewältigung des Strukturwandels. Die berufliche Weiterbildung ist nicht nach dem streng formalisierten System der Erstausbildung gestaltet, sondern ist stärker orientiert an den betrieblichen und individuellen Bedürfnissen. Damit wird zugleich die Bedeutung alternativer Wege zum Kompetenzerwerb unterstrichen: Der Bedarf an Kompetenzen lässt sich aufgrund der Unsicherheiten und Unkalkulierbarkeiten auf den Märkten nur bedingt im Voraus planen, flexible Lerninhalte, -modelle und -wege, die den situativen Bedarfen und Bedürfnissen stärker entsprechen, sind eine Voraussetzung für erfolgreiches Lernen.

---

4 Aussagen von Betriebsvertretern während des BIBB-Fachkongresses 2002, Forum 3, Arbeitskreis 3.5 „Erfassen, Dokumentation und Anerkennung informell erworbener Kompetenzen".

Parallel dazu liegt die Sicherung der individuellen Beschäftigungsfähigkeit zunehmend in der Verantwortung des Einzelnen.[5] Von ihm wird eine mehr oder weniger kontinuierliche, zunehmend eigeninitiativ gestaltete Weiterbildungsaktivität erwartet. Dies kann im Zusammenhang mit der Berufstätigkeit, aber auch außerhalb von Erwerbsarbeit und unter Ausschöpfung unterschiedlichster Lernquellen (IT-basiert, Kurse, Seminare, Studium von Fachzeitschriften etc.) geschehen. Die so erworbenen Kompetenzen können aber nur dann zu einer Verbesserung und Förderung der individuellen Beschäftigungsfähigkeit führen, wenn sie am Arbeitsmarkt geltend gemacht werden können bzw. für eine Weiterqualifizierung verwendet werden können. Das wiederum geht nur über ihre Dokumentation und Anerkennung, das bedeutet aber auch Überlegungen zur Anerkennung alternativer Lernwege anzustellen und den Blick stärker zu richten auf den Kompetenzerwerb und weniger darauf, wie und wo sie erworben wurden.

Damit ist zugleich das Kernproblem umrissen, die bestehende Kluft zwischen den unterschiedlichen Interessen und Positionen der Beteiligten lässt sich ohne einen Konsens zwischen Staat, Wirtschaft und anderen sozialen Gruppen (z.B. Gewerkschaften) nicht lösen.

3 Informelles Lernen und seine Facetten

Was ist unter informellem Lernen zu verstehen? Die Diskussion über den Begriff und darüber, was unter informellen Lernen verstanden wird, ist in vollem Gange und wird in erster Linie geprägt durch die unterschiedlichen bildungspolitischen Hintergründe, die verschiedenen Theorieansätze und die Besonderheiten in den verschiedenen Ländern vor dem Hintergrund der jeweiligen nationalen Bildungssysteme.

In der folgenden Übersicht (Abb. 2) sind einige Interpretationen aufgelistet, die alle auf die wesentlichen Merkmale informellen Lernens verweisen und zugleich die Notwendigkeit der besseren Sichtbarmachung der in diesen Lernprozessen erworbenen Kompetenzen betonen.

---

5 So regeln insbesondere Großbetriebe in Betriebsvereinbarungen umfassende Regelungen zur betrieblichen Qualifizierung auf der Basis von jährlich zu vereinbarenden Zielabsprachen. Dabei wurde nach Angaben eines Betriebes das Ziel des lebenslangen Lernens als Beitrag der Arbeitsplatzsicherheit auch für ältere Arbeitnehmer tariflich verankert (vgl. *DaimlerChrysler* 2002).

Empirische Befunde

- Für *Jens Bjørnåvold* (2001) findet informelles Lernen in der Umwelt außerhalb von formalen Bildungseinrichtungen statt. Es entwickelt sich in aller Regel im Zusammenhang mit anderen Tätigkeiten, ist erfahrungsbezogen, häufig nicht bewusst und wird vom öffentlichen (in aller Regel formalen) Bildungssystem nicht hinreichend wertgeschätzt und anerkannt.

- *Dohmen* (2001) argumentiert ähnlich und versteht alle Formen des Selbstlernens als informelles Lernen, das sich im unmittelbaren Lebens- und Erfahrungszusammenhang außerhalb des formalen Bildungswesens entwickelt. Informelles Lernen ist häufig anlassbezogen, sporadisch und zufällig, in erster Linie auf die Lösung von aktuellen Problemen bzw. Aufgabenstellungen bezogen, geschieht unzusammenhängend und ad hoc. Es ist deshalb häufig nicht bewusst, die Ergebnisse des Lernen sind oft nicht bekannt und nur schwer oder gar nicht verbalisierbar. Eine Anerkennung der informell erworbenen Kompetenzen ist ein entscheidender Beitrag zur Überwindung der gesellschaftlichen Bildungskluft und zur Entschärfung der neuen sozialen Frage.

- Für *Marwik/Volpe*[6] ist informelles Lernen in Organisationen in die tägliche Arbeit und in Routine eingebettet, wird meist durch einen inneren oder äußeren Anstoß ausgelöst und ist im Verlauf bzw. im Ergebnis nicht vollständig vorhersehbar und erkennbar, ist personen- und erfahrungsbezogen, ist den Lernenden nicht mehr bewusst und geschieht als induktiver Prozess bestehend aus Reflexion und Handlung (*Straka* 2000).

- Für die *Kommission der Europäischen Gemeinschaften* (2001) kann informelles Lernen zielgerichtet sein, ist jedoch in den meisten Fällen nicht intentional bzw. inzidentell und beiläufig.

- Informelles Lernen wird nach *Laur-Ernst* (2000b) primär aufgrund individueller Nachfrage in Gang gesetzt. Es ist individuell gesteuert, kann sich grundsätzlich überall ereignen, es ist prinzipiell nicht zu verhindern, hängt jedoch in hohem Maße von Merkmalen der individuellen Persönlichkeit und von der persönlichen Lern- und Lebensbiografie ab. Es findet sowohl intentional und bewusst aufgrund einer persönlich erkannten Wissenslücke oder eines erlebten Kompetenzdefizits statt als auch inzidentell, also unbewusst, beiläufig, implizit und latent.

Abb. 2: Merkmale informellen Lernens

---

[6] Straka, G. A.: Kompetenzentwicklung, Berlin, Waxmann 2000

Definition informelles Lernen

Zusammenfassend lässt sich sagen, dass das informelle Lernen alle Formen des mehr oder weniger bewussten Selbstlernens umfasst, das sich im unmittelbaren Lebens- und Erfahrungszusammenhang außerhalb des formalen Bildungssystems entwickelt. Anlässe zum Lernen sind ebenfalls mehr oder weniger bewusst. Das Lernen ist gebunden an die Person und an die bisherigen (auch negativen) individuellen Lern- und Lebenserfahrungen. Die Ergebnisse des Lernprozesses sind dem Lernenden nur bedingt bewusst, damit sind sie nur bedingt beschreibbar und transferierbar.

Bei den Beschreibungen der charakteristischen Merkmale des informellen Lernens bleibt der Mangel an Begriffsklarheit nicht verborgen: Erfahrungsbezogenes, subjektgebundenes, selbst gesteuertes, latentes, implizites Lernen, Erfahrungs- und Alltagslernen stehen unvermittelt nebeneinander oder werden unterschiedlich interpretiert.

In Abbildung 3 wird eine Fokussierung auf die relevanten Eigenschaften und Hauptstränge des informellen Lernens vorgenommen, um einer begrifflichen Klärung näher zu kommen.

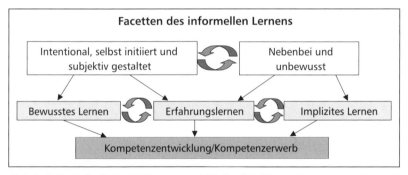

Abb. 3: Informelles Lernen – Facetten und Wechselbeziehungen

Der **bewusst initiierte und gestaltete informelle Lernprozess** kann aufgrund einer Aufgabenstellung im Alltag, im Privatleben oder an realen Arbeitsplätzen im betrieblichen Alltag ausgelöst werden, indem z.B. eine Wissenslücke erkannt wird oder eine Arbeit nicht erfolgreich abgeschlossen werden konnte. Ein entsprechendes Lernen am Arbeitsplatz bzw. im betrieblichen Alltag kann z.B. durch Nachfragen beim Kollegen, durch das Nachschlagen in Anleitungen und Handbüchern erfolgen. Die Bewältigung der Arbeiten und Anforderungen nach dem Trial-and-Error-Prinzip gehört ebenso dazu wie verschiedene Formen der Einführung in die Arbeit.

Der **Kompetenzerwerb** kann aber auch ohne direkte, äußerlich erkennbare Anlässe ausgelöst werden und erfolgt häufig **unbewusst, beiläufig und implizit**.[7] Unbewusst gelernt werden kann in Arbeitsbesprechungen, im Familienrat, bei Gesprächen mit Kollegen, Freunden, in der Familie oder im Verein etc. Gelernt wird häufig, ohne dass es ein Wissen darüber gibt; die Ergebnisse des Lernprozesses bleiben deshalb häufig verborgen. Gegenwärtig gibt es kaum gesicherte Erkenntnisse darüber, welche Anteile intentionales und implizites Lernen an der individuellen Kompetenzentwicklung haben und wie die wechselseitigen Beziehungen aussehen.

Das **Erfahrungslernen** ist eine weitere Komponente des informellen Lernens. Häufig findet eine Gleichsetzung statt. Dabei wird allerdings übersehen, dass gerade in den arbeitsintegrierten Formen des Lernen in der Ausbildung in der Bundesrepublik das didaktisch strukturierte und nach pädagogischen Gesichtspunkten gestaltete Lernen bzw. Lernarrangements (z.b. Projektausbildung, Erkundungen, Lernstationen im Produktionsprozess etc.) eine große Rolle spielt. Dieses in gestalteten Lernprozessen intendierte Erfahrungslernen ist vom berufsrelevanten informellen Erfahrungslernen zu unterscheiden. Es ergibt sich z.b. in der tätigen Auseinandersetzung mit den aktuellen Aufgaben und Anforderungen des Ausbildungs- und Berufsalltags. Ausmaß und Qualität des informellen Erfahrungslernens sind in hohem Maße abhängig von den Arbeitstätigkeiten selbst und dem sie umgebenden betrieblichen Umfeld. Die Chance zum Erfahrungslernen steigt in einer lernförderlichen Arbeitsumgebung, wenn die Anforderungen der Arbeit herausfordernd und neu sind, Handlungs- und Gestaltungsspielräume in der Arbeit und Gestaltungsoptionen für Kooperationen und Kommunikationen vorhanden sind.

Ein weiterer relevanter Begriff in diesem Zusammenhang ist der der Kompetenz bzw. der Frage danach, wie eine Kompetenzentwicklung erfolgen kann. Auch dieser Begriff soll näher erläutert werden, dabei wird eine theoretische Verortung vorgenommen und eine Abgrenzung zu einem in diesem Kontext häufig verwendeten Begriff der Qualifikation vorgenommen.

---

7   Eine weitere Differenzierung der Begriffe wird nicht vorgenommen. Sie bezeichnen alle im Prinzip einen weitgehend gleichen Sachverhalt, sie verweisen auf unterschiedliche Theoriekonzepte, die hier aber nicht weiter behandelt werden.

Definition Qualifikation, Kompetenz und Kompetenzentwicklung

Der Begriff **Qualifikation** wird verwandt für die Beschreibung des allgemeinen Bildungsstandes oder meint die (eher abstrakte) Fähigkeit eines Individuums zur Bewältigung beruflicher Anforderungen. Bezugspunkte bilden dabei die im formalen Bildungssystem in überwiegend fremdorganisierten Lernprozessen erworbenen und anerkannten Qualifikationen, bzw. die formale, aufgrund arbeits- und tarifrechtlich geregelte Befähigung zur Ausübung einer definierten Tätigkeit bzw. eines Aufgabenspektrums. In den Begriff aufgenommen sind in erster Linie objektiv beschreibbare Bildungspositionen, die im Sinne eindeutig formulierter Leistungskriterien überprüfbar sind; subjektbezogene Kategorien sind von untergeordneter Bedeutung.

Mit **Kompetenz** können die gesamten Fähigkeiten des Einzelnen umschrieben werden, anstehende Aufgaben und Arbeiten angemessen bewältigen zu können. Im Unterschied zur Qualifikation, wo der Schwerpunkt auf unmittelbare tätigkeitsbezogene Kenntnisse, Fähigkeiten und Fertigkeiten liegt, ist Kompetenz stärker auf die Persönlichkeit des Einzelnen bezogen und umfasst die gesamten Handlungsdispositionen und Selbstorganisationsfähigkeiten der Person und verfolgt damit einen ganzheitlichen Anspruch. Im Mittelpunkt der Betrachtung steht dabei die umfassende berufliche Handlungsfähigkeit der Person, die sich zusammensetzt aus einem Bündel an Fachkompetenzen, Methodenkompetenzen, Sozialkompetenzen und personalen Kompetenzen.

Kompetenzen entwickeln sich in der tätigen und reflexiven Auseinandersetzung mit den Anforderungen und Herausforderungen innerhalb und außerhalb von Erwerbsarbeit. Kompetenzentwicklung in der Arbeit als wichtige Voraussetzung für die Entfaltung persönlicher und organisationaler Kreativität setzt die Existenz entsprechender lernförderlicher Rahmenbedingungen voraus, z.B. das Vorhandensein und die Inanspruchnahme von Handlungsspielräumen in der Arbeit, eine Problemhaltigkeit in der Aufgabenstellung, die den Betreffenden weder über Gebühr unter- noch überfordert, und die vom Einzelnen die Entwicklung von Handlungsoptionen erfordert, die über routinemäßiges Handeln hinausgehen.

Kompetenzentwicklung kann damit verstanden werden als ein weitgehend selbst gesteuerter Lern- und Aneignungsprozess, in dem der Lernende durch die Ermöglichung von Lern- und Reflexionsprozessen zur Infragestellung, Reflexion und Veränderung eingelebter und routinebehafteter und bewährter Handlungsmuster und Sichtweisen geführt und so seine fachlichen, persönlichen, methodischen und sozialen Handlungsfähigkeiten erweitern, neu strukturieren und aktualisieren kann. Dabei wird ein konstruktivistisches Verständnis von Lernen unterstellt. Damit wird angenommen, dass Lernen kein passives Aufnehmen und Abspeichern von Informationen ist, sondern einen aktiven Prozess darstellt, der von Individuum zu Individuum unterschiedlich auf der Basis der eigenen Wahrnehmung und des bisher Gelernten und Erfahrenen verläuft. Gelernt wird an für den Einzelnen bedeutungsvollen Sachverhalten und Kontexten, die zugleich anschlussfähig sind. Neues, das mit dem bisher Erfahrenen und Gelernten nicht übereinstimmt, löst beim Einzelnen Irritationen aus, die nur dann gelöst werden, wenn die alten „Deutungsmuster verändert werden und die Negativerfahrungen der früheren Lernprozesse nicht zu gravierend waren" (*Arnold* 1996). Damit hat die Kompetenzentwicklung einen auf das Individuum gerichteten Bezug.

Der Begriff **Kompetenz** umfasst die Summe der Wissensbestände und auch die Anwendungsfähigkeit des Wissens der Person. „Damit ist (...) ausgedrückt, dass Kompetenz in ihrer Gesamtheit aus aktiven und ruhenden Wissensbeständen, aus sichtbaren und verborgenen, damit aus beschreibbaren und nicht beschreibbaren sowie für seinen Träger sogar aus bewussten und unbewussten Fähigkeiten und Fertigkeiten besteht (...). Insgesamt ist damit gesagt, dass Kompetenz ganz allgemein wie berufliche Kompetenz im Besonderen an eine Tätigkeit und gleichsam an ein Individuum gebunden ist. Dass heißt weiter, dass es durch die Subjektbezogenheit und durch den Tätigkeitsbezug allgemeine Kompetenzen nicht gibt, sondern Kompetenz sich immer definiert in Bezug auf eine konkrete Tätigkeit, Anforderung, Aufgabe bzw. Problemstellung, sowie in Bezug auf eine konkrete Realisierung dieser Anforderungen durch ein Individuum; Kompetenz und Kompetenzentwicklung sind so nicht in dem Maße wie Qualifikationen objektivierbar" (*Arnold/Schüssler* 2001, S. 66).

4 Anforderungen an Verfahren und Instrumente zur Erfassung und Dokumentation informell erworbener Kompetenzen

Die in dem Kompetenzbegriff erkennbaren Charakteristika verweisen auf eine besondere Problematik, die sich im Zusammenhang mit der Erfassung, Dokumentation und Anerkennung informell erworbener Kompetenzen ergeben.

Wenn der Kompetenzerwerb letztlich individuell und kontextgebunden erfolgt, die Ergebnisse dieser Lernprozesse – darauf wurde im vorangegangenen Abschnitt bereits hingewiesen – teilweise impliziter Art sind und die Menschen sich des Besitzes dieser Kompetenzen häufig nicht bewusst sind und zugleich die dem Erwerb der Kompetenzen innewohnenden Muster (Schritte, Regeln bzw. Entwicklungsdynamik) nicht ohne weiteres zu verbalisieren und zu verallgemeinern sind, dann muss sich das notwendigerweise in den Verfahren zur Erfassung und Dokumentation niederschlagen. Neben diesen methodischen Fragen sind zunächst die grundlegenden Anliegen und Zwecksetzungen zu klären. Herausforderungen liegen darüber hinaus darin, wie die politische und institutionelle Verankerung der Verfahren zur Dokumentation und Anerkennung informell erworbener Kompetenzen unterstützt werden kann und wie der institutionelle Rahmen für die Dokumentation und Anerkennung aussehen soll.

Methodische Herausforderungen

Zu den methodischen Herausforderungen gehört die Entscheidung darüber, welche Zwecke und Ziele mit den Verfahren verfolgt werden. *Bjørnåvold* spricht von „formativer" Funktion, wenn es darum geht, Verfahren zu entwickeln, um Lernprozesse von Individuen und Organisationen anzuleiten. Eine „summative" Funktion haben Verfahren dann, wenn informelles Lernen „nur" zu dem Zweck geprüft wird, um Zugangsberechtigungen zu erwerben (*Bjørnåvold* 2001, S. 66).

Eine zentrale Frage ist, mit welchen Methoden die Dokumentation und Anerkennung geschehen soll. Gegenwärtig gibt es eine fast unüberschaubare Vielfalt an Test- und Bewertungsverfahren: Sie reichen von computergestützten Multiple-Choice-Fragebögen, über unterschiedliche Formen der Assessment-Verfahren, umfassen differenzierte Formen der Selbsteinschätzung und -beurteilung, der Fremdeinschätzung und -beurteilung, verschiedene Befragungstechniken und Interviewformen. Tests sind darüber hinaus mehr oder weniger stark traditionellen Prüfungsmethoden entnommen; Arbeitsproben und im Arbeitsprozess verankerte Bewertungsverfahren werden zur Überprüfung der Kompetenzen herangezogen.

Hier ist es wichtig, die für die jeweilige Aufgabenstellung geeigneten Instrumente zu entwickeln und bereitzustellen. Dabei wird auch die Frage zu klären sein, ob und inwieweit es möglich und sinnvoll sein kann, Erfassungs- und Dokumentationsmethoden zu entwickeln und bereitzustellen, mit denen sich die verborgenen (Tacit Skills) kontext- und personengebundenen Kompetenzen erfassen und dokumentieren lassen. Ethisch-moralische Bedingungen und Grenzen sind auszuloten, wenn es darum geht, Beobachtungsinstrumente, Untersuchungs- und Befragungsverfahren zu entwickeln und zum Einsatz zu bringen, die die individuellen Entscheidungs- und Freiheitsrechte des Einzelnen nicht unberücksichtigt lassen.

Die Vielgestaltigkeit der Lernprozesse und die Komplexität lassen es schwierig erscheinen, den gleichen Grad an Verlässlichkeit zu erhalten, wie es mit den aus dem formalen Bildungswesen bekannten und standardisierten Prüfungs- und Bewertungsverfahren möglich ist. Zu klären ist welche spezifische Art von Verlässigkeit möglich und zugleich notwendig ist, um eine Akzeptanz und Legitimation der Verfahren zu erreichen.[8]

Die Akzeptanz der Bewertungsverfahren wird darüber hinaus durch die Transparenz und Klarheit der zur Anwendung kommenden Methoden abhängen; hier ist darauf zu achten, dass in den Verfahren das bewertet wird, was bewertet werden soll.

Von grundsätzlicher Bedeutung ist die Festlegung der Referenzstandards und die Entscheidung darüber, inwieweit ein eindeutiger und nachvollziehbarer Bezug zum bestehenden formalen Berufsbildungssystem und den dort formulierten Qualifikationsstandards hergestellt werden soll.

Mit der Formulierung der Bezugspunkte wird definiert, woran die Kompetenzen „gemessen" werden, wie umfangreich die Kompetenzbereiche „geschnitten" und welche Inhalte damit verknüpft werden sollen. In dem Zusammenhang stellt sich auch die Frage nach den Kompetenzniveaus: Werden Mindestniveaus definiert oder geht es eher darum, verschiedene Leistungsstufen (differenzierte Formen des Expertentums) zu benennen und in die Verfahren einfließen zu lassen? Anerkennungssysteme, das zeigen die Erfahrungen der europäischen Nachbarländer, werden nur dann auf eine breite Akzeptanz stoßen und die notwendige Anerkennung erhalten, wenn Bezugspunkte eindeutig festgelegt sind und darüber ein institutionell abgesicherter Konsens hergestellt wurde.

---

8 Hier wird auch zu klären sein, ob die aus dem formalen Bildungswesen bekannten und etablierten Bewertungs- und Prüfungsverfahren herangezogen werden können. Insbesondere die neuen ganzheitlichen Prüfungen, die erstmals bei der Neuordnung der IT-Berufe Ende der 1990er-Jahre zur Anwendung kamen, bieten interessante Ansatzpunkte.

Politische und institutionelle Herausforderungen

Weitere Herausforderungen ergeben sich in der Frage, wie die politische und institutionelle Verankerung der Verfahren zur Dokumentation und Anerkennung informell erworbener Kompetenzen unterstützt werden kann und welche Schritte dazu zu unternehmen sind (Wie kann die Akzeptanz der Verfahren bei den verschiedenen Zielgruppen und die Legitimation von Bewertungs- und Anerkennungsverfahren sichergestellt werden?).

Alle Erfahrungen aus dem europäischen Ausland bei der Entwicklung und beim Einsatz entsprechender Verfahren zeigen, dass die Arbeit dann erfolgreich sein kann, die Verfahren auf eine breite Akzeptanz stoßen, wenn es gelungen ist, alle relevanten Gruppen, Organisationen und Institutionen frühzeitig in den Prozess einzubinden und ihnen hinreichende Beteiligungsrechte einzuräumen, einen kontinuierlichen Austausch sicherzustellen und darüber hinaus eine größtmögliche Transparenz der Arbeit und eine Darstellung in der Öffentlichkeit zu gewährleisten.

Im Weiteren ist die Frage zu klären, wie der institutionelle Rahmen für die Dokumentation und Anerkennung aussehen soll, um eine hohe Akzeptanz zu gewährleisten. Von Bedeutung ist die Entscheidung, welche Unterstützungsleistungen von wem angeboten werden, wie einfach auch hier das Angebot durch die Nutzer in Anspruch genommen werden kann, d.h. welche Unterstützungsleistungen angeboten werden, wie „anwenderfreundlich" der gesamte Prozess gestaltet wird. Schließlich ist zu entscheiden, wer die Dokumentation und Anerkennung übernimmt und wie die Zuständigkeiten und Verantwortlichkeiten geregelt werden und welche Finanzierungsregelungen vorgesehen sind.

5 Stand und Entwicklung der Anerkennung informell erworbener Kompetenzen in Deutschland

Gesetzliche Bestimmungen im berufsbildenden Bereich, die eine explizite Anerkennung informell erworbener Kompetenzen vorsehen, existieren ansatzweise bei der Externenprüfung. Weitergehende gesetzliche Regelungen sind nicht vorhanden, allerdings gibt es in Deutschland gegenwärtig eine Vielzahl von Initiativen und branchenspezifischer Ansätze, die sich mit der Frage der Erfassung und Dokumentation von informell erworbenen Kompetenzen befassen. Von Seiten der Unternehmen sind gegenwärtig keine einschlägigen Projekte bekannt, die über Unternehmensgrenzen hinweg eine Bedeutung haben.

Im Folgenden werden wichtige Entwicklungslinien in Aus- und Weiterbildung aufgezeigt und betriebliche Ansätze erläutert.

5.1 Entwicklungen im berufsbildenden Bereich, in der Aus- und Weiterbildung

Externenprüfung

Im berufsbildenden Bereich liegt mit dem Instrument der „Externenprüfung" ein Verfahren vor, das die Berücksichtigung auch informell erworbener Kompetenzen bei der Zulassung zur Abschlussprüfung vorsieht. Allerdings ist mit der Teilnahme an der Prüfung keine eigenständige oder besondere Ermittlung und Bewertung der informell erworbenen Kompetenzen verbunden. Die Prüfung wird nach den Vorgaben, Inhalten und Strukturen des jeweils vorgegebenen formalen Berufsbildes durchgeführt. Das bedeutet, der Absolvent hat seine, auch außerhalb des formalen Bildungssystems erworbenen Kompetenzen, nach eben diesen formalen Grundsätzen zu präsentieren und nachzuweisen.

Bildungspässe

Eine relativ ausgeprägte Experimentierfreude zeigt sich gegenwärtig in der Entwicklung von Bildungspässen, die ganz allgemein zum Ziel haben, durch eine Kombination verschiedener Instrumente eine Ermittlung und Dokumentation der individuellen Kompetenzen durchzuführen und damit ein umfassenderes Kompetenzprofil abzubilden. Hier sind Ansätze zu erkennen, den Kompetenzerwerb unabhängig von den institutionellen Wegen zu erfassen und die bisher vorherrschende Fremdbeurteilung und -bewertung der Kompetenzen um Formen der Selbstbewertung zu ergänzen.

Gegenwärtig gibt es 65 Bildungspässe[9], die im Rahmen von Projekten und Initiativen entstanden sind bzw. sich in der Entwicklung befinden. Sie konzentrieren sich einerseits auf die Erfassung spezifischer Kompetenzen oder sind andererseits schwerpunktmäßig auf die Bedürfnisse bestimmter Gruppen gerichtet. Zum Beispiel werden sie für Jugendliche in der Berufsvorbereitung bzw. für Erwachsene im Rahmen von berufsbegleitenden Nachqualifizierungsbemühungen eingesetzt bzw. sind darauf ausgerichtet, Arbeitslosen den Wiedereinstieg in den „ersten" Arbeitsmarkt zu

---

9 Angaben des Deutschen Instituts für Erwachsenenbildung, DIE, Bonn (Dezember 2002), Ergebnisse stammen aus den Erhebungen im Rahmen des BLK-Modellversuchsprogramms.

erleichtern. Andere Projekte bzw. Initiativen richten den Fokus auf die Erfassung von spezifischen Kompetenzen (IT-Qualifikationen), um BerufsrückkehrerInnen den Einstieg zu erleichtern, sollen den Zugang zu weiterführenden beruflichen Bildungsmaßnahmen fördern, indem sie den Anspruch auf eine umfassende Dokumentation der persönlichen und fachlichen Kompetenzen (Qualipass: Baden-Württemberg) verfolgen.

Projekt Familienkompetenzen

Im Projekt „Familienkompetenzen als Potenzial einer innovativen Personalentwicklung" – auf das im Folgenden näher eingegangen werden soll – war es das Ziel, „die noch weitgehend brachliegenden Kompetenzpotenziale aus Familientätigkeit für betriebliche Personalarbeit nutzbar zu machen und praxistaugliche Instrumente und Methoden zu ihrer Erfassung und Bewertung zu entwickeln" (*Bundesministerium für Familie, Senioren, Frauen und Jugend* 2002, S. 6). Damit wurde ein Themenfeld bearbeitet, das in den bisherigen Diskussionen und Methodenentwicklungen bisher nicht aufgegriffen wurde.

Entwickelt wurde ein Instrument zur Selbsteinschätzung (Kompetenzbilanz), das sich u.a. an berufstätige Mütter und Väter und BerufsrückkehrerInnen richtet und ihnen die Möglichkeit eröffnet, die sozialen und personalen Kompetenzen, die im Rahmen der Familienarbeit erworben wurden, zu erfassen und zu bewerten. Mit dieser Kompetenzbilanz soll es der Zielgruppe ermöglicht werden, „die eigene Lebenssituation im Spannungsfeld zwischen beruflicher und persönlicher Entwicklung zu reflektieren und zukünftige Entwicklungsmöglichkeiten und -wünsche abzuschätzen. Für Unternehmen und öffentliche Arbeitgeber bzw. Institutionen bietet die Kompetenzbilanz ein dialogisches Verfahren, um in Arbeitsteams oder in (...) Mitarbeitergesprächen, wo sozial-kommunikative Kompetenzen wesentlich sind, Aufgabenzuschnitte neu festzulegen, Aufgaben und Entwicklungsschritte in Zielvereinbarungen festzuhalten. (...) Durch die systematische Einbeziehung der Kompetenzbilanz in die Personalarbeit wird den Beschäftigten ein Signal gegeben, dass sie als Person mit dem ganzen Spektrum ihrer Fähigkeiten (...) ernst genommen, aber auch gefordert werden. Das Instrument ist als Umsetzungshilfe gedacht, um die in den Gleichstellungsgesetzen der Länder zwingend vorgeschriebene Vorschrift, in der Familienarbeit erworbene sozial-kommunikative Kompetenzen bei Personalentscheidungen im öffentlichen Dienst zu berücksichtigen, soweit sie für die Berufsarbeit von Bedeutung sind"[10] (*Erler/Gerzer-Sass/ Nußhardt/Sass* 2002, S. 1).

Abbildung 4 verdeutlicht den stufenweisen Aufbau der Kompetenzbilanz.

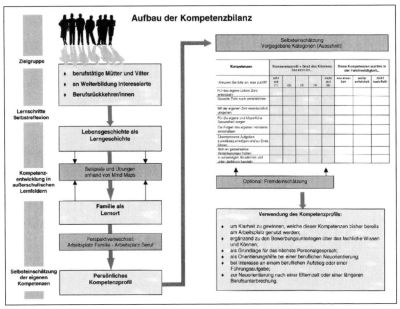

Abb. 4: Familienkompetenzen – Aufbau der Kompetenzbilanz

In einem ersten Schritt ist eine selbstreflexive Auseinandersetzung mit der eigenen Lernbiografie mit der Methode des Mind Mapping vorgesehen. Auf dieser Basis erfolgt im Weiteren die Beschäftigung mit dem Lernort Familie. Anhand von konkreten Beispielen (z.b. „Ein Kind wird krank") soll in einem reflexiven Prozess herausgearbeitet werden, welche Kompetenzen in den unterschiedlichen Situationen gefordert waren, welche Kompetenzen durch die Bewältigung der Aufgabenstellung erweitert und welche neu erworben wurden.

In folgenden Arbeitsschritt ist ein Perspektivenwechsel von der Familienarbeit zur Erwerbsarbeit vorgesehen. Dies wird an konkreten Beispielen erläutert: Welche der in der Familie genutzten Kompetenzen sind für die

---

10 Die Kompetenzbilanz liegt in englischer, niederländischer, französischer und russischer Version vor.

Erwerbsarbeit von Bedeutung bzw. können im weiteren Berufsleben von Belang sein?

Für die Erstellung des eigenen Kompetenzprofils wurden „sozial-kommunikative, methodische und Selbstkompetenzen" (*Erler/Gerzer-Sass/Nußhardt/Sass* 2002, S. 4) operationalisiert, in neun Kompetenzfelder aufgeteilt und in insgesamt 38 Teilkompetenzen unterteilt. Ein schrittweise aufgebautes Handbuch soll den Selbsteinschätzungsprozess (sog. kontrolliertes Self Assessment) anleiten und Reflektionsprozesse fördern und damit den Einzelnen befähigen, die eigenen Kompetenzen „sichtbar" zu machen und in ein skaliertes Kompetenzprofil, das den Grad des Könnens in den Stufen 1 (sehr gut) bis 5 (nicht gut) wiedergibt, zu dokumentieren. Die Klärung des eigenen Kompetenzprofils durch eine Fremdeinschätzung (durch eine Person des Vertrauens) ist optional.

Das Projekt erhält seine Bedeutung aus dem Versuch, ein Instrument zur persönlichen Kompetenzdiagnose zu entwickeln und dabei den eigenständigen Charakter des informellen Lernens zum Ausgangspunkt zu nehmen. Problematisch erscheinen jedoch das weitgehende Fehlen von exakten definierten Bezugspunkten und der Verzicht Anspruchsniveaus zu formulieren, die einen Einblick in die vorhandenen Selbstkonzepte und die Anspruchsniveaus der Befragten geben können. Biografisch angelegte Diagnosesysteme umfassen die gesamte Lern- und Lebensbiografie, einschließlich der formal erworbenen Kompetenzen; hier sind sie nur von untergeordneter Bedeutung – das erschwert gegebenenfalls den Wert der Aussagen. Das Vorgehen personale und kontextgebundene Kompetenzen nach inputorientierten Vorstellungen zu operationalisieren und Bewertungs- und Beurteilungskriterien zugrunde zu legen, die aus dem traditionellen Prüfungswesen entlehnt sind, lässt Zweifel an einer angemessenen Umsetzung des Anliegens erkennen.

Erste Ergebnisse der schriftlichen Befragungen bei AnwenderInnen zeigte, dass etwa 90 Prozent der Befragten durch Erarbeitung der persönlichen Kompetenzbilanz erstmals einen Eindruck vom Ausmaß der eigenen Kompetenzen gewinnen konnten. 40 Prozent der berufstätigen Befragten äußerten den Wunsch, die Ergebnisse für die Karriereplanung zu nutzen. Die Ergebnisse der Selbsteinschätzung auf der Basis der 38 genannten Merkmale zeigte ein sehr unterschiedliches Bild, hier sind weitergehende Auswertungen erforderlich.

Zum gegenwärtigen Zeitpunkt liegen keine weiteren Erkenntnisse darüber vor, inwieweit es mit den Methoden möglich war, einen individuellen Reflexionsprozess auszulösen und die „verborgenen" Anteile der Kompetenzen zu erfassen. Noch ausstehende Auswertungen werden Erkenntnisse über den Nutzen für die potenzielle Zielgruppe bringen.

Erste Stimmen aus der Industrie begrüßen die Kompetenzbilanz als ein sinnvolles Instrument im Rahmen von Mitarbeitergesprächen, eine Anerkennung der in der Kompetenzbilanz festgestellten Kompetenzen wird dagegen ausgeschlossen. Vielmehr muss jeder Arbeitgeber frei entscheiden können, „ob er eine von einem Bewerber vorgelegte Kompetenzbilanz bei seinen Entscheidungen berücksichtigt oder nicht (*Weiß* 2002, S. 64).

5.2 Entwicklungen auf betrieblicher Ebene

Arbeitszeugnisse

Auf betrieblicher Ebene werden die im Arbeits- und Berufsleben informell erworbenen Kompetenzen gegenwärtig hauptsächlich in Arbeitszeugnissen festgehalten. Diese Zeugnisse geben nur einen allgemeinen Einblick in die Fähigkeiten des Beschäftigten, sie enthalten in erster Linie eine Auflistung der hauptsächlichsten Aufgaben und Tätigkeiten und eine Bewertung. Soziale und personale Fähigkeiten werden häufig umschrieben, die geltende Zeugnissprachregelung, wonach Zeugnisse keine negativen bzw. rufschädigenden Angaben enthalten dürfen, eröffnet den Betrieben nur begrenzte Möglichkeiten, das Kompetenzprofil umfassend zu beschreiben. Beschäftigte haben beim Wechsel des Arbeitgebers einen Anspruch auf ein Zeugnis, sie können aber auch bei beabsichtigten innerbetrieblichen Veränderungen ein Zeugnis beantragen. Bei den Arbeitszeugnisse handelt es sich in erster Linie um eine Fremdbeurteilung der Kompetenzen. Trotz dieser Einschränkungen sind Arbeitszeugnisse auf dem Arbeitsmarkt ein weitgehend akzeptiertes Dokument, für Beschäftigte bzw. Arbeitssuchende haben sie den Status des Nachweises über berufliche Erfahrungen.

Beurteilungsverfahren

Verfahren der Mitarbeiterbeurteilung sind insbesondere in Großbetrieben weit verbreitet und werden zunehmend wichtig für die gesamte Personalarbeit und -entwicklung. Die Verfahren werden eingesetzt bei der Einstellung von Mitarbeitern, bei der Feststellung bzw. Eignung für bestimmte Aufgaben und Tätigkeitsfelder, bei der Beurteilung der individuellen Arbeitsleistungen, im Rahmen der Personalförderung und zur Abschätzung der Leistungspotenziale.

Eines der wichtigen und in Großbetrieben häufig praktizierten Verfahren zur betrieblichen Beurteilung ist das Assessment Center. Dieses „Beurteilungsverfahren" wurden in der Vergangenheit in erster Linie zur Auswahl von Führungskräften in der Industrie eingesetzt. Dabei werden unterschiedliche Beurteilungsmethoden eingesetzt. Die TeilnehmerInnen haben sich in gemeinsamen Gruppendiskussionen, in Rollenspielen oder in Einzelarbeiten mit möglichst realitätsnahen, unterschiedlichen Arbeits- und Entscheidungssituationen aus dem Berufsalltag auseinander zu setzen. Mit einem möglichst breit gefächerten Einsatz unterschiedlicher Auswahlmethoden, die stark auf die Eigeninitiative und Eigenaktivität der TeilnehmerInnen zielen, und einer Beurteilung durch mehrere Beurteiler soll eine zuverlässige und differenzierte Beurteilung der Kandidaten möglich sein und ein möglichst umfassendes Kompetenzprofil ermittelt werden können.[11]

Neue Verfahren der Beurteilung sehen eine stärkere Einbeziehung der Beschäftigten in den Prozess vor; Beurteilungs- bzw. Mitarbeitergespräche haben das Ziel, das Leistungsverhalten zu beurteilen, hier soll ein Dialog zwischen Beurteiler und Beurteilten zu einer angemessenen und von beiden Seiten getragenen Einschätzung der Leistung führen. Die Selbsteinschätzung des Mitarbeiters hat ein hohes Gewicht, individuelle Zielvereinbarungen (d.h. Festschreibung von in einem bestimmten Zeitraum zu erbringenden Leistungen) haben eine große Bedeutung.

Die genannten Beurteilungsverfahren haben ihre Bedeutung für den einzelnen Betrieb, eine weitergehende Nutzung der Daten ist ausgeschlossen.

6 Stand und Entwicklung der Anerkennung informell erworbener Kompetenzen in Europa am Beispiel von Frankreich, der Schweiz und Norwegen

Ein Blick ins Ausland zeigt, dass die Entwicklung und Implementierung derartiger Verfahren dort weiter gediehen ist und in einigen Ländern, z.B. in England, den Niederlanden, in Dänemark, in Frankreich, in Norwegen und der Schweiz bereits Dokumentations- und Anrechnungssysteme vorliegen, eingeführt oder sich in der Erprobung befinden.

---

11 Assessment Center werden oftmals als problematisch angesehen, weil Auswahlmethoden und -kriterien für die Geprüften nur begrenzt transparent und nachvollziehbar sind. Entscheidend für eine angemessene Einschätzung und Beurteilung ist darüber hinaus die Qualifikation der Beobachter.

Grundsätzlich lässt sich sagen, dass insbesondere die Länder, die über weniger stark formalisierte und elaborierte Berufsbildungssysteme verfügen, in der Dokumentation und Anerkennung weiter sind. Blickt man auf den europäischen Lebensraum, so lässt sich allerdings auch feststellen, dass es so etwas wie eine gemeinsame Strategie nicht gibt; in jedem Land stehen die Entwicklungen in einem engen Zusammenhang mit den geltenden beruflichen Bildungssystemen.

Im Folgenden wird mit dem französischen **„Bilan de compétences"** ein Anerkennungsverfahren vorgestellt, mit dem bereits umfangreiche Erfahrungen gesammelt wurden. Im zweiten Beispiel wird das **Schweizerische Qualifikationshandbuch (CH-Q)**, erläutert, ein Verfahren zur prozessorientierten Erfassung, Beurteilung und Anerkennung informeller und früher erworbener Lernleistungen, das seit 2002 erprobt wird. Schließlich wird in einem dritten Beispiel das kürzlich abgeschlossene norwegische **„Realkompetanse Project"** vorgestellt, in dem Verfahren zur Dokumentation und Anerkennung non-formal und informell erworbener Kompetenzen entwickelt und einer ersten Erprobung unterzogen wurden.[12]

6.1 Anerkennungsregelungen in Frankreich

In Frankreich existieren unterschiedliche Verfahren zur Ermittlung, Bewertung und Anerkennung nicht formal erworbener Kompetenzen. Chronologisch betrachtet wurde zunächst der „Bilan de compétences" entwickelt (gesetzlich geregelt nach den Gesetzen aus den Jahren 1985 und 1991). Später kamen die Assessment-Verfahren „of prior learning" in ihren spezifischen Ausprägungen VAP (1992) und COC (1997) hinzu.

Mit dem Gesetz zur sozialen Modernisierung („modernisation sociale") vom Juni 2002 wurde eine Validierung von Kompetenzen für berufliche Abschlüsse festgeschrieben und zugleich erweitert. Danach ist die Anerkennung von erworbenen Erfahrungen ein individuelles Recht, das für alle im künftigen Nationalen Verzeichnis der beruflichen Befähigungsnachweise aufgeführten Abschlüsse und Befähigungsnachweise gültig ist. Das Nationale Verzeichnis der beruflichen Befähigungsnachweise und der Berufsbefähigungsnachweis enthält die vom Staat gesetzlich anerkannten und zu vergebenden Abschlüsse und Befähigungsnachweise, die nach Anhörung

---

12 Initiativen wie z.b. der EURO-Pass und der Europäische Computerführrerschein werden hier nicht weiter thematisiert.

beratender Organe, in denen auch die repräsentativen Arbeitgeber- und Arbeitnehmerverbände vertreten sind, geschaffen wurden.[13] In allen Verfahren zur Ermittlung, Bewertung und Anerkennung nicht formal erworbener Kompetenzen fertigt der Betreffende ein Portfolio an. Hierbei handelt es sich um eine Zusammenstellung von Dokumenten, die die informell erworbenen Kompetenzen sichtbar machen. Das Portfolio enthält verschiedene Elemente, wie z.b. einen Lebenslauf, Arbeitszeugnisse, relevante Informationen über die berufliche Karriere sowie eine Auflistung über berufliche, persönliche oder soziale Erfahrungen.[14]

Bilan de compétences

1991 hat der französische Gesetzgeber ein Gesetz erlassen, das die Einführung des so genannten Bilan de compétences regelt. Ziel ist es, Beschäftigten eine umfassende Analyse ihrer beruflichen und persönlichen Kompetenzen, ihrer Fähigkeiten und individuellen Interessen zu ermöglichen. Dabei geht es darum, ein persönliches oder berufliches Projekt zu definieren und zu realisieren, das auf eine Wiedereingliederung in den Arbeitsmarkt abzielt oder aber bei einer beruflichen Umorientierung eine Hilfestellung geben kann. Dabei bilden Berufsklassifikationen bzw. staatlich anerkannte Berufsbilder den ausschließlichen Bezugsrahmen für die im Arbeitsprozess erworbenen Kompetenzen. Die Initiative zur Erstellung der Kompetenzbilanz ist freiwillig und kann vom Arbeitnehmer bzw. vom Arbeitgeber ausgehen.

Die Erstellung der Kompetenzbilanz geschieht in drei Schritten:

1) In der Vorphase werden die Interessen und Bedürfnisse der Antragsteller geklärt und das Verfahren und der Ablauf erläutert. Dabei kann

---

13 Das Verzeichnis umfasst technische, Berufs- und Hochschulabschlüsse des Erziehungs- und Landwirtschaftsministeriums, Abschlüsse des Ministeriums für Jugend und Sport und vom Ministerium für Beschäftigung und Solidarität vergebene Befähigungsnachweise. Ministère de la Jeunesse, de l'Education nationale et de la recherche Direction de l'Enseignement scolaire; Juni 2002.

14 In Frankreich wurden Modelle zur Anerkennung von erworbenen Kompetenzen parallel von zwei Ministerien aufgebaut. Einmal vom Arbeitsministerium, die in erster Linie auf die Zielgruppe der jungen Schulabgänger ohne Berufsausbildung, Arbeitslose, von Arbeitslosigkeit Bedrohte bzw. Wiedereinsteiger zielte, und vom Ministerium für nationale Erziehung. Mit dem Verfahren sollten diejenigen angesprochen werden, die ein Studium aufnehmen wollen, aber zugleich nicht über die erforderlichen Eingangsvorsetzungen verfügen. In den weiteren Ausführungen wird der Bereich der Hochschulausbildung nicht weiter thematisiert.

die Zielrichtung unterschiedlich sein: Während einerseits die Analyse der erworbenen Kompetenzen bzw. Potenziale im Vordergrund liegen kann, so kann in einem anderen Fall die Entwicklung eines individuellen Karriereplanes im Mittelpunkt stehen.

2) In der Durchführungsphase wird eine Analyse der persönlichen und beruflichen Kompetenzen, Orientierungen und Interessen vorgenommen, der Stand der Allgemeinbildung festgehalten und die beruflichen Entwicklungsmöglichkeiten aufgezeigt. Diese Schritte können gegebenenfalls in Gruppen bearbeitet werden.

3) In der Abschlussphase werden die Ergebnisse der Kompetenzbilanz aufbereitet und erörtert. Dazu wird eine Stärkenanalyse erstellt, es werden Wege aufgezeigt, wie das geplante Ziel erreicht werden kann und welche Umsetzungsschritte dazu erforderlich sind. Die Bilanzierung wird mit der Übergabe des Synthesedokumentes abgeschlossen. Darin enthalten sind: Ausführungen zu den Rahmenbedingungen, die der Erstellung zugrunde lagen, Auflistung der Kompetenzen, Fähigkeiten und Wissensbestandteile bezogen auf die genannte Zielsetzung und gegebenenfalls absehbare Realisierungsschritte. Das Dokument darf ohne Einwilligung der Betroffenen nicht an Dritte weitergegeben werden.

Die Kompetenzbilanzen werden von regionalen Bilanzierungseinrichtungen,[15] die eine jährlich zu erneuernde Zulassung über örtliche Präfekturen erhalten, durchgeführt.

Zentrale Bedeutung haben die zur Anwendung kommenden Methoden, hier gibt es keine gesetzlichen Regelungen. In den entsprechenden Grundsätzen ist lediglich festgehalten, dass die mit der Bilanzierung befassten Personen hinreichend qualifiziert sein müssen, die zum Einsatz kommenden Methoden zuverlässig sein müssen und die Informationen vertraulich zu behandeln sind. Persönliche Gespräche bilden im gesamten Bilanzie-

---

15 Dabei handelt es sich um gemeinnützige Vereine, private oder öffentliche Einrichtungen, die auch in der Weiterbildung, im Personalwesen etc. tätig sind. Die Finanzierung für die Erstellungen erfolgt über verschiedene Quellen: Wird die Kompetenzbilanz auf Initiative des Arbeitgebers erstellt, erfolgt die Finanzierung über den gesetzlich vorgeschriebenen betrieblichen Bildungsplan. Stellt ein Arbeitnehmer einen Antrag, übernehmen staatlich eingerichtete paritätische Einrichtungen die Finanzierung im Rahmen des Bildungsurlaubs, bei Arbeitslosen übernimmt die Arbeitsverwaltung die Kosten. Arbeitnehmer haben innerhalb von fünf Jahren einen Anspruch auf Freistellung von insgesamt 24 Stunden zur Durchführung der Kompetenzbilanz, eine Durchführung ohne Wissen des Arbeitgebers außerhalb der Arbeitszeit ist seit 1995 möglich (vgl. *Gutschow* 2002).

rungsgeschehen eine herausragende Bedeutung, unterschiedliche Fähigkeits- und Persönlichkeitstests gehören zu den Standardmethoden. Praktische und schriftliche Arbeitsproben und Arbeitsbeschreibungen, auf der Basis der geltenden Berufsklassifikationen, bilden die Grundlage für die Portfolios, mit denen die im Berufs- und Privatleben erworbenen Kompetenzen erfasst werden.

Nach vorliegenden Erfahrungen blieb die Nachfrage nach der Kompetenzbilanz hinter den Erwartungen zurück. Gleichzeitig gibt es seit Mitte der 1990er-Jahre eine kritische Diskussion (*Beller-Michel* 1999) des **Bilan de compétences:** Die starke Fixierung auf die festgeschriebenen Berufsklassifikationen und anerkannten Berufsbilder bei der Feststellung der Kompetenzen ist ein Kritikpunkt, der verstärkt wird durch den Sachverhalt, dass die mit der Bilanzierung betrauten Personen in den entsprechenden Einrichtungen überwiegend psychologisch ausgebildet sind und damit oftmals über keinen vertieften Einblick in betriebliche Abläufe und Anforderungen verfügen, die für eine angemessene Einschätzung der beruflichen Kompetenzen entscheidend sind.

Die geringe Verbreitung wird darüber hinaus mit dem Misstrauen begründet, dass dem Instrument auf Seiten von Arbeitnehmern und Arbeitgebern entgegengebracht wird. Beantragten Arbeitnehmer eine Freistellung für die Durchführung einer Kompetenzbilanz, wurde das von den Arbeitgebern häufig als Vorbereitung eines Wechsels des Arbeitsplatzes verstanden. Unternehmen ihrerseits beantragten die Durchführung häufig im Vorfeld von Restrukturierungsmaßnahmen, die oftmals Kündigungen nach sich zogen – eine Tatsache, die dem Ruf des Verfahrens geschadet und seine Verbreitung erschwert hat.

Der Nutzen des Synthesedokumentes ist nicht eindeutig, es stellt auf der einen Seite das einzige schriftliche Dokument für den Betroffenen dar, ist auf der anderen Seite aber kein Zertifikat, das von Arbeitgebern bzw. vom Arbeitsmarkt als Kompetenznachweis anerkannt wird.

6.2 Anerkennungsregelungen in der Schweiz

Schweizerisches Qualifikationshandbuch (CH-Q)

In der Schweiz wurde 2001 mit dem Schweizerischen Qualifikationshandbuch (CH-Q) ein umfangreiches Instrumentarium vorgelegt, das sich zum Ziel gesetzt hat, Jugendlichen und Erwachsenen die prozessorientierte Erfassung und Dokumentation der formellen, informellen, und früher erworbenen Lernleistungen zu ermöglichen und eine Anerkennung zu beantragen. Zu den Zielen heißt es weiter:

▶ Sammlung von Grundlagen für die individuelle Weiterentwicklung in Bildung und Beruf (Laufbahnentwicklung) sowie zur Förderung der beruflichen Flexibilität und Mobilität

▶ Stärkung des Selbstbewusstseins durch den Prozess des Erfassens und Beurteilens durch Selbst- und Fremdeinschätzungen

Das soll erfolgen anhand

▶ einer umfassenden Dokumentation der individuellen Bildungsressourcen und Kompetenzen, die sowohl formal als auch informell erworben wurden,

▶ einer ausführlichen Erarbeitung eines persönlichen Kompetenzprofils,

▶ einer schriftlichen Dokumentation der erbrachten Lernleistungen als Grundlage für eine Anerkennung bzw. Validierung,

▶ von Verfahren zur Selbst- und Fremdbeurteilung zur Selbsteinschätzung der Lernleistungen.

Das CH-Q ist als Portfolio konzipiert und enthält eine umfangreiche Arbeitsanleitung zum Umgang mit dem Instrument, einen Ordner mit einer Vielzahl von Formularen, die eine übersichtliche, systematische und chronologische Einordnung und Ablage der Nachweise, Zeugnisse und individuellen Bemerkungen und Notizen ermöglichen. Es enthält eine umfangreiche Arbeitsanleitung, die den Selbstreflexionsprozess anstoßen und begleiten soll.

Aufbau Inhalt und des Qualifikationsbuchs

Jeder der nachfolgend dargestellten Abschnitte enthält eine ausführliche Beschreibung zur Zielsetzung, zum Zweck und zur Vorgehensweise. Offene Leitfragen regen zur Auseinandersetzung mit dem Themenkomplex an.

Werdegang/Spuren sichern

▶ Erfassen und Beurteilen: Erstellen eines Selbstporträts, Sammeln von Daten und Fakten über den bisherigen Bildungsweg, aus Aus- und Weiterbildung, von beruflichen und außerberufliche Tätigkeiten und aus besonderen Berufs- und Lebenssituationen

Erfassung und Anerkennung informell erworbener Kompetenzen

▶ Sammeln von Nachweisen aus Schule, Studium, Aus- und Weiterbildung, Zusatzqualifikationen etc.: Diplome, Zeugnisse, Bestätigungen, Bescheinigungen etc.

▶ Sammeln von Nachweisen aus Berufstätigkeit: Arbeitszeugnisse, Referenzen etc.

▶ Sammeln von Nachweisen aus ehrenamtlichen Tätigkeiten, Arbeit in Vereinen, Verbänden, aus der Familienarbeit etc.: Bestätigungen, Bescheinigungen, Referenzschreiben, Dankesschreiben etc.

Potenzial/Leistungen sichtbar machen

▶ Erfassen von Fähigkeiten, Fertigkeiten, Wissensbestandteilen und Kompetenzen

▶ Beurteilen von Fähigkeiten und Kompetenzen anhand eines vierstufigen Niveauschemas (vgl. Abb. 5)

Erstellen eines persönlichen Profils – Stärken gezielt darstellen

▶ Zusammenfassung der Fähigkeiten und Kompetenzen (Kernkompetenzen) im Sinne einer Bilanz

▶ Bewertung des Profils bezogen auf genau zu definierende Aufgaben/ Anforderungen

▶ Beurteilung/Gewichtung der Fähigkeiten/Kernkompetenzen

Überdenken/umsetzen

▶ Lernerfahrungen/Reflexion der eigenen Lernprozesse

▶ Weichenstellung/Reflexion von wichtigen Lebensetappen/Berufs- und Lebenssituationen

▶ Schlussfolgerungen/Perspektiven und Maßnahmen

▶ Persönlicher Aktionsplan

Tipps

▶ Zum Sammeln und Erstellen von Nachweisen
▶ Zum Erstellen von Lebensläufen und Bewerbungsdossiers

Empirische Befunde

Das Qualifikationshandbuch befindet sich gegenwärtig in der Erprobung. Das aufwändig und sehr anwenderfreundlich gestaltete Handbuch schafft die Voraussetzungen für eine aktive, selbst gesteuerte Auseinandersetzung mit der eigenen Lern- und Bildungsbiografie, kann die Kompetenzen bei der Erfassung, Beurteilung und Bewertung der gesamten individuellen Lernleistungen fördern und bietet damit eine gute Möglichkeit mit dem zunehmenden Bewusstwerden der eigenen Kompetenzen für eine Stärkung des Selbstbewusstseins. Es stellt darüber hinaus ein sehr nachahmenswertes Beispiel für die Gestaltung eines individuellen Portfolios dar.

Abb. 5: Auszug aus dem Qualifikationshandbuch zur individuellen Potenzialeinschätzung

---

16 Eine Anleitung zur Auseinandersetzung mit negativen Lernerfahrungen ist nicht vorgesehen, ein Hinweis auf eine positive Wendung auch negativer Lebens- und Lernumstände bzw. Brüche in der Erwerbsbiografie ist sicherlich nicht ausreichend. Eine Unterstützung bei der Erstellung des Portfolios wird angeboten, weitergehende Angaben dazu fehlen.

Die Dokumentation der eigenen Kompetenzen stellt erhebliche intellektuelle Anforderungen an die Zielgruppe. Es ist fraglich, inwieweit insbesondere Jugendliche und eher lernungewohnte Erwachsene ohne eine weitere Hilfestellung in der Lage sein werden, das Portfolio zu erstellen.[16] Das CH-Q wird als einzigartiges Gemeinschaftswerk bezeichnet. In die Entwicklungsarbeiten waren die relevanten sozialen Gruppen und Organisationen einbezogen, das lässt eine große Akzeptanz bei der Verwendung erwarten. Die noch ausstehende Anerkennung der Lernleistungen und die ins Auge gefasste Entwicklung von zuverlässigen Validierungsinstrumenten werden dadurch sicherlich positiv beeinflusst. Erst wenn es gelingt, darüber einen Konsens herbeizuführen und entsprechende Schritte zu deren Umsetzung einzuleiten, kann das Instrument einen substanziellen Beitrag zur individuellen Beschäftigungssicherung leisten und eine Akzeptanz am Arbeitsmarkt finden.

6.3 Anerkennungsregelungen in Norwegen

Realkompetanse Project

„The storting aks the Government to establish a system that gives adults the right to document their non-formal and informal learning without having to undergo traditional form of testing." Mit dieser Resolution des norwegischen Parlaments (Storting) wurde in der zweiten Hälfte der 1990er-Jahre die Grundlage für die Entwicklung eines „national systems for the documentation and recognition of non-formal and informal learning with legitimacy in both the workplace and the educational system" (*Realkompetanse Project* 2002, S. 9) geschaffen.[17]

Das Projekt **Realkompetanse** (Laufzeit 1999 bis Mitte 2002) hatte zum Ziel, die im Lande laufenden Projekte zu der Themenstellung zu koordinieren, zu bündeln und in einer engen Zusammenarbeit mit den relevanten sozialen Gruppen des Landes angemessene und von einer breiten Basis getragene Verfahren zur Dokumentation der Kompetenzen und zu deren Anerkennung (Validierung) zu entwickeln und auf einer breiten Basis zu erproben.

---

17 Nach der norwegischen Definition ist das in formalen Lernprozessen erworbene Wissen Bestandteil des gesamten Lernens, „does not mean that earlier formal learning has to be checked out, but that formal learning is included in individuals realkompetanse together with non-formal and informal learning (*Realkompetanse Project* 2002, S. 9).

Dokumentations- und Anerkennungsverfahren für non-formales und informelles Lernen sind aus norwegischer Sicht zentrale Elemente für die Förderung des lebenslangen Lernens. Sie umfassen den im Zusammenhang mit der Erwerbsarbeit stattgefundenen Kompetenzerwerb (Workplace) und die im zivilen Leben erworbenen Kompetenzen (Civil Society). Damit erhalten alle Erwachsenen, unabhängig von ihrer Erwerbsarbeit, die Möglichkeit das eigene Kompetenzprofil zu erstellen und auch früher erworbene Kompetenzen anerkennen zu lassen.

Alle vor 1978 Geborenen erwerben mit den in einem Assessment-Verfahren anerkannten non-formalen[18] und informellen Kompetenzen die Zugangsberichtigung für die Absolvierung weitergehender Bildungsgänge (Upper Secondary Education). Seit 2001 hat jeder Erwachsene über 25 Jahren die Möglichkeit, auf der Basis der anerkannten non-formalen und informellen Kompetenzen eine Berechtigung für das Studium an einer Universität bzw. Fachhochschule (University, Colleges) zu erwerben. Darüber hinaus sind für 2003 gesetzliche Regelungen geplant, Erwachsenen, die aus persönlichen Gründen einen Abschluss einer weiterführenden Ausbildung nicht abschließen konnten, durch den Kompetenznachweis eine nachträgliche Anerkennung zu ermöglichen. Ganz explizit werden damit auch die Immigranten angesprochen, wenn es heißt: „Immigrants who have recently arrived in Norway an registered jobseekers who are not en-titled to upper secondary education will be given the opportunity for an assessment of their non-formal and informal learning, including vocational testing" (*Realkompetanse Project* 2002, S. 14).

Der Prozess der Dokumentation erfolgt durch Selbstbewertung (Self Assessment) und wird unterstützt durch eigens dafür geschulte Assessoren und Supervisoren in Skill Centren, den zuständigen Institutionen, die übers ganze Land verteilt sind. Sie übernehmen auch die Anerkennung der Lernleistungen, für die Anerkennung der Studienberechtigung sind Fachhochschulen bzw. Universitäten zuständig, die im Rahmen von festgelegten Assessment-Verfahren (Interviews, schriftliche Tests, praktische Tests) eine Bewertung vornehmen und eine Anerkennung veranlassen bzw. in Zusammenarbeit mit den Betroffenen Aktionspläne entwerfen, um die für

---

18 Die norwegische Definition der unterschiedliche Lernformen deckt sich mit der der EU: Non-formal gelernt wird danach in organisierten Programmen bzw. Kursen, es hat nicht unbedingt einen Bezug zur Arbeit und wird nicht immer bewusst zum Qualifikationserwerb genutzt. Informelles Lernen ist nicht organisiert und findet statt im Kontext mit den Tätigkeiten des Lebens, in und außerhalb von Erwerbsarbeit (*Realkompetanse Project* 2002, S. 11).

die Anerkennung notwendigen Bedingungen zu erfüllen (Kurse, Leistungsnachweise etc.).

Basis für die Entwicklung der Verfahren sind klar definierte nationale Standards, die im Konsens mit den beteiligten, relevanten Gruppen ausgehandelt wurden.

Genannt werden:

▶ Festlegung der politischen und institutionellen Rahmendingungen in Gesetzen, Regelungen und Vereinbarungen

▶ Transparenz der organisatorischen Strukturen und der Beteiligten

▶ Transparenz und Durchlässigkeit und kontinuierliche Kommunikation während des gesamten Entwicklungsprozesses

▶ Festlegung von Referenzstandards und Bezugspunkte für die Anerkennung

▶ Entwicklung eines umfassenden Informationssystems für alle Beteiligten

▶ Festlegung von Prinzipien für Beratung/Steuerung und Methoden für die Durchführung der Assessments

Vertrauen in die zum Einsatz kommenden Methoden sind das tragende Gerüst des gesamten Anerkennungssystems, Zuverlässigkeit und Gültigkeit der Ergebnisse durch den Einsatz angemessener Methoden sind Schlüsselkomponenten des Systems. Die Entwicklung der Methoden geschah mit der Zielsetzung das Kompetenzprofil der Betroffenen damit eindeutig und klar abbilden und darstellen zu können und dabei die festgelegten Kriterien anzuwenden. Dabei wird der Anspruch erhoben, dass „the results of an assessment has to be compiled in another context by other people and yet provide approximately the same results." (*Realkompetanse Project* 2002, S. 15).

Gleichzeitig wird auf die Problematik zu starker Festlegungen und Standardisierungen verwiesen, die zu fragwürdigen Ergebnissen führen können, dem Prozess-Charakter des Lernens nicht entsprechen und damit die gesamte Methode in Verruf bringen können.

Als Bezugspunkte/Referenzstandards für die verschiedenen Bereiche werden genannt

▶ in der Erwerbsarbeit die Beschreibungen der Aufgabenstellungen/Anforderungen „in the work life",

▶ für die Upper Secondary Education die nationalen Curricula und
▶ für die Fachhochschulen und Universitäten die geltenden Studienpläne.

Die Anerkennung der Kompetenzen erfolgt auf Antrag des Interessenten. Die Anerkennung der im Arbeitsprozess erworbenen Kompetenzen wird in den einzelnen Unternehmen vorgenommen. Soziale und bürgerschaftliche Institutionen und Organisationen sind zuständig für die Anerkennung der im Alltag erworbenen Kompetenzen. Sie unterstützen darüber hinaus Bürger, die ihr Kompetenzprofil eigenständig erstellen.

Verfahren zur Anerkennung der Kompetenzen, die den Zugang zu weiterführenden Bildungsgängen (Upper Secondary Education) ermöglichen, liegen bereits vor und wurden bereits auf breiter Ebene eingesetzt. Für die Anerkennung der im Arbeitsprozess erworbenen Kompetenzen liegen erste Entwürfe vor, ein landesweit geltendes System der Bezugspunkte und Standards wird für 2003 erwartet, das gilt auch für Kompetenzfeststellungsverfahren für das im alltäglichen Leben stattfindende Lernen.

Dokumentation non-formalen und informellen Lernens in der Arbeit (Workplace)

Die Feststellung der Kompetenzen am Arbeitsplatz erfolgt in zwei Stufen und umfasst die folgenden Aktivitäten. Die Entwicklung des

▶ Curriculum Vitae und
▶ Skills Certificate.

Das Curriculum Vitae ist als Portfolio gedacht und ermöglicht dem Betroffenen die Erfassung sämtlicher bisheriger formaler und informeller Lernaktivitäten. Das Kompetenzprofil wird selbstständig entwickelt; eine Unterstützung und Begleitung ist möglich, ebenso wie eine Fremdbeurteilung des gesamten Profils bzw. einzelner Aspekte. Der einzelne Beschäftigte bzw. Gruppen beschreiben das non-formale und informale Lernen am jeweiligen Arbeitsplatz bzw. im aktuellen Arbeitsumfeld. Klar strukturierte Anleitungen und Handreichungen unterstützen den Selbsteinschätzungsprozess.

In einer zweiten Stufe erfolgt eine Fremdbeurteilung des Kompetenzprofils durch den Arbeitgeber, unterschiedliche Auffassungen werden ausgetauscht und ausgeräumt, bevor das Dokument von beiden Parteien unterzeichnet wird. Die Fähigkeitsbescheinigung beschreibt, über welche Fähigkeiten der Beschäftigte zur Bewältigung der anstehenden beruflichen

Aufgaben und Anforderungen verfügt. Es wird keine Defizitanalyse vorgenommen („no gab analyses are carried out").

Die Entwicklung dieses Fähigkeitszertifikates (Skills Certificate) war nach Angaben des Projektes eine besondere Herausforderung und wird zugleich als gelungene Innovation gewertet, wohl auch weil es gelungen ist, für die Beschreibung der sozialen Fähigkeiten eine angemessene und gleichzeitig einfache Sprachregelung zu finden, die den Betroffenen eine Selbstbeurteilung ermöglicht, ohne diskriminierend zu wirken. Hier stehen noch weitere Herausforderungen an, wenn die Autoren betonen: „Future challenges including coming up with a uniform definition and similar wording. The main problem involves drawing a boundary between inner qualities and outer realities, social skills. Even if skills are reflected in a language used, there are a number of descriptions which is probably more expressions of personal characteristics than expressions of skills socially." (*Realkompetanse Project* 2002, S. 24).

Die Erprobung in einer Vielzahl von Betrieben und bei insgesamt 331 Beschäftigten hat eine hohe Akzeptanz des Verfahrens gezeigt. So wollen 20 von 21 beteiligten Unternehmen das Verfahren in ihren Unternehmen etablieren und als ständiges Instrument einsetzen. 77 Prozent fanden eine große Überstimmung zwischen den dokumentierten Kompetenzen und ihren eigenen Einschätzungen. 55 Prozent hatten Schwierigkeiten bei der Beschreibung der sozialen und personalen Fähigkeiten, aber 40 Prozent hatten insgesamt keine große Mühen bei der Erstellung, und sieben von zehn Beschäftigten haben den Entwurf ohne Unterstützung erstellt.

Dokumentation non-formalen und informalen Lernens in der Zivilgesellschaft („Third Sector")

Eine zweite Säule des norwegischen Anerkennungssystems ist die Dokumentation von Kompetenzen, die im zivilen Leben erworben wurden. Auch hier ist die Erfassung in Form eines Curriculum Vitae vorgesehen: „3CV is a universally valid self-declaration for voluntary work" (*Realkompetanse Project* 2002, S. 28) heißt es zu den Zielen. Auch hier erfolgte die Entwicklung des Instrumentes in Zusammenarbeit mit unterschiedlichen Organisationen und Institutionen.

Dazu wurde ein Tool mit folgenden Bestandteilen erstellt:

▶ Einführung und Hinweise im Umgang mit den Methoden zur Erfassung,

▶ exemplarische Beispiele aus unterschiedlichen Anwendungsgebieten, die den gesamten Erfassungsvorgang beinhalten,

- beispielhafte Darstellung des Gesamtergebnisses für das folgende Anerkennungsverfahren,
- Illustration von Modellen für gute Selbstpräsentationen.

Die Unterlagen für die Selbsteinschätzung sind in das Internet eingestellt und können heruntergeladen werden.

In der folgenden Übersicht (Abb. 6) ist ein Beispiel für eine Beschreibung enthalten.

Example of a description of what you have learned from doing voluntary work	
Type of skill	Detailed description of knowledge, skills and attitudes you have developed
Skills in environmental protection	Theoretical knowledge of environmental problems on both a local and a global level.
Language skills	Used English and German as main languages at summer camp. We developed a joint final document in English and had practice in spoken German.
Social skills	Have gained experience in cooperation, conflict resolution and working together with people of all ages and from different countries.
Managerial skills	Learned to take responsibility for other people and to motivate people by acting as a supervisor. Held practical managerial responsibility for a group of ten people.
Organisation skills	Learned about the structure of organisation x, and how to work in accordance with the rules of the organisation.
Skills in problem solving and stress management	Working on various event committees taught me how to solve problems myself or together with other people, wherever such problems occur.

Abb. 6: Auszug aus dem *Realkompetanse Project* (2002, S. 28) zur Erfassung und des Lernens in der Zivilgesellschaft

Ein weiterer wichtiger Bestandteil ist die Selbsteinschätzung der in Kursen und Veranstaltungen erworbenen individuellen Kompetenzen. Jeder, der die Anerkennung beantragt, sollte in der Lage sein, die eigenen Kompetenzen zu erfassen, einzuschätzen, die dabei gewonnenen Erfahrungen zu beschreiben und Möglichkeiten der weiteren, auch beruflichen Verwendung aufzuzeigen. Die Selbsteinschätzung der Kompetenzen ist zur Förderung des Selbstbewusstseins gedacht, Unterstützung und Anleitungen zur Selbstbeurteilung werden gegeben, eine prototypische Fähigkeitseinschätzung soll den Prozess unterstützen und anleiten.

Eine Unterstützung bei der Erstellung kann in Anspruch genommen werden, um allen Bevölkerungsgruppen eine Selbsteinschätzung zu ermöglichen. Auch hier entscheiden letztlich die Betroffenen, was in die Dokumente aufgenommen wird. Ist der Prozess der Dokumentation abgeschlossen, unterzeichnen die Betroffenen nach Abschluss der Selbsteinschätzung das Dokument und erklären, dass die Angaben wahrheitsgemäß sind. Bezugspunkte und Referenzstandards werden nicht vorgegeben, hier wird eine Fremdbeurteilung durch entsprechende Institutionen und Verbände vorgenommen; die Transfermöglichkeiten werden durch Tests, Interviews, Tabellen (siehe oben) erfasst. Abbildung 7 zeigt eine Beispiel.

```
Knowledge and understanding
□ Can you describe what you have learned on the subject / specialist area?
□ Can you demonstrate or explain in your own words what you can do?
□ Can you demonstrate or explain what the subject / specialist area is all about to other people who are no
  already familiar with it?
Application
In what context, and how much have you used what you have learned?

Where                          How much
                               A little   Quite a bit   Quite a lot   A lot
Work                             □           □             □            □
Training                         □           □             □            □
Voluntary work                   □           □             □            □
Leisure activities               □           □             □            □
Travel                           □           □             □            □
Other:                           □           □             □            □
```

Abb. 7: Auszug aus dem *Realkompetanse Project* (2002, S. 28) zur Selbsteinschätzung und des Lernens in Kursen

Validierung/Anerkennung des non-formalen und informellen Lernens

Die Kombination von dialogunterstützten Bewertungsprozessen mit Tests, den angeleiteten Selbsteinschätzungen und der Zusammenstellung von Portfolios wird von dem Projekt als Strategie angesehen, um eine Anerkennung zu erreichen und zugleich den individuellen Lernprozess zu unterstützen und eine Veränderung des Bewusstseins für das informelle Lernen zu erreichen. Zu den herausragenden Anforderungen des Projektes zählte die Entwicklung von Methoden, die es ermöglichten eine Vergleichbarkeit von Kompetenzen festzustellen. Dabei lagen die Anforderungen darin, „that it must be possible to approve non-formal and informal learning as equivalent competence even if it is not identical to what is laid down in curricula and public examinations" (*Realkompetanse Project* 2002, S. 34).

Das bedeutete Bezugspunkte und Standards zu finden, die in Bezug zu der individuellen Lern- und Lebensbiografie standen, die aber zugleich den Anspruch auf Vergleichbarkeit und Gültigkeit nicht aufgeben. Die Entwicklung von Bezugspunkten, die dem eigenständigen Charakter des informellen Lernens entsprechen, war ein Prozess, der insbesondere in Teilen der Industrie und bei anderen Sozialpartnern auf Skepsis stieß.

Empirische Befunde

Um zu verdeutlichen, was unter „Equivalent Competences" zu verstehen ist, wurde folgende Faktoren erarbeitet, die bei der Bewertung der Kompetenzen relevant sind:

- ▶ „To be approved as equivalent, a skill has to reach a specific minimum level, be of the certain nature, in relation to the prescribed skills (quantitative and qualitative requirement for core knowledge)", d.h. Festlegung von Niveaustufen, Kompetenzen müssen in einer bestimmten Beziehung und Verhältnis zu dem Tätigkeitsfeld stehen.

- ▶ „It must be possible to assess all skills within a specific field, and to recognise them were appropriate, as equivalent learning, irrespective of requirements for knowledge content made in existing curricula and examinations", d.h. es muss die Möglichkeit bestehen, Kompetenzen innerhalb eines spezifischen Tätigkeitsfeldes zu bestimmen und festzulegen und Formen der Überprüfung festzulegen, die dem Charakter des Lernens entsprechen.

- ▶ „The skills requirement apply regardless of how old the person is", d.h. Fähigkeitsanforderungen gelten unabhängig vom Alter der Personen.

Als Bewertungsmethoden werden genannt:

- ▶ Anerkennung praktischer Erfahrungen im Beruf auf der Basis der relevanten berufspraktischen Erfahrungen in den vergangenen fünf Jahren.[19]

- ▶ Interviews und Gespräche in Verbindung mit dem Bewertungsverfahren, mit der Selbstbewertung und im Zusammenhang mit Tests/Überprüfungen.

- ▶ Überprüfung der beruflichen Kenntnisse und Fähigkeiten, Gestaltung des Dialogs im Zusammenhang mit den praktischen Tests. Diese Verfahren sollen insbesondere Flüchtlingen und Einwanderern, die über einschlägige Berufserfahrungen verfügen, eine Anerkennung ermöglichen. Interviews und praktische Tests (auf der Basis vorhandener Curricula und Prüfungsverfahren) werden eingesetzt, um die Kompetenzen zu erfassen, zu bewerten (Credit Points) und Wege zur Aner-

---

19 Bereits seit 1952 haben Berufstätige die Möglichkeit eine Zulassung zur Prüfung und eine nachträgliche Anerkennung in dem berufsrelevanten Bereich zu beantragen, wenn sie relevante Fähigkeiten in den Bereich erworben haben oder länger als 125 Prozent der durchschnittlichen Trainings- bzw. Ausbildungszeit in dem Berufsfeld gearbeitet haben (§ 20 Kandidaten). Dieses Verfahren erfreut sich einer großen Akzeptanz.

kennung aufzuzeigen, d.h. einen individuellen Plan zu erstellen, welche Kenntnisse zu erwerben sind und wie und wo das geschehen kann.

▶ Überprüfung und Bewertung des Portfolios (Dokumentenmappe).

Die Qualifikation des Assessoren bzw. Supervisoren wird immer wieder als entscheidendes Element für die gelingende Gestaltung des gesamten Prozesses hervorgehoben. Sie müssen die Betroffenen bei der Dokumentation ihrer Kompetenzen unterstützen und begleiten, insbesondere bei der Sichtbarmachung der verborgenen Kompetenzen (Tacit Skills). Vertiefte Kenntnisse der jeweiligen Gegenstandsbereiche (z.b. in den jeweiligen Berufsfeldern und in Aufgabenfeldern der Zivilgesellschaft) sind Voraussetzung, um über eine Gleichwertigkeit der Kompetenzen entscheiden zu können, und sie müssen die Fähigkeit besitzen, „assessing non-formal and informal learning in relation to formal skills in the field of upper secondary education" (*Realkompetanse Project* 2002, S. 36).

Die Ergebnisse der Evaluation des Projektes werden positiv beurteilt. Für die überwiegende Mehrheit der Anwender war es eine positive Erfahrung, das Anerkennungsverfahren hat ihr Selbstbewusstsein gestärkt, neue Wege zu höheren Abschlüssen eröffnet, ein größeres Verständnis in die eigene Leistungsfähigkeit und die eigenen Kompetenzen vermittelt und „the vast majority of candidates who have taken part in a process of this type say that they have felt that it is clearly useful" (*Realkompetanse Project* 2002, S. 40). Nach Projektangaben haben während der Projektlaufzeit 8.000 Menschen eine Anerkennung ihrer Kompetenzen für den Gesundheitssektor erreicht.

Nach den vorliegenden Erkenntnissen wurden mit diesem Modell die zentralen Voraussetzungen für die Schaffung von Anerkennungssystemen geschaffen. Das Parlament beauftragte die Verwaltung ein entsprechendes System zu entwickeln und einzuführen und die entsprechenden rechtlichen Rahmenbedingungen dafür schaffen. Alle relevanten Gruppen werden in den Entwicklungs- und Umsetzungsprozess eingebunden, können ihre Vorstellungen, Interessen und Bedürfnisse einbringen, zu abgestimmten Vereinbarungen kommen und so den Boden für eine breite Akzeptanz der Verfahren vorbereiten. Der vorliegenden Bericht vermittelt den Eindruck, das die in die Verfahren gesetzten Ansprüche erfüllt wurden und bei den Betroffenen auf eine hohe Akzeptanz trafen.

Insgesamt sind damit hervorragende Ansatzpunkte für eine modellhafte Entwicklungsarbeit in Deutschland gegeben.

Literatur

Achtenhagen, F./Lempert, W.: Lebenslanges Lernen im Beruf – eine Grundlegung im Kindes- und Jugendalter. Band 1: Das Forschungs- und Reformprogramm. Band 2: Erziehungstheorie und Bildungsforschung. Opladen 2000.

Arbeitsstab Forum Bildung (Hrsg.): Lernen – ein Leben lang. Materialien des Forum Bildung Nr. 9. Bonn, 2001.

Arnold, R.: Deutungslernen in der Erwachsenenbildung. Grundlinien und Illustrationen zu einem konstruktivistischen Lernbegriff. In: Zeitschrift für Pädagogik, Heft 42, 1996.

Arnold, R./Gieseke, W. (Hrsg.): Die Weiterbildungsgesellschaft, Band 1: Bildungstheoretische Grundlagen und Analysen. Neuwied 1999.

Arnold, R./Siebert, H.: Konstruktivistische Erwachsenenbildung. Von der Deutung zur Konstruktion von Wirklichkeit. Baltmannsweiler 1995.

Arnold, R./Schüssler, I.: Entwicklung des Kompetenzbegriffs und seine Bedeutung für die Berufsbildung und für die Berufsbildungsforschung. In: Franke, G. (Hrsg.): Komplexität und Kompetenz. Bielefeld 2001.

Baethge, M./Baethge-Kinsky, V.: Arbeit eine zweite Chance – Zum Verhältnis von Arbeitserfahrungen und lebenslangen Lernen. In: Arbeitgemeinschaft Qualifikations-Entwicklung-Management (Hrsg.): Jahrbuch Kompetenzentwicklung 2002. Münster 2003.

Beller-Michel, S.: Les Bilans, quel sens et quelle place dans l'orientation. In: L'orientation professionnelle des adultes. No.73. Marseille, centre D'etudes et de recherches sur les qualifications. Cereq 1999.

Bjørnåvold, J.: Making Learning Visible – Identification, Assessment and Recognition of Non-formal Learning in Europe. CEDEFOP. Thessaloniki 2000.

Bjørnåvold, J.: CEDEFOP. In: Europäische Zeitschrift Berufsbildung, Heft 2; April 2001.

Bjørnåvold, J./Petterson, St.: Transparency of vocational qualifications. CEDEFOP. Thessaloniki 2000.

BLK – Bund-Länder-Kommission für Bildungsplanung und Forschungsförderung: Lebenslanges Lernen. BLK-Modellversuchsprogramm. Programmbeschreibung und Darstellung der Länderprojekte. Bonn 2001.

BMBF-Aktionsprogramm: Lebensbegleitendes Lernen für alle. Bonn 2001.

Bundesinstitut für Berufsbildung (Hrsg.): Impulse für die Berufsbildung. BIBB Agenda 2000plus. Bielefeld 2001.

Bundesinstitut für Berufsbildung (Hrsg.): BIBB – Forschungsprojekt 3.4. 101 „Instrumente zur Erfassung informellen Lernens im Prozess der Erwerbsarbeit. Bonn 2002.

Bundesministerium für Familie, Senioren, Frauen und Jugend: Familienkompetenzen als Potenzial einer innovativen Personalentwicklung. Die Kompetenzbilanz: Kompetenzen aus informellen Lernorten erfassen und bewerten. Dokumentation. Berlin/Bonn. 2002.

DaimlerChrysler: Qualifizierung Fit für die Zukunft, Stuttgart 2002.

Deutsche UNESCO-Kommission (Hrsg.): Lernfähigkeit: Unser verborgener Reichtum. UNESCO-Bericht zur Bildung für das 21. Jahrhundert. Neuwied 1997.

Dohmen, G.: Das informelle Lernen. Die internationale Erschließung einer bisher vernachlässigten Grundform menschlichen Lernens für das lebenslange Lernen aller. BMBF (Hrsg.). Bonn 2001.

Edelson, P. J.: Perspectives from America – The Evolution of Globalism in Adult Learning. In: DIE – Deutsches Institut für Erwachsenenbildung, Heft 2, 1999.

Erler, W./Gerzer-Sass, A./Nußhardt, Ch./Sass, J.: Die Kompetenzbilanz. Ein Instrument zur Selbsteinschätzung und beruflichen Entwicklung. Manuskript, München 2002.

Erpenbeck, J./Weinberg, J.: Lernen in der Leonardo-Welt. Von der Weiterbildung zur Kompetenzentwicklung in offenen und selbstorganisierten Lernarrangements. In: Arnold, R./Geißler, Kh. A./Orthey, F.-M.: Lebenslanges Lernen, die große Illusion. Weinheim 2000.

Faulstich, P./Vespermann, P.: Zertifikate in der Weiterbildung, Arbeitsmarktpolitische Schriftenreihe der Senatsverwaltung für Arbeit, Soziales und Frauen, Band 45. Berlin 2001.

Franke, G. (Hrsg.): Komplexität und Kompetenz. Ausgewählte Fragen der Kompetenzforschung, Berichte zur beruflichen Bildung, BIBB. Bonn 2001.

Gieseke, W.: Bildungspolitische Interpretationen und Akzentsetzungen der Slogans vom lebenslangen Lernen. In: Arnold, R./Gieseke, W. (Hrsg.): Die Weiterbildungsgesellschaft; Band 2: Bildungspolitische Konsequenzen. Neuwied 1999.

Gutschow, K.: Erfassen, Beurteilen und Zertifizieren non-formell und informell erworbener Kompetenzen in Frankreich: die Rolle des bilan de competences, Manuskript 2002.

Hans-Böckler-Stiftung (Hrsg.): Ein neues Leitbild für das Bildungssystem – Elemente einer künftigen Berufsbildung. Diskussionspapiere Nr. 2. Düsseldorf 1998.

Kommission der Europäischen Gemeinschaften, Arbeitsdokument der Kommissionsdienststellen: Memorandum über lebenslanges Lernen. Brüssel, Oktober 2000.

Kommission der Europäischen Gemeinschaften, Mitteilung der Kommission: Einen europäischen Raum des lebenslangen Lernens schaffen KOM(2001)678 endgültig. Brüssel November 2001.

Laur-Ernst, U.: Informelles Lernen in der Arbeitswelt. In: BWP, Heft 4, 1999.

Laur-Ernst, U.: Flexibility and Standardization – no Contradiction; Innovations in the German Vocational Education and Training System. In: In Search of World Class Standards. Bundesinstitut für Berufsbildung (Hrsg.). Bonn 2000a.

Laur-Ernst, U.: Informelles und formalisiertes Lernen in der Wissensgesellschaft: Wie lassen sich beide Lern- und Kompetenzbereiche gleichwertig anerkennen? In: Kompetenzentwicklung – Lernen begleitet das Leben. Ergebnisse, Veröffentlichungen und Materialien aus dem BIBB, Bonn 2001.

Realkompetanse Project: Validation of non-formal an informal learning in Norway – The Competence Reform. VOX Norwegian Institute for Adult Education. Oslo Manuskript, November 2002.

Straka, G. A.: Lern-lehr-theoretische Grundlagen der beruflichen Bildung. In: B. Bonz (Hrsg.): Didaktik der beruflichen Bildung. Berufsbildung, Konkret Band 2. Baltmannsweiler 2001.

Straka, G. A.: Kompetenzentwicklung, Berlin, 2000.

Schläfli, A.: Akkreditierung von Kompetenzen. In: DIE – Deutsches Institut für Erwachsenenbildung. Heft 4, 1998.

Schweizerisches Qualifikationshandbuch: Portfolio für Jugendliche und Erwachsene zur Weiterentwicklung in Bildung und Beruf. Gesellschaft CH-Q – Schweizerisches Qualifikationsprogramm zur Berufslaufbahn. Zürich, 3. erweiterte Auflage 2001.

Weiß, R.: Familienkompetenzen als Potenzial einer innovativen Personalentwicklung. In: Bundesministerium für Familie, Senioren, Frauen und Jugend. Die Kompetenzbilanz: Kompetenzen aus informellen Lernorten erfassen und bewerten. Dokumentation. Berlin/Bonn 2002.

Paradoxien

Informelles Lernen im sozialen Umfeld – Lernende im Spannungsfeld zwischen individueller Kompetenzentwicklung und gesellschaftlicher Vereinnahmung

von Steffen Kirchhof und Julia Kreimeyer

Informelles Lernen – hier verstanden als ein im persönlichen Lebenszusammenhang verankertes Lernen jenseits pädagogischer Intention – gewinnt zunehmende Bedeutung in der deutschen Bildungspolitik. Im Gegensatz zu einer wirtschaftspolitischen Nutzbarmachung ist jedoch die Seite des lernenden Subjekts vergleichsweise gering beleuchtet. Damit gilt es aus der Perspektive von Erziehungswissenschaft und Bildungsforschung die Frage aufzuwerfen, was informelles Lernen für den individuellen Lebenszusammenhang der Menschen bedeutet.

1 Grundlegende Thesen 214
2 Informelles Lernen im sozialen Umfeld 215
  2.1 Zur Begriffsbestimmung des informellen Lernens im sozialen Umfeld 215
  2.2 Zu den Merkmalen informellen Lernens 217
  2.3 Zu den Ausprägungen informellen Lernens 218
  2.4 Zu den lerntheoretischen Zugängen zum informellen Lernen 220
3 Informelles Lernen als Kompetenzentwicklung 222
4 Lernende im Spannungsfeld zwischen individueller Kompetenzentwicklung und gesellschaftlicher Vereinnahmung 224
  4.1 Lernen in Freiheit versus sozialer Lernzwang 226
  4.2 Subjektorientierte Pädagogik versus Pädagogisierung von Lebenswelt 228
  4.3 Soziale Gleichheit versus soziale Ungleichheit 230
  4.4 Eigenverantwortung versus Fremdverantwortung 232
5 Perspektiven einer Entparadoxierung 233
Literatur 236

1 Grundlegende Thesen

Das aktuelle EU-Memorandum (2000) ist neben anderen impulsgebenden internationalen Lerninitiativen[1] ein weiterer Meilenstein derjenigen Diskussion, in der gleichsam alles Lernen des Menschen zur bildungspolitischen Leitidee des lebenslangen Lernens gemacht wird. Das diesem Konzept immanente „informelle Lernen" erfährt eine darüber hinausgehende Neuakzentuierung und wird in Bezug auf das Bildungssystem zunehmend aufgewertet – im Vergleich zu anderen (außer)europäischen Staaten nachziehend nun auch im bundesdeutschen Diskurs. So wird betont, insbesondere durch nicht formale und lebensweltimplizite Lernprozesse eine Vielzahl der Kompetenzen entwickeln zu können, die für die Bewältigung gegenwärtiger und zukünftiger Wandlungsprozesse in allen gesellschaftlichen Bereichen notwendig scheinen (vgl. zusammenfassend *Dohmen* 2001).

Vor solchem Hintergrund verwundert es nicht, dass diese viel versprechende Erkenntnis von verschiedenen Seiten aufgegriffen und unternehmerischen sowie arbeitsmarkt- und bildungspolitischen Interessen entsprechend funktionalisiert wird. Derartigen Deutungen des informellen Kompetenzerwerbs wird im Folgenden eine erziehungswissenschaftliche Perspektive gegenübergestellt. Diese fragt vor allem nach den bisher wenig beleuchteten Auswirkungen einer umfassenden gesellschaftlichen Aufwertung lebensweltlicher Lernprozesse für den einzelnen Menschen und seinen Lebenszusammenhang. Dabei liegen der Auseinandersetzung mit den subjektiven und strukturellen Bedingungen informellen Lernens folgende Thesen zugrunde, die in den einzelnen Kapiteln diskutiert werden.

1. Mit dem Begriff des informellen Lernens wird eine vorrangig bildungspolitische Position in die erziehungswissenschaftliche Diskussion aufgenommen. Um diesen sehr offenen und gleichzeitig diffusen Terminus jedoch zu einem diskussionsfähigen pädagogischen Konzept weiterzuentwickeln, bedarf es einer grundlegenden, präzisierten (Lern-)Begriffsbestimmung informellen Lernens (Kapitel 1).

2. Eine differenzierte lerntheoretische Betrachtung rückt unmittelbar das informelle Lernen als Möglichkeit des Kompetenzerwerbs in den Vordergrund (Kapitel 2).

---

[1] Vgl. beispielsweise die bildungspolitischen Empfehlungen der UNESCO: den *Faure-Report* aus dem Jahr 1972 (dt.: 1973) sowie den Bericht der Delors-Kommission von 1996 (dt.: *Deutsche UNESCO-Kommission* 1997).

3. Aus dieser kompetenzentwickelnden Funktion informellen Lernens resultiert zugleich dessen ambivalente Bedeutung für den individuellen menschlichen Lebenszusammenhang, die auf der Grundlage einer pädagogischen Reflexion kritisch zu hinterfragen ist. Denn aus erziehungswissenschaftlicher Perspektive ist Lernen im sozialen Umfeld mit Blick auf die Lernenden in einem facettenreichen Spannungsfeld von individueller Kompetenzentwicklung und gesellschaftlicher Vereinnahmung zu verhandeln (Kapitel 3).

4. Liegt eine subjektorientierte (Auf-)Lösung dieser Spannungsfelder in der Verantwortung der Pädagogik sowie vor allem der Erwachsenen- und Weiterbildung, so sind Perspektiven und Aufgaben zu formulieren, die einem behutsamen Umgang mit dem informellen Lernen im sozialen Umfeld selbst die Notwendigkeit eines veränderten pädagogisch strukturierten (Bildungs-)Systems gegenüberstellen (Kapitel 4).

2 Informelles Lernen im sozialen Umfeld

2.1 Zur Begriffsbestimmung des informellen Lernens im sozialen Umfeld

Das Spezifische dieses Lernens soll durch das vorangestellte Adjektiv „informell" ausgedrückt werden, welches in anderen Zusammenhängen schon länger Verwendung findet. *Overwien* beispielsweise verweist auf die „informelle Gruppe" und damit auf die Ebene der sozialen Beziehungen. Außerdem führt er den „informellen (Wirtschafts-)Sektor" als einen nicht staatlich kontrollierten Wirtschaftsbereich in Entwicklungsländern an. Das „informelle Lernen" wird – als eine dritte Ebene der Begriffsverwendung – lediglich daneben gestellt (*Overwien* 1999, S. 296).

Über diese feststehenden Termini hinaus gibt es jedoch auch in der alltagssprachlichen Verwendung die Möglichkeit, das „Informelle" mit seinen unterschiedlichen Konnotationen zu erfassen. So passt in Bezug auf informelle Treffen sicherlich die Beschreibung „zwanglos"; informelle Absprachen hingegen sind eher „inoffiziell" und finden „ohne Formalitäten" statt. Die Bedeutung „ohne formalen Auftrag" ist in einer ersten Annäherung auch auf „informelles Lernen" zu beziehen. Schließlich kommt das staatliche Bildungssystem in vielen Versuchen, diesen Begriff zu definieren, als entsprechender Bezugspunkt vor.

So wird nach *Dohmen* der Begriff des informellen Lernens „auf alles Selbstlernen bezogen, das sich in unmittelbaren Lebens- und Erfahrungszusammenhängen außerhalb des formalen Bildungswesens entwickelt" (2001, S. 25). Doch die Logik dieser institutionellen Grenzziehung und gleichzeitig sehr schematische Abgrenzung hält einer näheren Betrachtung nicht stand. Die formalen Bildungseinrichtungen – im Zusammenhang mit der individuellen schulischen sowie beruflichen Laufbahn – stellen nicht nur einen wichtigen, über den eigentlichen Lehrauftrag hinausgehenden Lebens- und Erfahrungsbereich dar, sondern sind auch selbst ein Ort informeller Lernprozesse.

Die Crux der *Dohmen*'schen Begriffsbestimmung liegt darin, dass Lernen an sich nicht etwa orts-, sondern stets personengebunden ist. Aus eben dieser subjektorientierten Perspektive unterscheidet *Straka* differenzierter „Lernen unter der Bedingung von Schule, Bildungseinrichtungen, Unterricht oder allgemeiner unter pädagogischer Zielsetzung (= formelles Lernen) und Lernen unter Bedingungen, die nicht primär nach pädagogischen Zielsetzungen arrangiert sind (= informelles Lernen)" (2000, S. 23). Die Definition des informellen Lernens, die den weiteren Ausführungen zugrunde gelegt ist, greift die pädagogische Intention als Leitdifferenz zwischen formellem und informellem Lernen auf und beinhaltet dementsprechend diejenigen Lernprozesse, die in nicht pädagogisch strukturierten Handlungszusammenhängen stattfinden.

Informelles Lernen entwickelt sich damit selbstständig und ungeregelt im unmittelbaren Lebenszusammenhang, dem der Begriff des sozialen Umfelds[2] als Fokus dient. Das soziale Umfeld ist in diesem Kontext zu verstehen als die persönliche Lebenswelt, insofern sie durch die tätige Beziehung oder Interaktion des Menschen mit seiner Umwelt gekennzeichnet ist. Soziales Umfeld ist nicht etwa eine Ortsangabe, sondern vielmehr die Bezeichnung für das Ergebnis eines individuellen und gleichzeitig „relationalen Konstitutionsvorgangs" (*Brödel* 2002a, S. 3). Oft genannte Beispiele für die Handlungskontexte des sozialen Umfelds sind die Bereiche der Familie und Nachbarschaft, Vereine und Verbände sowie Bürgerinitiativen und Projekte (vgl. *Trier et al.* 2001, S. 14). Doch darüber hinaus gilt: „Die Felder informellen Lernens sind so vielfältig wie die menschlichen Lebensäußerungen" (*Kirchhöfer* 2001, S. 113).

---

2 Das „Lernen im sozialen Umfeld" ist ein feststehender Programmbegriff der Arbeitsgemeinschaft Betriebliche Weiterbildungsforschung e.V. (ABWF) in Berlin (und in Anlehnung daran hier aufgegriffen); vgl. zum Beispiel *Trier et al.* (2001).

In das Blickfeld geraten dementsprechend Zusammenhänge, in denen (auch) Lernen stattfindet, dieses jedoch nicht das eigentliche Ziel des Handelns ist. Informelles Lernen entsteht vielmehr aus (Problem-)Situationen des praktischen Lebensprozesses und bleibt in seiner Logik und Gestalt an den lebensweltlichen Sinnzusammenhang gebunden. Dieses Verständnis verknüpft „Lernen im sozialen Umfeld" sowohl mit sozialen Kontexten als auch mit dem aktiven Handeln des Menschen und folgt damit der Perspektive von *Kirchhöfer* auf das „informelle Lernen als einer aktiven Tätigkeit des Subjekts in der Wechselbeziehung von Person und Umwelt. Damit wird ein materialistisches Tätigkeitskonzept zugrunde gelegt, das Lernen an die gestaltende und verändernde Tätigkeit des Menschen (Praxis) bindet" (2001, S. 112).

2.2 Zu den Merkmalen informellen Lernens

Die Beschreibung der charakteristischen Besonderheiten informellen Lernens setzt oftmals an der Unterscheidung des vermeintlichen und begrifflich ausgedrückten Gegenteils von formellem Lernen und informellem Lernen an (vgl. *Kirchhöfer* 2001; *Laur-Ernst* 2000; *Staudt/Kley* 2001; *Straka* 2001). Eine derartige Darstellungsweise neigt zu gegensätzlichen Polaritäten und zu einer Überhöhung des zu betrachtenden informellen Lernens. Letztere wird durch die Bezeichnung in-formell zum Teil auch dann mitgelesen, wenn die Abgrenzung zum formellen Lernen gar nicht explizit genannt ist und/oder genannt werden soll. Eine implizite Beschreibung oder gar Abwertung formellen Lernens sowie damit verbundene, wie auch immer geartete „rousseausche Idealisierungen" (*Schäffter* 2001, S. 257) sind durch die folgende Merkmalsbeschreibung informellen Lernens nicht beabsichtigt. Das Ziel besteht vielmehr darin, die wichtigsten Eigenarten und den Charakter dieser Lernprozesse darzustellen, um in der weiteren Auseinandersetzung die – unter anderem damit verknüpften – Chancen und Risiken informellen Lernens in Form von Spannungsfeldern abzuleiten.

Diesem Duktus entsprechend ist das informelle Lernen weniger als ein „natürliches Lernen" zu beschreiben (vgl. *Dohmen* 2002, S. 6; *Straka* 2000, S. 22), sondern insbesondere als Lernen in und aus „natürlichen Lebenssituationen". Lernen, das sich in diesen unmittelbaren Lebenszusammenhängen entwickelt, „bleibt nicht (mehr) ‚Selbstzweck' oder unter pädagogischer Obhut abgeschirmt, vielmehr ist es induktiv und prozessbezogen in die Bewältigung von Handlungsproblemen und -plänen eingebunden" (*Brödel* 2002a, S. 4). Damit ist informelles Lernen oftmals ein instrumentelles Lernen, das subjektiv die bessere Lösung einer Situation zu sein scheint. Denn Problemstellungen führen nicht zwangsläufig oder „natürlich" zu individuellen Lernprozessen. Je nach Prämissenlage sind vielleicht auch andere Bewältigungs- bzw. Problemvermeidungsstrategien möglich. Folglich sind Lernanforderungen nicht von selbst schon Lernhandlungen, sondern das Subjekt muss motiviert sein, die entsprechende Handlungsproblematik als Lernproblematik zu übernehmen (vgl. *Holzkamp* 1995, S. 184 f.).

So wird deutlich, dass informelles Lernen bestimmter Voraussetzungen bedarf – auf der Seite des lernenden Subjekts sowie auf der Seite der (Lern-)Situation oder auch Lernumgebung. Letztere muss entsprechende Herausforderungen und damit Anregungs- und eventuell auch Unterstützungspotenzial enthalten, um dem Subjekt realisierbare Lernmöglichkeiten zu eröffnen. Dieses wiederum benötigt die Fähigkeit, die jeweiligen Lerngelegenheiten sowohl zu erkennen als auch unter deren möglicher Vielzahl sinnvoll zu wählen. Darüber hinaus stellt die konkrete Gestaltung des Lernprozesses durch das Subjekt selbst – schließlich fehlt (zunächst einmal) jegliche pädagogische Unterstützung – nicht geringe Anforderungen an informell Lernende. Entsprechend hängt informelles Lernen „in hohem Maße von Merkmalen der individuellen Persönlichkeit ab (Motivation, Kognitionsstruktur, Kompetenzstand)" (*Laur-Ernst* 2000, S. 164). *Overwien* weist in diesem Zusammenhang auf die „Bedeutung biographischer Abläufe" (2000, S. 141) hin, und *Kirchhöfer* veranschaulicht sowohl die Bedeutung des „Selbst" als auch daran gebundene Wirkungszusammenhänge „persönlichkeitsinterner Faktoren" (2001, S. 122 ff.).

2.3 Zu den Ausprägungen informellen Lernens

Liegt das entscheidende Merkmal für „informelles Lernen" schlichtweg darin, dass es sich um die Beschreibung nicht pädagogisch intendierter Lernprozesse handelt, so fasst dieser Terminus unterschiedliche Lernbegriffe, lerntheoretische Ansätze und Konzepte der gegenwärtigen erwachsenen- und berufspädagogischen Diskussion zusammen. Die vermeintlichen Pole, zwischen denen das breite Spektrum informeller Lernprozesse aufgespannt ist, stellen das unbewusste implizite Lernen einerseits und das bewusst selbst organisierte Lernen andererseits dar. In dieses Kontinuum können die gegenwärtig als informell diskutierten Lernformen mit ihren spezifischen Perspektiven, Merkmalen und Theoriehintergründen (beispielsweise das inzidentelle Lernen, beiläufige Lernen, Alltagslernen, Erfahrungslernen, selbst gesteuertes Lernen) eingeordnet werden. Dadurch wird die Funktion „informellen Lernens" als ein Sammelbegriff deutlich, die in der angelsächsischen Literatur als „Container-Phänomen" bezeichnet wird (vgl. *Dohmen* 2001, S. 39).

Gleichzeitig integriert das Verständnis als Kontinuum mit zunehmender Bewusstheit und Intentionalität der Lernprozesse unterschiedliche Definitionsschwerpunkte und scheinbar gegensätzliche Interpretationsweisen des Begriffs „informelles Lernen" selbst. Denn bei näherer Betrachtung konkurrieren zwei verschiedene Auffassungen von informellem Lernen und stehen in der aktuellen internationalen wie deutschen Diskussion nebeneinander: Die eine begrenzt das informelle Lernen ausschließlich auf **bewusst** vollzogene Lernprozesse und schließt damit alle Formen des beiläufigen Lernens aus (vgl. international: *Livingstone* 1999; für die deutsche Diskussion: *Kirchhöfer* 2001). Die andere Auffassung legt ihren Schwerpunkt auf tendenziell **unbewusstes**, implizites Lernen sowie das so genannte **Erfahrungslernen** (vgl. international: *Marsick/Watkins* 1990; für die deutsche Diskussion: *Dehnbostel* 2001).

Den folgenden Ausführungen hingegen wird ein Begriffsverständnis informellen Lernens zugrunde gelegt, das die beiden Sichtweisen miteinander verknüpft, ohne die einzelnen Ausprägungen verkürzend zusammenzufassen: Informelles Lernen besteht folglich aus bewusst als Lernprozesse angestrebten Handlungen (selbst organisiertes Lernen) und als solche wahrgenommenen Erfahrungen (Erfahrungslernen) sowie aus Lernprozessen, deren Verlauf und Ergebnis den Lernenden nicht bewusst sind (implizites Lernen). Konstituierende Gemeinsamkeit derartiger informeller Lernprozesse ist eben das Fehlen jeglicher pädagogischer Intention und Einwirkung.[3]

Trotz aufgegriffener Integrationsfunktion des Kontinuums „informelles Lernen" wird an dieser Stelle zwischen den drei genannten Ausprägungen implizites Lernen, Erfahrungslernen und selbst organisiertes Lernen un-

---

3 In dieser Definition informellen Lernens werden aus den beiden zuerst genannten Lernformen diejenigen Bereiche ausgegrenzt, die einer pädagogischen Strukturierung unterliegen. Insbesondere das Erfahrungslernen ist auch in pädagogisch intendierten und institutionalisierten (sowohl schulischen als auch betrieblichen) Formen des Lernens aufgegriffen und hat (beispielsweise als Projektarbeit oder Lernstationen) eine eigene didaktische Formung erhalten (vgl. *Laur-Ernst* 2000, S. 165 f.). Ansatzweise gilt dies auch für das selbst organisierte Lernen, welches durchaus (pädagogisch) fremdinitiiert sein kann (vgl. *Staudt/Kley* 2001, S. 242).

terschieden. Die Notwendigkeit und Bezugsgröße dieser Differenzierung liegt im Lernziel „Kompetenz",[4] das durch die Betrachtung informellen Lernens als Möglichkeit zur Kompetenzentwicklung (vgl. Kapitel 2) gegeben ist.

2.4 Zu den lerntheoretischen Zugängen zum informellen Lernen

Auch wenn das informelle Lernen in den letzten Jahren zunehmend Eingang in die erziehungswissenschaftliche Diskussion und Reflexion erfährt (vgl. den Überblick bei *Kirchhöfer* 2001, S. 97 f.), so erhält es insbesondere als Möglichkeit zur Kompetenzentwicklung vor allem im bildungspolitischen Bereich Aufmerksamkeit und Bedeutungszuwachs. Der Charakter eines eher normativen Konzepts oder einer Bildungsprogrammatik ist die Folge davon und gleichzeitig eine Erklärung dafür, dass das „informelle Lernen" bisher eher ungenügend theoretisch fundiert ist. Das Fehlen eines einheitlichen lerntheoretischen Ansatzes ist auch die logische Konsequenz aus der schon aufgegriffenen Bedeutung informellen Lernens als Sammelbegriff für alle Lernprozesse in nicht pädagogisch strukturierten Handlungskontexten.

Nichtsdestotrotz stellt sich das informelle Lernen bei näherer Betrachtung gerade aufgrund seiner Komplexität und Vielschichtigkeit als (lern)theoretisch hochanschlussfähig dar. In diesem Zusammenhang ist zunächst einmal auf die jeweiligen Theoriebezüge zu verweisen, die hinter den einzelnen, in der zugrunde gelegten Definition benannten Ausprägungen (dem impliziten Lernen, dem Erfahrungslernen sowie dem selbst organisierten Lernen) stehen. Von Interesse für eine übergreifende Betrachtung des informellen Lernformen-Kontinuums sind insbesondere diejenigen theoretischen Anschlussstellen von Bedeutung, die allen Ausprägungen entsprechen.

Informelles Lernen im sozialen Umfeld ist prinzipiell ein Lernen ohne (pädagogische) Lehrhandlung. Damit greift die traditionelle Vorstellung vom Lehren und Lernen unter dem „Primat der Instruktion" (*Reinmann-Rothmeier/Mandl* 1997, S. 359) hier nicht. Es ist eben kein pädagogisches

---

4 Der Kompetenzbegriff wurde in den letzten Jahren – anknüpfend an die bildungstheoretische Debatte um so genannte Schlüsselqualifikationen – als Antwort auf die mit den gravierenden gesellschaftlichen Veränderungen verknüpften Anforderungen an den einzelnen Menschen sowie das Bildungssystem in die wissenschaftliche Diskussion gebracht. Vgl. exemplarisch *Arnold* (1997), *Erpenbeck/Weinberg* (1999) und *Plath* (2000).

Informelles Lernen im sozialen Umfeld

Setting vorhanden, kein Lehr-Lernprozess geplant und organisiert, „damit Lernende die präsentierten Wissensinhalte in ihrer Systematik verstehen, diese im Gedächtnis verankern und damit die vorher definierten Lehr-Lernziele erreichen" (ebd.). Um informelles Lernen zu beschreiben, muss vielmehr die aktive und konstruktive Rolle der Lernenden in der Gestaltung und Integration des jeweils relevanten Wissens in den spezifischen Handlungssituationen des sozialen Umfelds betont werden.

Damit stellt sich das informelle Lernen als ein (gemäßigt) konstruktivistisches Lernverständnis dar (vgl. *Dohmen* 2001, S. 22 zu *Bjørnåvold* 2000).

In diesem Sinne kann beispielsweise an die Position von *Gerstenmaier/ Mandl* angeschlossen werden, die „das handelnde Subjekt, den aktiven, selbstgesteuerten, selbstreflexiven Lerner in den Mittelpunkt stellt" (1995, S. 882). In Anlehnung an die Begriffsbestimmung des informellen Lernens im sozialen Umfeld als interaktive Auseinandersetzung und tätige Aneignung der Umwelt lassen sich die Lernprozesse selbst als aktive, selbst gesteuerte, konstruktive, situative und soziale Prozesse beschreiben und folgendermaßen aufschlüsseln:

„Das heißt Lernen ist nur über die *aktive* Beteiligung des Lernenden (einschließlich Motivation und Interesse) möglich; kein Lernen ist ohne *selbstgesteuerten* Anteil denkbar; über kontinuierlich ablaufende individuelle Wahrnehmungs-, Erfahrungs- und Interpretationsprozesse ist Lernen in jedem Fall *konstruktiv*, eingebettet in jeweils spezifische Kontexte verläuft Lernen stets *situativ*, und schließlich ist Lernen immer auch sozial in dem Sinne, daß Lernen zum einen ein interaktives Geschehen darstellt und zum anderen soziokulturellen Einflüssen ausgesetzt ist" (*Reinmann-Rothmeier/ Mandl* 1997, S. 356).

Im Verständnis des informellen Lernens als konstruktivistisches Konzept sind entsprechend weiterführende theoretische Anschlussstellen sowie Bezüge zu den jeweiligen theoretischen Referenzen der einzelnen Lernformen enthalten.[5] Darüber hinaus ist exemplarisch vor allem die Motivation hervorzuheben – als eine notwendige Voraussetzung des nicht pädagogisch intendierten Lernens. Während der motivationale Aspekt in der übergreifenden Diskussion zum lebenslangen Lernen durchaus Beachtung findet, wird er in den Beiträgen zum informellen Lernen bisher jedoch nur vereinzelt aufgegriffen. Dabei kommt der „Selbstbestimmungstheorie der

---

5 So gilt zum Beispiel *John Dewey*, der im Kontext des Erfahrungslernens viel beachtet wird (vgl. Dehnbostel 2001, S. 13 f.), auch als ein Vorläufer konstruktivistischer Überlegungen (vgl. *Reinmann-Rothmeier/Mandl* 1997, S. 367; *Gerstenmaier/Mandl* 1995).

Motivation" der amerikanischen Psychologen Deci/Ryan (1993) eine besondere Bedeutung zu. Diese hebt insbesondere die Bedürfnisse nach Autonomie, Kompetenz und sozialer Eingebundenheit hervor und stellt sich dadurch als hochanschlussfähig für das informelle Lernen dar (vgl. *Straka* 2000, S. 48; *Lipski* 2000). Für den Bereich des sozialen Umfelds als der (persönlich gestalteten) Lebenswelt des Subjekts ist darüber hinaus der zugespitzte Begriff des Interesses als „gegenstandsbezogene Lernmotivation" (*Lipski* 2000, S. 4) besonders plastisch und in seiner Relevanz für einen theoretischen Bezugsrahmen zu prüfen.

3 Informelles Lernen als Kompetenzentwicklung

Der Logik der Diskussion um informelles Lernen folgend stehen die Ausführungen zur Kompetenzentwicklung zwangsläufig an der Schnittstelle von der Begriffsbestimmung auf einer theoretischen Ebene (Kapitel 1) und den ambivalenten Spannungsfeldern, die sich gegebenenfalls für informell Lernende auf der realen gesellschaftlichen Ebene abzeichnen (Kapitel 3). Denn insbesondere das hohe kompetenzentwickelnde Potenzial informellen Lernens macht es zum Gegenstand der viel diskutierten gesellschaftlichen „Modernisierungs- und Reformstrategie Kompetenzorientierung" (*Brödel* 2002b, S. 44) und stellt es damit in den nicht unproblematischen Fokus von Arbeitsmarkt und Bildungspolitik.

Dabei ist der Zusammenhang zwischen informellem Lernen in der oben entwickelten Lesart und der Entwicklung von Kompetenzen so nahe liegend, dass dessen Artikulation kaum notwendig scheint. Bezieht sich doch der gegenwärtig breit diskutierte Kompetenzbegriff „auf die Fähigkeit, in Situationen unter Berücksichtigung der personalen Handlungsvoraussetzungen und der äußeren Handlungsbedingungen Ziele zu erreichen und Pläne zu realisieren" (*Hof* 2002, S. 85). So wie informelles Lernen aus Situationen des praktischen Lebensprozesses entsteht, auf deren Bewältigung gerichtet ist und an die entsprechenden Sinnzusammenhänge des Handelns gebunden bleibt (vgl. Kapitel 1), sind „Handeln" und „Situation" auch entscheidende Kategorien von „Kompetenz" als Relationsbegriff zwischen der handelnden Person und der situationalen Umwelt (vgl. *Hof* 2002, S. 85).

Dieses Kompetenzverständnis beinhaltet zudem die Unterscheidung von „Kompetenz" und „Performanz". In dieser Differenzierung, die auf den Linguisten *Chomsky* (1969, S. 14) zurückgeht, stellen Kompetenzen als Fähigkeiten das Fundament für kompetentes Handeln in der Performanz, der Verwendung im aktuellen Tun, dar. Dabei bedingen sich die beiden Aspekte wechselseitig (vgl. *Löwisch* 2000, S. 93 ff.). In einem derartigen transformationstheoretischen Kompetenzverständnis – zu dem auch das *Habermas*'sche Konzept der „kommunikativen Kompetenz" (1971) und der „Interaktionskompetenz" (1984) zu zählen ist – tritt unweigerlich das Subjekt als Kompetenzträger in den Vordergrund. Denn: „Leitend ist die Idee der generativen Kompetenz und der Selbsterzeugung des Subjekts im eigenen Handeln. Das heißt, ein Individuum sucht nicht einfach Wege zur Problemlösung, vielmehr vermag es mit der Wahl und probeweisen Anwendung von Lösungsstrategien sich zugleich Fähigkeiten anzueignen, die es auf weitere Situationen übertragen und konstruktiv weiterentwickeln kann." (*Brödel* 2002b, S. 41).

Auch wenn die *Habermas*'sche Prägung des Kompetenzbegriffs in der gegenwärtigen erwachsenenpädagogischen Diskussion (bis auf wenige Ausnahmen: vgl. *Löwisch* 2000) nicht unmittelbar aufgegriffen wird, so sind Aspekte von Identitätsbildung und Persönlichkeitsentwicklung auch in aktuellen Kompetenzansätzen enthalten. Eine entsprechend biografisch orientierte Perspektive vertritt beispielsweise *Wittwer* (2001) und beschreibt Kompetenzen als strukturierende Gestaltungskraft. Das heißt: „Aus dem Zusammenspiel von individueller Kern- und Veränderungskompetenz entsteht so etwas wie der persönliche Mythos, das Leitmotiv der Biografiegestaltung" (*Wittwer/Reimer* 2002, S. 180).

Kompetenzen müssen entsprechend in die Biografie integriert sein, um – wie von *Wittwer* analytisch unterschieden – sowohl die ganz persönlichen Ressourcen darzustellen (Kernkompetenzen) als auch deren Anwendung in unterschiedlichen Anforderungssituationen zu umfassen (Veränderungskompetenzen). Dann erlebt das Subjekt diese Fähigkeiten nicht mehr nur als Resultat einer bestimmten Handlungssituation, sondern als persönliche Kompetenz, die es situationsübergreifend einsetzen kann (vgl. *Wittwer/Reimer* 2002, S. 179). Dazu bedarf es grundlegend der tätigen Auseinandersetzung des Subjekts mit seiner Umwelt sowie des Sich-in-Beziehung-Setzens mit dem Gelernten. Eine reflektierende Verarbeitung der eigenen Lernschritte ist gleichsam Voraussetzung für die Entwicklung von Handlungskompetenz. Und damit verhält es sich dann so, dass nicht das gesamte hier definierte Spektrum informellen Lernens per se Kompetenzentwicklung bedeutet.

Informelles Lernen besteht aus bewusst als Lernprozesse angestrebten Handlungen (selbst organisiertes Lernen) und als solche wahrgenommenen Erfahrungen (Erfahrungslernen) sowie aus Lernprozessen, deren Verlauf und Ergebnis den Lernenden nicht bewusst sind (implizites Lernen) (vgl. Kapitel 1.3). Diese drei fokussierten Ausprägungen informellen Lernens stellen aus der Perspektive der Kompetenzentwicklung gleichsam verschiedene Niveaustufen dar. Der entsprechende Reflexionsgrad oder das „Moment des Selbsterlebens und der Bezug zur eigenen Tätigkeit" (*Wittwer/Reimer* 2002, S. 181) ist im selbst organisierten Lernen von Anfang an enthalten. Für das erfahrungsorientierte und implizite Lernen hingegen muss die Reflexion im Nachhinein (von den Lernenden selbst oder von außen) angestoßen werden. Dabei liegt beim Erfahrungslernen dem nachträglichen Reflexionsprozess bereits das Bewusstsein über die erfolgreiche Bewältigung einer Situation zugrunde. Beim impliziten Lernen jedoch geschehen sowohl Bewältigungs- als auch Lernhandlungen beiläufig und sind dem Subjekt zunächst unbewusst. Voraussetzung für die Subsumtion impliziter Lernvorgänge unter den Begriff des informellen Lernens ist aber deren prinzipielle Bewusstseinsfähigkeit. Andernfalls handelt es sich bereits um die Bereiche von Alltagswahrnehmung oder Sozialisation.

So wie diese theoretisch-analytischen Typisierungen nicht eindeutig voneinander abzugrenzen sind (und sich in den einzelnen Definitionsansätzen überschneiden und widersprechen), sind vor allem in der Praxis die Grenzen zwischen den einzelnen Lernformen fließend und Übergänge möglich. Die scheinbar trennende Darstellung verschiedener Ausprägungen informellen Lernens darf nicht den Blick dafür verstellen, dass diese im informellen Lernprozess zusammenwirken. Denn die realen Lernprozesse bewegen sich in einem „Kontinuum der Formen" (*Kirchhöfer* 2001, S. 113). Durch ein Nebeneinander sowie durch Gleichzeitigkeit von bewussten und unbewussten Anteilen befinden sich die Lernprozesse unter Umständen als „hybride Mischformen" (*Staudt/Kley* 2001, S. 240) in einem ständigen Formenwechsel dieser unterschiedlichen Bezeichnungen informellen Lernens.

4 Lernende im Spannungsfeld zwischen individueller Kompetenzentwicklung und gesellschaftlicher Vereinnahmung

Wie bereits angedeutet, ist „informelles Lernen" für Individuum und Gesellschaft ein Thema voller Vielfalt, Chancen, Risiken und gleichzeitig Widersprüchen. Wir sprechen im Zusammenhang dieser Gegensätze von

Spannungsfeldern. Deren mögliche physikalische Metapher – zwei gegensätzlich energiegeladene und sich gerade deswegen unaufhaltsam anziehenden Pole (die zudem auf Ausgleich ihrer unterschiedlichen Ladung drängen) – scheint gut geeignet, auf solche Ambivalenzen sowie Paradoxien informellen Lernens für das Subjekt aufmerksam zu machen, die dem jeweiligen bildungspolitischen und/oder erziehungswissenschaftlichen Verwendungszusammenhang innewohnen.

Als übergreifende Klammer für eine differenzierte Betrachtung möglicher Spannungsfelder ist zunächst eine Art Fundamentalparadoxie zu beschreiben, welche nahezu allumfassend dem gesamten Diskurs zugrunde liegt. Gemeint ist die scheinbar unauflösliche Spannung, informelles Lernen im sozialen Umfeld als Chance individueller, eigensinniger Kompetenzentwicklung zu begreifen und demgegenüber gleichzeitig die Gefahr seiner gesellschaftlichen Vereinnahmung durch interessensgeleitete Nutzbarmachung zu sehen.

Auf der einen Seite sind nicht lerngerichtete Handlungszusammenhänge in der (persönlich gestalteten) Lebenswelt ein zusätzlicher Ort der individuellen Kompetenzentwicklung. In diesem Zusammenhang stellen informelle Lernprozesse für das Individuum die Möglichkeit dar, eigene Interessen und Persönlichkeitsentwicklung, Selbstbestimmung und Bildungsbiografie miteinander zu verbinden. Gleichsam kommt das so betrachtete Lernen im sozialen Umfeld dem Bedürfnis von (insbesondere erwachsenen) Lernenden nach „Eigen-sinn" (*Knoll* 1999) entgegen. Doch das ist nicht automatisch die eine Seite der Medaille, wovon der gesellschaftliche Verwertungsanspruch die andere ist. Vielmehr ist es der durchgängige bildungspolitische Diskussionszusammenhang, der informelles Lernen mit der Anforderung lebenslangen Lernens gleichstellt sowie eine kollektive Bewältigung des dynamischen gesellschaftlichen Wandels beschwört – und damit zu Irritationen führt.

Auf der anderen Seite werden unweigerlich subjektive Bildungsinteressen mit dem Anspruch verknüpft, dass die eigenen Bildungsanstrengungen ganz den Anforderungen der (Arbeits-)Gesellschaft unterzuordnen sind. Das beinhaltet die Gefahr, dass informelles Lernen unter dem gesellschaftsprägenden Primat der Ökonomie instrumentalisiert wird. Einer der bekanntesten pädagogischen Widersprüche wird erneut virulent: Lernen sowie Bildung – hier im weitesten Sinne klassischer Bildungstheorien verstanden als Befähigung zur vernünftigen Selbstbestimmung und individuellen Umgang mit der Welt – gerät scheinbar unter den alleinigen Anspruch auf Brauchbarkeit. Diese Antinomie besteht vor dem Hintergrund, dass der

Bildungsbegriff an sich, wie er seit dem Neuhumanismus (Humboldt) verwendet wird, insbesondere das Resultat des Widerstandes der Aufklärungspädagogik gegen das Diktat der Ökonomie in der Pädagogik war. Gleichwohl ist eine (berufliche) Brauchbarkeit als Bildungsziel, wie *Gruber* (2001a) zurecht feststellt, nicht grundsätzlich abzulehnen. Im Gegenteil: Sich so gut wie möglich auf eine Teilhabe am Arbeitsmarkt einzustellen, ist zweifelsohne nicht nur eine Überlebensnotwendigkeit, sondern auch Grundlage einer erfolgreichen Lebensbewältigung. Und sie kann auf der beruflichen Seite durchaus zur persönlichen Selbstverwirklichung und damit zu einem erfüllten Leben beitragen. Problematisch für das Individuum wird es aber dann, wenn die persönlichen Interessen zu Gunsten einer einseitigen und fortwährenden Anpassung an den technologischen und wirtschaftlichen Wandel dominiert werden. Gefahren innerer Selbstentfremdung oder persönlicher Überforderung kündigen sich damit auf der individuellen Ebene an. Auf der gesellschaftlichen Ebene muss gleichsam beachtet werden, zu welcher sozialen (Schief-)Lage von Konkurrenz und Ungleichheit ein gesellschaftliches System führt, das in allen Lebensphasen und auf allen Stufen des Lernens (in Schule, Aus- und Weiterbildung) und nicht zuletzt im sozialen Umfeld dem Ziel ökonomischer Verwertbarkeit dient. Derartige Aspekte und nicht zuletzt die Aufgabe der Pädagogik in diesem Zusammenhang werden in der folgenden differenzierten Auseinandersetzung mit den Spannungsfeldern informellen Lernens weiter ausgeleuchtet.

4.1 Lernen in Freiheit versus sozialer Lernzwang

„Lernen in Freiheit" – in dieser Studie belegt *Rogers* (bereits 1969) für die humanistische Psychologie, dass signifikantes Lernen in seinen Voraussetzungen im Wesentlichen an die Bedingungen von Freiheit geknüpft ist. Von der individuellen Person ausgehend bedarf es der Eigenständigkeit, Autonomie und Freiwilligkeit. Ähnliches belegen die Forschungsergebnisse der Motivationspsychologie, nach denen eine intrinsische Lernmotivation erheblich positivere Folgen hat als eine extrinsische Lernmotivation. Diese betreffen sowohl das emotionale Erleben, das Selbstwertgefühl und das Bewältigungsverhalten von Misserfolg als auch die qualitativen Ergebnisse der Lernprozesse selbst (vgl. *Schiefele/Schreyer* 1994; ebenso *Krapp* 1993). Da das lebensweltimplizite Lernen durch sein natürliches Potenzial wie seine spezifische Eigenart genau daran anzuknüpfen vermag, spielt gerade der motivationale Aspekt eine wichtige Rolle im lerntheoretischen Bezugsrahmen des informellen Lernens (vgl. Kapitel 1.4).

In der Sichtweise einer sich (auch in das soziale Umfeld hinein) entgrenzenden Lernkultur muss jedoch gleichzeitig erkannt werden, dass durch den damit verknüpften Anspruch, sich durch informelles Lernen permanent den gesellschaftlichen Veränderungen anzupassen, dessen zentrales Moment von Freiheit und Autonomie geradezu konterkariert wird. Lernen als gesellschaftlich relevante Notwendigkeit und Daueranforderung diffundiert in den individuellen Lebensalltag. Die Lernprozesse in lebensweltlichen Handlungskontexten entsprechen unter diesen Bedingungen weniger einem Lernen in Freiheit, also einem, wie *Seitter* es verdeutlicht, „innerpsychischen *Zwang*, Lernpraktiken zu einer Lern- und Bildungsbiographie zu verdichten" (2001, S. 93; Hervorhebung: d. Verf.). Dieser Argumentation folgend handelt es sich eher um eine soziale Zumutung als um individuelle Freiheit.

Inwieweit sich ein solches Spannungsfeld für das Subjekt in der Realität tatsächlich als Lernzwang auswirkt, ist aufgrund der fehlenden empirischen Vergewisserung, die beispielsweise auch für die übergreifendere Diskussion um die Folgen der *Beck*'schen „Risikogesellschaft" (1986) gilt, noch eine offene Frage. Gleichwohl: Wird hier der Grundstein für eine zweckrationale Lebensführung gelegt, an dessen Ende das kulturelle Leitbild eines Homo oeconomicus steht? Muss nicht vielmehr davon ausgegangen werden, dass die strategische Ausrichtung einer reflexiven Lebensführung unter dem Anspruch ökonomischer Verwertungsmöglichkeiten geradezu im Widerspruch steht zu individuellen Neigungen und intrinsischer Motivation, sogar zu Selbstentfremdungen führen kann?

Selbst dann, wenn intrinsische und extrinsische Motivation nicht zwingend Gegensätze sind und auch extrinsisch motiviertes Verhalten durchaus selbstbestimmt sein kann, so bleibt die Frage, ob sich unter dem Einfluss eines sozial empfundenen Lernzwangs nicht eine Veränderung von Motivationslagen in Bezug auf die Tätigkeiten im sozialen Umfeld ergibt? Was hat das für Folgen, wenn Handlungskontexte und Bereiche der persönlichen Lebenswelt ausschließlich unter dem Aspekt ihrer kompetenzentwickelnden Potenziale bewertet werden?

Dieser Gedanke wird für das Subjekt umso problematischer, als dass derartige Strategien stets auf bestimmte Ziele ausgerichtet sind, unsere Gesellschaft jedoch – insbesondere mit Blick auf den Arbeitsmarkt – ständigen und zunehmend zieloffenen Veränderungen unterworfen ist. Muss nicht etwa davon ausgegangen werden, dass der Zielpunkt einer Strategie verändert sein kann, noch bevor er erreicht ist, und dementsprechend neue Strategien erforderlich würden? Führt dies am Ende vielleicht dazu, wie *Geißler/Orthey* überspitzt formulieren, dass „die Individuen ruhelos ihrer eigenen, immer schneller verfallenden Brauchbarkeit hinterher rennen" (1998, S. 40)? Und lautete nicht das Fazit dieser Umstände: „Man versäumt sich selbst" (ebd.)?

4.2 Subjektorientierte Pädagogik versus Pädagogisierung von Lebenswelt

Aus heutiger pädagogischer Sicht hat Lernen trotz allem (institutionellen und bildungspolitischen) Fremdeinfluss eine sehr individuelle Seite. Der kürzlich verstorbene Begründer der Kybernetik *Heinz von Foerster* formuliert das so: „Lernen ist das persönlichste auf der Welt. Es ist so eigen wie ein Gesicht oder ein Fingerabdruck – und noch individueller als das Liebesleben" (*Schnabel* 2002, S. 35). Analog zur konstruktivistischen Perspektive *Foerster*s beschreibt *Siebert* Lernen als einen autopoietischen Prozess, der von außen – beispielweise durch Lehre – nicht gesteuert werden kann. Der Lernende konstruiert nicht nur seine Lernprozesse selbst, sondern „bleibt verantwortlich für sein Lernen, auch für seine Lernverweigerung" (*Siebert* 2001, S. 98). Neben der Bedeutung informellen Lernens als konstruktivistisches Konzept (vgl. auch Kapitel 1.4) beinhaltet der hier fokussierte Lernort eine gleichsam subjektive Prägung durch das lernende Subjekt selbst.

Mit dem informellen Lernen im sozialen Umfeld geraten Lernprozesse in den Vordergrund, die per se zur persönlichen Lebenssphäre, zu seiner individuell erlebten und gestalteten Alltags- und Lebenswelt gehören. Da diese Bereiche in gesellschaftlichen Bildungskonzepten bisher weitergehend ausgeblendet werden, ist es notwendig, wie *Dohmen* (2002) propagiert, das informelle Lernen überhaupt als sinnvolles Lernen zu betrachten (und wir fügen hinzu: es aus einer erziehungswissenschaftlichen Perspektive in seinen Dimensionen und individuellen Lernprozessen zu erschließen). Die Wahrnehmung, Anerkennung und Wertschätzung informellen lebensweltimpliziten Lernens kann zum Ausdruck einer subjektorientierten Pädagogik gemacht werden, die jedoch nicht dazu führen darf, dass informelles Lernen pädagogisiert[6] wird. Sondern: „Es muss seine Lebensunmittelbarkeit und Selbstbestimmtheit, auf denen seine Popularität und die entsprechende Lernmotivation beruhen, behalten" (*Dohmen* 2002, S. 9). Von der begrifflichen Spitzfindigkeit einmal abgesehen, dass Lernprozesse im sozialen Umfeld, sobald dieses pädagogisiert und das Lernen dementsprechend pädagogisch intendiert ist, qua Definition (vgl. Kapitel 1.1) nicht mehr zum „informellen Lernen" zählen, widerspricht also vor allem der spezifische Charakter dieses Lernens in „natürlichen Lebenssituationen" einer pädagogischen Einflussnahme (vgl. *Richter* 2002). Gleichwohl tritt gerade dadurch eine Paradoxie, um nicht zu sagen ein Dilemma auf. Denn umso mehr informelles Lernen einer gesellschaftlichen Anerkennung zugeführt und in das lebenslange Lernen integriert wird, umso mehr wird der mit dem traditionellen, schulischen Lernverständnis unweigerlich verknüpfte Pädagogisierungsgedanke befördert. Dieser zielt letztlich auf (pädagogisch unterstütztes) Lernen als Rundumgegenwart von Mensch und Gesellschaft – im sozialen Umfeld wie auch in der Sphäre der Erwerbsarbeit. Gelernt wird dann, so *Gruber*, immer und überall: „Das Pädagogische wird sozusagen auf Dauer gestellt und eng mit der Lebens- und Berufswelt der Menschen verknüpft. Lernen und Arbeiten verschmelzen, und oft bleibt unklar, ob gerade gelernt, gearbeitet oder der Alltag pädagogisch bewältigt wird" (2001b, S. 274).

Es ist also die Pädagogik selbst, die durch diese Paradoxie in einem Spannungsfeld der eigenen Art steht. Sie ist einerseits gefordert, das Individuum dabei zu unterstützen, informelles Lernen mit einer Kompetenzentwicklung zu verbinden, die auch geeignet ist, den veränderten Anforderungen von Arbeit und Gesellschaft Rechnung zu tragen. Andererseits muss eine derartige Unterstützung jenseits aller Formen von Pädagogisierung liegen, um gerade das kompetenzentwickelnde Potenzial informellen Lernens zu erhalten. Hier darf die Pädagogik nicht Gefahr laufen, sich selbst bzw. die lernenden Subjekte in ihrem ganz persönlichen Lernen für ökonomische Verwertungsinteressen instrumentalisieren zu lassen. So sind es, wie *Kirchhöfer* es formuliert, unternehmerische Interessen, die „im informellen Lernen einen Weg sehen, die Arbeitskraft in allen Lebensbereichen einer Produktivitätssteigerung zu unterwerfen und auch die letzten Reste von Privatheit zu kolonialisieren" (2001, S. 99).

---

6 Die Pädagogisierungsdebatte verweist auf die Entgrenzung des Pädagogischen und den damit zusammenhängenden Infiltrationsprozess der Gesellschaft mit der Lernfrage jenseits institutionellen bzw. formalen Lernens; vgl. z.B. *Krüger* (2002, S. 324 f.) und *Dewe/Ferchhoff* (1992).

4.3 Soziale Gleichheit versus soziale Ungleichheit

Das hier fokussierte informelle Lernen findet im individuellen sozialen und kulturellen Umfeld statt, welches jeweils den Grad der Lernanregung und der Auseinandersetzungsmöglichkeit maßgeblich mitbestimmt (vgl. Kapitel 1.2). Es ist damit nicht nur eine Frage der bereits betrachteten Motivation und Gestaltung informellen Lernens, die dessen „Qualität" oder Ergebnis beeinflussen, sondern zudem die persönliche Lebenswelt. Diese entscheidet mit über die Chance für das Individuum, eben solche Lernanregungen zu erhalten, die eine eigensinnige und/oder für den Arbeitsmarkt verwertbare Kompetenzentwicklung ermöglichen.

Damit tut sich hier (nicht nur) ein konzeptionelles Spannungsfeld auf: Denn speziell im ursprünglichen Ansatz der „Lifelong Education" wurde die Förderung informeller Lernprozesse gerade deshalb mitgedacht, um negative Folgen sozialer Selektivität zu vermeiden. Wird nun im Zuge der Aufwertung informellen Lernens die Zuständigkeit und Verantwortlichkeit für die eigenen Lern- und Bildungspraktiken verstärkt auf das Individuum übertragen, dann ist es genau dieser biografisch bedingte soziale Kontext, der die Möglichkeiten und Grenzen individueller Kompetenzentwicklung bewirkt. Soziale Ungleichheiten werden damit nicht nur aufrecht erhalten, sondern durch die Anforderungen „Gewinn bringenden" informellen Lernens noch verschärft. Als Parallele: Im formalen Bildungssystem ist es für Kinder höherer (Bildungs-)Schichten immer noch leichter, auf das Gymnasium zu kommen als für Arbeiterkinder mit gleichen Fähigkeiten; trauen Eltern und Lehrer ihnen (oft) nur die Hauptschule zu, so treffen sie hier wahrscheinlich nicht nur auf Mitschüler aus ähnlich schwierigen (familiären) Verhältnissen, sondern auch auf Lehrer, die ihre geringen Leistungserwartungen auf die Schüler übertragen (vgl. Schnabel 2002; auch *Geißler* 1994).

Was hier für den schulischen Bereich beschrieben ist, zeichnet *Bolder* (2001) für den Bereich der beruflichen Weiterbildung nach und weist auf die Gefahr einer soziale Polarisierung hin: „Polarisierung, so könnte man diese im Wortsinn Epoche machenden Thesen zusammenbringen, geschieht durch weitere berufliche Bildung zwischen nach ihrer Vorbildung und betrieblichen Position schon Privilegierten einerseits und Minderqualifizierten andererseits" (2001, S. 23). Gleichermaßen paradox erscheint in diesem Zusammenhang, dass Angebote institutionalisierten Lernens sowohl vom historischen Ursprung als auch in ihrer strukturellen Anlage eigens als Möglichkeit zur Emanzipation genau aus dieser Eingebundenheit und

Begrenztheit der sozialen Milieus entstanden sind (vgl. *Schäffter* 2001, S. 257).

Hinsichtlich des selbst organisierten informellen Lernens darf zudem der hohe kognitive Anspruch nicht übersehen werden, der ihm als Entwicklung von Kompetenzen zugrunde liegt und den Lernenden weit reichende (selbst)reflexive Fähigkeiten abverlangt. *Beck et al.* sprechen hier von einer Art metakognitiven Bewusstheit: „Die Beobachtung der eigenen kognitiven Tätigkeiten und das Nachdenken über das eigene Problemlösen, Denken und Lernen führt zur Erkenntnis von Stärken und Schwächen und macht die Lern-, Denk- und Problemlösungsstrategien bewusst, mit denen erfolgreich gearbeitet werden kann" (1991, S. 210). Die Notwendigkeit reflexiver Fähigkeiten ergänzt *Kirchhöfer* zum einen um eine „kommunikative Orientierung" „als Fähigkeit zum inneren Dialog, zur internen Vorwegnahme möglicher Einwände, zum Einfühlungsvermögen in das Denken anderer" (2001, S. 124). Zum anderen beschreibt er informelles Lernens als „gedankliches Probehandeln", das der Fähigkeit zur Antizipation der möglichen Handlungsabläufe bedarf (ebd.).

Bei derartigen Anforderungen besteht die Gefahr, dass breite Bevölkerungsschichten solche vielschichtigen individuellen Voraussetzungen für eine lebensweltimplizite Kompetenzentwicklung nicht erfüllen. Damit ist eine Begünstigung derjenigen verbunden, die bereits weitgehend über die notwendigen Fähigkeiten verfügen, und gleichzeitig eine „Herausbildung (wissens)gesellschaftlicher Problemgruppen" (*Brödel* 2002b, S. 43). Können oder müssen nicht sogar die Folgen einer derartigen Entwicklung sozialer Polarisierung – bewusst überspitzt – als eine Art Rückwärtsbewegung in der Kategorie eines Sozialdarwinismus beschrieben werden?

Gleichzeitig gilt es, die erfolgreiche Entwicklung von Kompetenzen im sozialen Umfeld wirklich in allen Dimensionen zu beachten und entsprechend bisher übergangene (doch unter Umständen lernförderliche) Handlungszusammenhänge zu diskutieren. Denn bei einer konsequenten Würdigung informellen Lernens im sozialen Umfeld geraten nicht nur gesellschaftlich anerkannte Beschäftigungen (wie z.B. bürgerschaftliches Engagement in Verbänden, Parteien, Vereinen oder anderen Initiativen) als mögliche Lernorte in den Blick, sondern auch Lernsituationen in gesellschaftlich problematischen Kontexten. So besteht beispielsweise mit dem sozialpädagogischen Konstrukt der Lebensbewältigung (vgl. zusammenfassend *Böhnisch* 2001) die Möglichkeit, sowohl die Kompetenzentwicklung in Bedingungsgefügen von sozialer Benachteiligung und/oder Freisetzung aus dem Bildungs- und Arbeitsmarkt als auch möglicherweise riskantes Bewältigungshandeln aufzugreifen. Darin liegt für bisher „unsichtbare" bzw. (aus Sicht des formalen Bildungswesens) als defizitär eingestufte Zielgruppen die Chance, auch gesellschaftlich als Lernende und kompetent Handelnde wahrgenommen zu werden. Neben dem Ziel einer gesellschaftlichen Anerkennung solcher Lebens- und Lernpraxis liegt weiterführend die Veränderung struktureller Rahmenbedingungen sowie die Ermöglichung von bildungsgesellschaftlicher Teilhabe.

4.4 Eigenverantwortung versus Fremdverantwortung

Zweifelsohne beinhaltet die Propagierung informellen Lernens – gerade in der Lesart einer Verknüpfung mit dem Anspruch lebenslangen Lernens – eine Verlagerung der Verantwortung für Bildungsprozesse in die Eigenregie des Individuums. Und nicht zuletzt liegt in der Freiheit und Eigenverantwortung ein spezifischer Vorzug dieser Lernform. Eine Entlastung der Verantwortung des Staates bei gleichzeitiger Förderung des mündigen Bürgers und seiner Selbstbestimmung, so könnte die plakative Formel lauten, mit der sich der Anspruch informellen Lernens im wahrsten Sinne des Wortes für beide Seiten rechnet. Informelles Lernen erscheint im bildungspolitischen Interesse ebenso als Lösung für leere (Weiterbildungs-) Kassen, wie es dem Individuum helfen kann, teure Weiterbildungskosten zu sparen. Ob eine solche Rechnung allerdings tatsächlich aufgeht, ist fraglich. Denn was bedeutet Eigenverantwortlichkeit in Bezug auf die eigene (berufliche) Kompetenzentwicklung für das Subjekt?

Eigenverantwortlichkeit heißt, dass sich das Subjekt selbst um eine Anpassung an die Erfordernisse des Arbeitsmarktes bemühen muss. Es ist nicht länger möglich, als (weiterbildungsbereiter) Arbeitnehmer zu fungieren, sondern es ist zunehmend notwendig, als Unternehmer der eigenen Arbeitskraft zu agieren. Diese Entwicklungen sind im viel zitierten Konzept des „Arbeitskraftunternehmers" (*Voß/Pongratz* 1998) zusammengefasst. Zu den erhöhten Anforderungen wie Selbstökonomisierung, zweckgerichtete Entwicklung der eigenen Kompetenzen sowie Ausrichtung der alltäglichen Lebensführung auf die Erfordernisse der Erwerbssphäre kommt nicht zuletzt der Anspruch als eigener Bildungsunternehmer hinzu. Damit wird die gesamte Bildungsplanung hinsichtlich der zu wählenden Inhalte, Formen, Methoden, Zeiten und Orte in die Verantwortung sowie Selbstorganisationsfähigkeit des Individuums gelegt (vgl. die Zusammenfassung verschiedenster Expertisen in *Brödel* 1999, S. 222). Doch neben den vermeintlichen Vorteilen einer Selbstbestimmung liegt die Gefahr, wie der

Begriff des Bildungsunternehmers schon andeutet, in Momenten des Risikos und Scheiterns. Besonders verschärft stellt sich diese Gefahr dar, wenn die Verantwortungsdelegation an den einzelnen Menschen in der Weise ausgeweitet würde, dass Kompetenzen als Bringschuld der Subjekte angesehen werden, ohne dass lernförderliche Bedingungen bestehen oder geschaffen werden.

Eine weitere Spannung entsteht auch in einem anderen Detail. Denn wie oben bereits beschrieben (vgl. Kapitel 3.3) ist und auch *Kirchhöfer* hervorhebt, bringen die einzelnen Menschen unterschiedliche persönliche Voraussetzungen für selbst organisierte Lernprozesse mit. „Doch damit schließt die ungezügelte Übertragung von eigenverantworteter Selbstorganisation auch das Risiko ein, dass eine Vielzahl von Individuen an eben dieser Zumutung scheitert, auch wenn die Führungseliten dann feststellen könnten, dass für dieses Scheitern nicht mehr der Staat oder die Gesellschaft die Verantwortung tragen, sondern das Individuum" *(Kirchhöfer* 2001, S. 122). Wird in diesem Zusammenhang nicht die Lösung struktureller Probleme immer mehr dem einzelnen Menschen zugemutet, der sich wohlmöglich im Falle der Auswegslosigkeit dafür verantwortlich fühlt, obwohl die Probleme auf einer ganz anderen – fremdverantworteten – Ebene liegen?

Für das Individuum selbst besteht zusätzlich das Problem einer massiven Überforderung als Kehrseite der Verantwortungsübertragung. So können ständig zunehmende Anforderungssituationen (in der Berufs- und Lebenswelt) verknüpft mit der Zuständigkeit und Sorge für eine selbstbestimmte Kompetenzentwicklung den einzelnen Lernenden physisch und psychisch überfordern. Sie provozieren Stress auslösende Bewältigungs- und Verhaltensstile (beispielsweise überzogenes Leistungsstreben, stark überhöhte Verausgabungsbereitschaft, Verdrängung von Entspannungsbedürfnissen und stark eingeschränkte Erholungsfähigkeit), in deren Folge gesundheitliche Risiken ebenso denkbar sind wie Depressionen und Versagensängste (vgl. *Plath* 2000, S. 590).

5 Perspektiven einer Entparadoxierung

Diese theoretische und mangels Empirie noch recht holzschnittartig anmutende Synopse der Möglichkeiten informellen Lernens sowie der vornehmlich unter dem Anspruch ökonomischer Nutzbarmachung auftretenden Spannungsfelder macht deutlich, dass informelles Lernen als (Lebens-)Bewältigungsinstrument einer verschärften Modernisierung nicht eindeutig trägt. Vielmehr erscheint ein klassisches „Sowohl-als-auch". Einerseits stehen dem Individuum gerade im informellen Lernen erhebliche Lernpotenziale persönlicher (Selbst-)Bildung zur Verfügung. Andererseits wird klar, dass die Anforderungen der Zukunft dem Individuum erhebliche Lernleistungen abverlangen. Das ist Chance und Risiko zugleich. Da steht die Chance für ein signifikantes, weil sinn- und bedeutungsvolles Lernen, das zur individuellen Persönlichkeitsentwicklung und kompetenten Lebensführung unter Unsicherheitsbedingungen ebenso zu befähigen vermag, wie es zur Weiterentwicklung der Gesellschaft beiträgt. Demgegenüber steht neben individuellen Gefahren ein durchaus gesamtgesellschaftlich zu sehendes Risiko, dass gleichsam einem Circulus vitiosus immer dann auftritt, wenn informelles Lernen seiner individuellen Freiheit beraubt und in eben diese gesellschaftlichen, strategischen ökonomischen Nützlichkeitserwägungen (ein)gebunden wird.

Sicherheit scheint ohne Freiheitseinbußen kaum denkbar (vgl. *Lenzen* 1994). Eine Bewältigung von Unsicherheit (insbesondere in einer sich mit hoher Geschwindigkeit wandelnden Gesellschaft), so könnte man schlussfolgern, gibt es demnach nicht ohne Risiko für diesen oder jenen Weg. Gleichwohl: Die Frage, wie bei allem Potenzial informellen Lernens die dargelegten riskanten (Neben-)Effekte vermieden oder zumindest minimiert werden können, bleibt. Denn nicht zuletzt wirken sich Paradoxien erfahrungsgemäß als eine Art lähmendes Dilemma aus und am Ende bliebe alles, wie es ist. Auch das wäre keine befriedigende Antwort – insbesondere deshalb, weil bekanntermaßen nicht getroffene Entscheidungen durch andere getroffen werden. Interessant und perspektivisch hilfreich könnte ein von *Radtke* (1994) skizziertes Entparadoxierungsprogramm sein, dessen Rezeption, wie er verdeutlicht, der Pädagogik neue Handlungsalternativen anbieten kann. So wird in der politischen Philosophie versucht, gerade durch das Treffen einer Entscheidung das Pluralismusdilemma vielfältiger Meinungen und divergierender Interessen wie eine Art gordischen Knoten zu zerschlagen. Aus einer zu bestimmenden Einheit verschiedenster Positionen werden Regeln für die Gesellschaft abgeleitet. Hierzu wird ein minimaler sozialer Konsens gesucht, „eine Einigkeit wenigstens darüber, was im Gegeneinander partikularer Interessen an Gemeinsamkeiten erhalten geblieben ist und erhalten bleiben muss" (*Radtke* 1994, S. 107).

Der Ausgangspunkt für eine solche minimalistische Gemeinsamkeit zwischen unternehmerischen, bildungspolitischen und pädagogischen Interessen könnte in der Feststellung bestehen, dass informelles Lernen ein hohes Potenzial zur Kompetenzentwicklung bereitstellt. Und ebenso ließe sich ohne Gesichtsverlust gemeinsam feststellen, dass eine Kompetenzentwicklung per se nicht nur auf eine ökonomische Nutzung zielt, sondern übergreifende gesellschaftlich bedeutsame und persönlichkeitsrelevante Handlungsmöglichkeiten hervorbringt. Deutlich ist allerdings, dass informelles Lernen – und hierfür wäre tatsächlich eine Entscheidung erforderlich – in seiner Ursprungsform und das heißt in seiner Natürlichkeit belassen werden muss, um überhaupt solche individuellen Kompetenzentwicklungsprozesse ermöglichen zu können. Anders herum: Alles was natürliche Neugier, Freiheit und Autonomie braucht, um sich informell als kompetenzentwickelnder Lernprozess zu entfalten, würde durch pädagogisierende Lernzwänge nahezu konterkariert. Dieser Entscheidung folgend ist auf allen Seiten eine Behutsamkeit im Umgang mit informellen Lernprozessen erforderlich. Konkret beinhaltet das, schlicht weniger Lernergebnisse und weniger Kompetenzentwicklung zwangsverordnet einzufordern als vielmehr optional zu unterstützen.

Um jedoch nicht als Pädagogisierung das soziale Umfeld selbst (ausschließlich in Richtung Lernförderlichkeit) zu verändern, muss eine derartige Unterstützungsleistung auf der Seite eines veränderten – gegenüber dem informellen Lernen geöffneten – Bildungssystems gestaltet werden. In diesem Zusammenhang spricht *Brödel* von einer „funktionalen Synthese", die für ein neues Verhältnis zwischen formellem und informellem Lernen steht (2002a, S. 11). Die Entwicklung einer entsprechenden institutionellen Ausformung ist Aufgabe einer zukunftsgerichteten Erwachsenen- und Weiterbildung. Die Funktion einer Lern- und Bildungsberatung, die individuelle Übergänge zwischen den verschiedenen Lernformen und -orten unterstützt, spielt dabei eine ebenso bedeutsame Rolle wie der Aufbau interinstitutioneller Netzwerke, die über den bisherigen Lernbereich öffentlich geförderter Bildungsträger hinausgehen (vgl. *Brödel et al.* 2002).

Ziel sollte es damit sein, informelles Lernen dem Individuum nicht per se abzuverlangen, sondern es auf allen möglichen Ebene zu aktivieren, zu fördern und zu begleiten. Damit ist diese Form der Entparadoxierung informellen Lernens eine Entscheidung für die Belange des Subjekts sowie ein Konkretisierungsschritt auf dem theoretisch schon eingeschlagenen Weg von der Belehrungsdidaktik hin zur Ermöglichungsdidaktik. Verbunden damit ist die Chance nachhaltiger Persönlichkeitsentwicklung des Menschen, mit der Gelegenheit, individuell eigene Gestaltungselemente für ganz persönliche Lernwege zu finden und für diese eine Anerkennung zu erfahren. Auf der gesellschaftlichen Ebene gilt es, auch für Bildungsbenachteiligte Wege ihrer Integration zu ebnen. Vielleicht ist das ein Weg, der Lernen nicht als Zumutung erfahren lässt, sondern wieder Lust am Lernen bis ins hohe Alter herstellt. Und vielleicht wäre dies auch ein Weg, der langfristig betracht gesamtgesellschaftliches Humankapital nicht nur zu sichern versteht, sondern es darüber hinaus auch noch optimiert.

Literatur

Arnold, R.: Von der Weiterbildung zur Kompetenzentwicklung. In: Arbeitsgemeinschaft Betriebliche Weiterbildungsforschung e.V. (Hrsg.): Kompetenzentwicklung '97. Berufliche Weiterbildung in der Transformation. Münster 1997, S. 253–307.

Beck, E. et al.: Eigenständig lernende Schülerinnen und Schüler. In: Zeitschrift für Pädagogik 5/1991, S. 735–768.

Beck, U.: Risikogesellschaft. Auf dem Weg in eine andere Moderne. Frankfurt/M. 1986.

Bjørnåvold, J.: Making Learning Visible. Identification, assessment und recognition of non-formal learning in Europe. CEDEFOP. Thessaloniki 2000.

Böhnisch, L.: Lebensbewältigung. In: Otto, H.-U./Thiersch, H. (Hrsg.): Handbuch Sozialarbeit/Sozialpädagogik. Neuwied 2001, S. 1119–1121.

Bolder, A.: Soziale Polarisierungen im Feld beruflicher Weiterbildung. Erfüllung einer Bringschuld? In: DIE 2/2001, S. 23–25.

Brödel, R.: Lebensführung – Dimensionen der Erwachsenenbildung. In: Arnold, R./Gieseke, W./Nuissl, E. (Hrsg.): Erwachsenenpädagogik. Zur Konstitution eines Faches. Baltmannsweiler 1999, S. 221–234.

Brödel, R.: Der Wandel der Bedingungen des Lehrens und Lernens: Entwicklung regionaler Lernkulturen. In: Grundlagen der Weiterbildung – Praxishilfen (Loseblattsammlung). Ergänzungslieferung Kapitel 5.400, Neuwied 2002a, S. 1–15.

Brödel, R.: Relationierungen zur Kompetenzdebatte. In: Report. Literatur- und Forschungsreport Weiterbildung, H. 49, 2002b, S. 39–47.

Brödel, R./Bremer, H./Chollet, A./Hagemann, I.-M.: Begleitforschung und intermediäres Handeln. In: Arbeitsgemeinschaft Betriebliche Weiterbildungsforschung e.V./Bootz, I. (Hrsg.): Das Modellprojekt „Regionale Tätigkeits- und Lernagenturen". Berlin 2002, S. 88–94.

Chomsky, N.: Aspekte der Syntax-Theorie, Frankfurt/M. 1969.

Deci, E. L./Ryan, R. M.: Die Selbstbestimmungstheorie der Motivation und ihre Bedeutung für die Pädagogik. In: Zeitschrift für Pädagogik 2/1993, S. 223–238.

Dehnbostel, P.: Perspektiven für das Lernen in der Arbeit. In: Arbeitsgemeinschaft Betriebliche Weiterbildungsforschung e.V. (Hrsg.): Kompetenzentwicklung 2001. Tätigsein – Lernen – Innovation. Münster 2001, S. 53–93.

Deutsche UNESCO-Kommission (Hrsg.): Lernfähigkeit: Unser verborgener Reichtum. UNESCO-Bericht zur Bildung für das 21. Jahrhundert. Neuwied 1997.

Dewe, B./Ferchhoff, W.: Pädagogisierung. In: Bauer, R. (Hrsg.): Lexikon des Sozial- und Gesundheitswesens. München 1992, S. 1480–1483.

Dohmen, G.: Das informelle Lernen. Bonn 2001.

Dohmen, G.: Die Förderung informellen Lernens. Aktuelle Herausforderungen und internationale Entwicklungen. Tübingen 2002.

Erpenbeck, J./Weinberg, J.: Lernen in der Leonardowelt – Von der Weiterbildung zur Kompetenzentwicklung in offenen und selbstorganisierten Lernarrangements. In: Arnold, R./Giesecke, W. (Hrsg.): Die Weiterbildungsgesellschaft. Bd. 1. Neuwied 1999, S. 144–160.

Faure, E. et al.: Wie wir leben werden. Reinbek 1973.

Geißler, Kh. A./Orthey, F. M.: Der große Zwang zur kleinen Freiheit. Stuttgart 1998.

Geißler, R.: Soziale Schichtung und Bildungschancen. In: Geißler, R. (Hrsg.): Soziale Schichtung und Lebenschancen in Deutschland. Stuttgart 1994, S. 111–159.

Gerstenmaier, J./Mandl, H.: Wissenserwerb unter konstruktivistischer Perspektive. In: Zeitschrift für Pädagogik 6/1995, S. 867–888.

Gruber, E.: Beruf und Bildung – (k)ein Widerspruch? Innsbruck 2001a.

Gruber, E.: Schöne neue Bildungswelt!? Bildung und Weiterbildung in Zeiten gesellschaftlichen Wandels. In: PR-InterNet 11/2001b, S. 270–281.

Habermas, J.: Vorbereitende Bemerkungen zu einer Theorie der kommunikativen Kompetenz. In: Habermas, J./Luhmann, N.: Theorie der Gesellschaft oder Sozialtechnologie. Was leistet die Systemforschung? Frankfurt/M. 1971, S. 101–141.

Habermas, J.: Notizen zur Entwicklung der Interaktionskompetenz. In: Habermas, J.: Vorstudien und Ergänzungen zur Theorie des kommunikativen Handelns. Frankfurt/M. 1984, S. 187–225.

Hof, C.: Von der Wissensvermittlung zur Kompetenzorientierung in der Erwachsenenbildung? In: Report. Literatur- und Forschungsreport Weiterbildung, H. 49, 2002, S. 80–89.

Holzkamp, K.: Lernen. Subjektwissenschaftliche Grundlegung. Frankfurt/M. 1995.

Kirchhöfer, D.: Perspektiven für das Lernen im sozialen Umfeld. In: Arbeitsgemeinschaft Betriebliche Weiterbildungsforschung e.V./Qualifikations-Entwicklungs-Management (Hrsg.): Kompetenzentwicklung 2001. Tätigsein – Lernen – Innovation. Münster 2001, S. 95–145.

Knoll, J.: Eigen-sinn und Selbstorganisation. Zu den Besonderheiten des Lernens von Erwachsenen. In: Arbeitsgemeinschaft Betriebliche Weiterbildungsforschung e.V./Qualifikations-Entwicklungs-Management (Hrsg.): Kompetenzentwicklung '99. Aspekte einer neuen Lernkultur. Münster 1999, S. 61–78.

Kommission der Europäischen Gemeinschaften: Memorandum über Lebenslanges Lernen. Brüssel 2000.

Krapp, A.: Die Psychologie der Lernmotivation. In: Zeitschrift für Pädagogik, 2/1993, S.187–206.

Krüger, H.-H.: Erziehungswissenschaft in den Antinomien der Moderne. In: Krüger, H.-H./Helsper, W. (Hrsg.): Einführung in die Grundbegriffe und Grundfragen der Erziehungswissenschaft. Opladen 2002, S. 319–326.

Laur-Ernst, U.: Analyse, Nutzen und Anerkennung informellen Lernens und beruflicher Erfahrung – wo liegen die Probleme? In: Dehnbostel, P./Novak, H. (Hrsg.): Arbeits- und erfahrungsorientierte Lernkonzepte. Bielefeld 2000, S. 161–175.

Lenzen, D.: Pädagogik – eine kultische Form der Inszenierung von Paradoxien. In: Uhle, R./Hoffmann, D. (Hrsg.): Pluralitätsverarbeitung in der Pädagogik. Weinheim 1994, S. 33–50.

Lipski, J.: Lernen und Interesse. In: Deutsches Jugendinstitut (Hrsg.): Informelles Lernen in der Freizeit. Erste Ergebnisse des Projekts „Lebenswelten als Lernwelten". München 2000, S. 3–7.

Livingstone, D.: Informelles Lernen in der Wissensgesellschaft. Erste kanadische Erhebung über informelles Lernverhalten. In: Arbeitsgemeinschaft Betriebliche Weiterbildungsforschung e.V. (Hrsg.): Kompetenz für Europa. Wandel durch Lernen – Lernen im Wandel. QUEM-report H. 60. Berlin 1999, 65–91.

Löwisch, D.-J.: Kompetentes Handeln. Bausteine für eine lebensweltbezogene Bildung. Darmstadt 2000.

Marsick, V. J./Watkins, K. E.: Informal and incidental learning in the workplace. London 1990.

Overwien, B.: Informelles Lernen, eine Herausforderung an die internationale Bildungsforschung. In: Dehnbostel, P./Markert, W./Novak, H. (Hrsg.): Workshop. Erfahrungslernen in der beruflichen Bildung – Beiträge zu einem kontroversen Konzept. Neusäß 1999, S. 295–314.

Overwien, B.: Befreiungspädagogik und informelles Lernen – eine Verbindung für globales Lernen. In: Scheunpflug, A./Hirsch, K. (Hrsg.): Globalisierung als Herausforderung für die Pädagogik. Frankfurt/M. 2000, S. 137–155.

Plath, H.-E.: Arbeitsanforderungen im Wandel, Kompetenzen für die Zukunft. Eine folgenkritische Auseinandersetzung mit aktuellen Positionen. In: Mitteilungen aus der Arbeitsmarkt- und Berufsforschung 4/2000, S. 583–593.

Radtke, F.-O.: Das Pluralismusdilemma und die Pädagogik. In: Uhle, R./Hoffmann, D. (Hrsg.): Pluralitätsverarbeitung in der Pädagogik. Weinheim 1994, S. 101–127.

Reinmann-Rothmeier, G./Mandl, H.: Lehren im Erwachsenenalter, Auffassungen vom Lehren und Lernen, Prinzipien und Methoden. In: Weinert, F. E./Mandl, H. (Hrsg.): Psychologie der Erwachsenenbildung. Stuttgart 1997, S. 355–403.

Richter, I.: Kompetenzerwerb in den Lebenswelten junger Menschen. In: Arbeitsstab Forum Bildung (Hrsg.): Expertenberichte des Forum Bildung. Empfehlungen des Forum Bildung Bd. 3. Bonn 2002, S. 43–53.

Rogers, C.: Lernen in Freiheit. München 1974 (zuerst 1969).

Schäffter, O.: Weiterbildung in der Transformationsgesellschaft. Baltmannsweiler 2001.

Schiefele, U./Schreyer, I.: Intrinsische Lernmotivation und Lernen. In: Zeitschrift für Pädagogische Psychologie, 8/1994, S.1–13.

Schnabel, U.: Auf der Suche nach dem Kapiertrieb. In: Die Zeit, 48/2002 (vom 21.11.2002), S. 35.

Seitter, W.: Von der Volksbildung zum lebenslangen Lernen. In: Friedenthal-Haase, M. (Hrsg.): Erwachsenenbildung im 20. Jahrhundert – Was war wesentlich? München 2001, S. 83–96.

Siebert, H.: Selbstgesteuertes Lernen und Lernberatung. Neuwied 2001.

Staudt, E./Kley, T.: Formelles Lernen – Informelles Lernen – Erfahrungslernen. In: Arbeitsgemeinschaft Betriebliche Weiterbildungsforschung e.V. (Hrsg.): Berufliche Kompetenzentwicklung in formellen und informellen Strukturen. QUEM-report H. 69. Berlin 2001, S. 227–275.

Straka, G. A.: Lernen unter informellen Bedingungen (informelles Lernen). In: Arbeitsgemeinschaft Betriebliche Weiterbildungsforschung e.V. (Hrsg.): Kompetenzentwicklung 2000. Lernen im Wandel – Wandel im Lernen. Münster 2000, S. 15–70.

Trier, M. et al.: Lernen im sozialen Umfeld. Entwicklung individueller Handlungskompetenz. QUEM-report H. 70. Berlin 2001.

Voß, G. G./Pongratz, H. J.: Der Arbeitskraftunternehmer. Eine neue Grundform der Ware Arbeitskraft? In: Kölner Zeitschrift für Soziologie und Sozialpsychologie, 1/1998, S. 131–158.

Wittwer, W.: Berufliche Weiterbildung. In: Schanz, H. (Hrsg.): Berufs- und wirtschaftspädagogische Grundprobleme. Baltmannsweiler 2001, S. 229–247.

Wittwer, W./Reimer, R.: Biografie und Beruf – zur Neubestimmung eines tradierten Verhältnisses. In: Clement, U./Arnold, R. (Hrsg.): Kompetenzentwicklung in der beruflichen Bildung. Opladen 2002, S. 169–188.

Angaben zu den Autorinnen und Autoren

Rolf Arnold, Prof. Dr.
Lehrstuhl für Pädagogik (insbesondere Berufs- und Erwachsenenpädagogik) an der Universität Kaiserslautern und Leiter des Zentrums für Fernstudien und Universitäre Weiterbildung (ZFUW). Aktuelle Arbeitsgebiete: Erwachsenendidaktik, emotionale Kompetenz, berufliche Bildung in Lateinamerika.

Dieter Brinkmann, Dr.
Wissenschaftlicher Angestellter an der Hochschule Bremen, Fachbereich Sozialwesen. Arbeitsschwerpunkte: Lehrplanung für den Internationalen Studiengang, Angewandte Freizeitwissenschaft und Projektmanagement. Forschungsschwerpunkte: Lernen in Erlebniswelten, temporale Muster im Bildungs- und Freizeitbereich.

Irmgard Frank, Dipl.-Wirtschafts- und -Sozialwissenschaftlerin
Wissenschaftliche Mitarbeiterin beim Bundesinstitut für Berufliche Bildung in Bonn; Trainerin und Coach in Fragen der Weiterbildung, Team- und Organisationsentwicklung; Projektmitarbeit im INNORegio-Programm des BMBF. Arbeitsschwerpunkte: Kompetenzforschung, Entwicklung ganzheitlicher Lehr-/Lernkonzepte und deren Umsetzung in Medien und Weiterbildungskonzepten.

Karlheinz A. Geißler, Prof. Dr.
Karlheinz A. Geißler lebt und lehrt in München. Er ist Wirtschaftspädagoge an der Universität der Bundeswehr in München und Zeitforscher und beschäftigt sich mit den grundsätzlichen Dingen des Lebens, u.a. mit dem sinnvollen Umgang mit der Zeit, der Gestaltung von Anfangs- und Schlusssituationen in Lehr- und Lernprozessen. Sein neuestes Thema ist die Vergleichzeitigung von Aktivitäten, für die die Figur des Simultanten steht.

Steffen Kirchhof, Dipl.-Pädagoge
Wissenschaftlicher Mitarbeiter an der Fakultät für Pädagogik der Universität Bielefeld sowie Lektor, Dozent und Supervisor in der Aus-, Fort- und Weiterbildung von Pflegeberufen. Arbeitsschwerpunkte: subjektwissenschaftliche Lehr- und Lernforschung, Kompetenzentwicklung, Supervision, Biografiearbeit und Lernberatung.

Angaben zu den Autoren und Autorinnen

Julia Kreimeyer, Dipl.-Pädagogin
Wissenschaftliche Mitarbeiterin an der Westfälischen Wilhelms-Universität Münster, Institut für Sozialpädagogik, Weiterbildung und Empirische Pädagogik, Abteilung Erwachsenenbildung/Außerschulische Jugendbildung (Arbeitsbereich: Prof. Dr. R. Brödel); Arbeitsschwerpunkte: lerntheoretische Grundlagen der Erwachsenenbildung/Außerschulischen Jugendbildung, lebenslanges Lernen und Kompetenzentwicklung, Methodik und Didaktik der Erwachsenenbildung/Außerschulischen Jugendbildung, Lernen in zivilgesellschaftlichen Kontexten.

Bernd Overwien, Dr.
Wissenschaftlicher Oberassistent im Bereich Didaktik der Sozialkunde an der technischen Universität Berlin und Leiter der Arbeitsstelle Globales Lernen und Internationale Kooperation. Arbeitsschwerpunkte: globales Lernen, internationale Kooperation und informelles Lernen.

Henning Pätzold
Mitarbeiter im Fachgebiet Pädagogik der Universität Kaiserslautern. Arbeitsgebiete: Lernberatung, selbst gesteuertes Lernen, Weiterbildung und Medienpädagogik.

Christiane Schiersmann, Prof. Dr.
Lehrstuhl für Weiterbildung an der Karl-Ruprechts-Universität Heidelberg. Arbeitsschwerpunkte: Berufliche Weiterbildung, Beratung, Organisationsentwicklung.

Hans Christoph Strauß, Dr.
Langjährige Tätigkeit als wissenschaftlicher Mitarbeiter an der Pädagogischen Hochschule Heidelberg sowie den Universitäten Halle und Heidelberg, jetzt Inhaber eines Büros für angewandte Sozialwissenschaft und sozialwissenschaftliche Statistik in Mannheim. Arbeitsschwerpunkte: Berufliche Bildung und Weiterbildung, insbesondere Behinderter, sozialwissenschaftliche Statistik.

Wolfgang Wittwer, Prof. Dr.
Lehrstuhl für Pädagogik mit dem Schwerpunkt Berufsbildung, insbesondere betriebliches Bildungswesen an der Universität Bielefeld, Trainer und Berater für Wirtschaftsunternehmen und Bildungseinrichtungen. Arbeits- und Forschungsschwerpunkte: Didaktik der beruflichen Aus- und Weiterbildung, Qualifizierung des beruflichen Bildungspersonals, Entwicklung des Berufsbildungssystems, virtuelle Aus- und Weiterbildung, biografieorientierte Berufsbildung, Entwicklung von Veränderungskompetenz, Weiterbildungsberatung.

Stichwortverzeichnis

A
Anerkennung
– informell erworbener Kompetenzen 168
– non-formalen und informellen Lernens 204 ff.
Arbeitszeugnisse 188
Assessment Center 189
Ausbildungsniveau 150, 151, 154, 156, 158
außerberuflich erworbene Kompetenzen 174
Autodidaktik 109, 113

B
Beratung 118, 128
Befreiungspädagogik 43, 44 ff., 53, 54 ff., 64 ff.
Beruf 23, 24, 33
berufliche Bildung 25
berufliche Entwicklung 22, 23, 24, 27, 35
berufliche Orientierung 24
Berufsausbildung, duale 172
Berufsbiografie 24, 25, 27, 29, 147
Berufskarriere 21, 33, 38
– muster 147
Berufsleben 23
Berufsprofile 173
Berufstätigkeit 27
Berufswahlentscheidung 23
Berufsweg 23
Beobachtung 119, 120, 122, 123
Beschäftigungsfähigkeit 26
Beurteilungsverfahren 189
bewusstes Lernen 15ff., 177
Bezugspunkte 182

Bilan de compétences 190, 191 ff.
Bildung 108, 225
– informell 101
– problemformulierend 43, 45 ff.
Bildungsabschlüsse, zertifiziert 21
Bildungsarbeit, institutionalisiert 24
Bildungsbegriff 146
Bildungsbeteiligung 112, 138
Bildungsforschung 149
Bildungsgänge, institutionalisiert 22
Bildungspässe 184
Bildungspolitik 132, 214, 220
Bildungsprozesse, formalisiert 31
Bildungssystem 214, 230, 235
– konzept 228
– national 175
Bildungsverlierer 108
Bildungswesen 216
Biografie 24, 33f., 223

D
Didaktik 113
– Analyse 99
– Belehrung 235
– Ermöglichung 121, 123, 235
Dokumentation
– informell erworbener Kompetenzen 171
– non-formalen und informalen Lernens 201ff.

E
Emotion 115
emotionale Hyperrealität 84
Erlebnisraum/-welt 73 ff.
Erfahrungslernen 178, 219, 224

Stichwortverzeichnis

Erfahrungsräume 34, 36, 37
Erfassung informell erworbener Kompetenzen 168, 171
Erinnerung 82
Erwerbsstatus 150, 159, 161
Experience Economy 87
Externenprüfung 184

F
Familienkompetenzen 185
Freiheit 135f.
Freire-Pädagogik 43, 45f.
Freizeitpark 73 ff.
formelles (formalisiertes) Lernen 13, 14 ff., 17 ff., 23, 34, 171, 216, 217

G
Gemeinschaftserlebnis 82

H
Handlungsziele 108

I
Illusion 134
implizites Lernen 219, 224
informelles Lernen 13, 14 ff., 17 ff., 23f., 29, 32, 34, 38, 43, 44 ff., 48 ff., 51 ff., 60 ff., 64 ff., 75 f., 108, 109, 110, 145, 149, 170, 213, 214 ff., 219, 223 f.
– Kontinuum 219, 220, 224
– Merkmale 176
– Sammelbegriff 219
Intentionales Lernen 15 ff.
Interessen 109

J
Just-in-Time-Weiterbildung 132

K
Kolonisierung 34, 87 ff., 112, 127 ff., 229
Kompetenz 25 ff., 31, 179, 220, 222 ff.
– außerberuflich erworben 174
– Begriff 25
– emotionale Kompetenz 116
– Handlungskompetenz 114
– individuelle Kompetenz 23, 24, 25, 26
– Kernkompetenz 27, 31, 223
– kommunikative Kompetenz 26, 115, 116
– Methodenkompetenz 114, 116
– Selbstlernkompetenz 110, 113
– Veränderungskompetenz 26, 27, 31, 35, 36, 37, 223
Kompetenz-Diagnose-Instrumente 30
Kompetenzentwicklung 24 f., 27, 28, 29, 38, 109, 179, 220, 222f., 231, 235
Kompetenzerwerb, implizit 178
Kompetenzprofil 13, 21, 147, 187
Konstruktivismus 80 f., 118

L
Lebensbewältigung 231
Lebensführung 227
Lebenskonzept 14
lebenslanges Lernen 127, 145, 146, 148, 170, 214, 229, 232
Lebenslauf 33
Lebenswelt 17, 73 ff.
Lehr- und Lernformen 95
Lehrziele 108
Lernamt 129
Lernbegriff 146

Stichwortverzeichnis

Lernen
- arbeitsbegleitend 150
- beiläufig, „en passent" 16, 31
- exemplarisch 94
- im privaten und gesellschaftlichen Umfeld 150, 152
- mit traditionellen Medien 150, 153
- mit neuen Medien 150, 153
- unbewusst 15 ff., 38

Lernerfahrungen 149
Lernertypen 161 ff.
- aktiv 162, 165
- aktiv selbst gesteuert 162, 164 f.
- distanziert 162, 163 f.

Lernen im sozialen Umfeld 16
Lernkontexte 154, 156
- informell 150
- institutionalisiert, formal 149, 161
Lernkultur 109, 140, 227
Lernmotivation 100
Lernorte, erlebnisorientierte 77ff.
Lernprozesse 157ff.
- bewusst 149
- formalisiert 149
- informell 24 f., 33, 91, 146, 147
Lerntheorien 117, 118
Lernumgebung 218
Lern- und Bildungsberatung 123, 235
Lernmöglichkeit 218
Lernzeiten 128
Lernzentren 129
Lernzwang 227, 235

M
Methodentraining 122
Modernisierung 234
Motivation 221f., 226, 227

N
Nachhaltigkeit 30, 31
Nachweise, formale 173
Netzwerke, interinstitutionell 235
non-formales Lernen 171
Normalarbeitsverhältnis 24

O
Ökonomie 225 f.

P
Paradoxie 225, 233 ff.
Pädagogisierung 228 ff., 235
pädagogische Intention 213, 216, 218
Performanz 222
persönliche Ressourcen 26 f., 29
Persönlichkeit 218, 223, 234, 235
Portfolio 195

Q
Qualification-Highway 131
Qualifikation 28, 109
Qualitätszirkel 111

R
Realkompetanse Project 190, 198 ff.
Referenzstandards 182
Reflexion 224
Rund-um-die-Uhr-Lernen 132

S
Schein-Welten 81
Schlüsselqualifikationen 26, 28, 116
Schweizerisches Qualifikationshandbuch (CH-Q) 190, 194 ff.
sekundäre Privilegierung 110
Selbstentfremdung 226

Stichwortverzeichnis

selbst gesteuertes Lernen 17, 109, 110, 111, 112, 219
Selbstlernen 111, 112, 113
Selbstreflexion 33
Selbststeuerung 110, 147, 155 ff., 161
selbst organisiertes Lernen 17, 219, 224, 231
Selbstverwirklichung 226
Situation 26
soziales Umfeld 213, 216, 222
soziale Ungleichheit/ Polarisierung 230 ff.
Spannungsfelder 213, 215, 222, 224 f., 233
– gesellschaftliche Vereinnahmung 213, 215, 224 ff.
– individuelle Kompetenzentwicklung 213, 215, 224 ff.
Stärkenanalyse 25
Subjekt 27
Subjektorientierung 216, 228ff.
System 119, 123

T
Tätigkeit/Interaktion 216, 217
Tele-Learning 136
Transformationsprozess 147

U
Überforderung 226, 233

V
Veränderungsprozesse, gesellschaftliche 24, 146
Verfallszeit des Wissens 132

W
Weiterbildung
– beruflich 20, 30, 35
– betrieblich 19
– informell 155
– institutionalisiert 19, 147
– organisiert 18
Weiterbildungsbedarf 157ff.
Weiterbildungsgelegenheit 158
Weiterbildungsbarrieren 158ff.
Wissensexplosion 113
Wissensgesellschaft 102, 127, 146
Wissenstransfer 31

Z
Zertifizierung 30

Weiterbildung professionell gestalten

Die Personalentwicklungs-Box ist ein ganz auf den speziellen Bedarf des Personalentwicklers ausgerichtetes Informationssystem. Das Werk bietet einen völlig neuartigen Zugang zu den wichtigsten Instrumenten der Personalentwicklung und liefert dazu komprimierte, auf Kernaussagen fokussierte Informationen, klare Handlungsanleitungen, Arbeitshilfen und Präsentationsvorlagen.

Der lexikalische Aufbau und die systematische Aufbereitung der Informationen sichern einen schnellen und direkten Zugriff.

Die Struktur:

- ⊖ **Blitzlicht: Das Wichtigste auf einen Blick!**
- ⊖ **Fakten: Das sollten Sie wissen!**
  Hier werden die Ziele, die Gestaltungsmöglichkeiten, die Vorteile und Risiken eines Instruments beschrieben.
- ⊖ **Handeln: So gehen Sie vor!**
  Klar unterteilt in konkrete Schritte und Maßnahmen wird hier die praktische Umsetzung im betrieblichen Alltag aufgezeigt.
- ⊖ **Beratung: Infos für den Personaler**
  - Welches sind die Aufgaben des Personalentwicklers?
  - Was bieten und leisten externe Dienstleister?
  - Welche rechtlichen Aspekte sind zu beachten?
- ⊖ **Umsetzung:**
  Arbeitshilfen für die Praxis Checklisten, Formblätter, Übersichten etc.

Personalentwicklungs-Box

Loseblattwerk, ca. 600 Seiten
1 Ordner DIN A5 inkl. Arbeitshilfen
€ 89,–/SFR 178,–
ca. 4 Aktualisierungen jährlich
ISBN 3-472-05278-3
Erscheint IV. Quartal 2003

oder

CD-ROM Vollversion
€ 89,–/SFR 178,–
ca. 4 Aktualisierungen jährlich
ISBN 3-472-05281-3
Erscheint IV. Quartal 2003

Für jedes Instrument bietet der ergänzende Internetauftritt des Werkes zusätzliche Informationen wie z. B. Interviews, Specials, Praxisberichte, Marktübersichten.

info@luchterhand.de · www.luchterhand.de · Postfach 2352 · 56513 Neuwied

Eine Marke von Wolters Kluwer Deutschland

**Bestellen Sie jetzt: Telefax (08 00) 801 801 8,
Telefon (08 00) 776 366 5 (gebührenfrei) oder über den Buchhandel**